Elfriede

oder ein Leben im 20. Jahrhundert

Ilse Hampe

Bibliografische Informationen der Deutschen Nationalbibliothek:
Die Deutsche Nationalbibliothek verzeichnet diese Publikation in
der Deutschen Nationalbibliografie; detaillierte bibliografische
Daten sind im Internet über http:/dnb.dnb.de abrufbar

©2016 Ilse Hampe
Herstellung und Verlag
BOD – Books on Demand, Norderstedt

ISBN: 9783739223506

Inhaltsverzeichnis

Einleitung 7
Edgar, der freche Student 11
Hansemann 34
Bruder Edgar entweicht dem Krieg 90
Eine pikante Bekanntschaft 131
Elfriede, die Arbeiterin und mehr! 138
Sisto oder Liebe auf Italienisch 171
Die Neue Welt hilft der Alten 176
Elfriedes neues Metier: Bankkauffrau 224
Elfriede, das Mädchen für alles 231
Elfriedes letzte Etappe 253
Bibliographie 259

Einleitung

Die Initialen E.B. ragen mir auf Bettwäsche, Hand- wie Geschirrtüchern freundlich entgegen. Sie sehen fein säuberlich gestickt aus, dabei nehme ich doch an, dass sie maschinell aufgetragen wurden. Dabei handelt es sich um solche Unmengen dieser Haushaltswäsche, dass sie sich mittlerweile auf mehrere Haushalte verteilt befindet, auf die meiner Geschwister, auf meinem eigenen und dem meiner Tochter. Ja, und dabei treffen die Initialen auf keinen einzigen von uns zu.

Sie sind die meiner Tante. Bei jedem neuen Wäschestück, das sie sich zulegte, ließ sie sich verewigen, ja das kann man fast behaupten, da zumindest diese Dinge sie um bereits mehrere Jahrzehnte überlebt haben. Sie erfüllen durchaus einen Zweck: Wir werden immer wieder an unsere Tante erinnert! Es sind schöne Erinnerungen! An eine fröhliche, lächelnde, durch ein Osteoporoseleiden gekrümmte Frau, die ihre Schmerzen voller Tapferkeit ertrug, die Stunden lang mit ihren Freundinnen telefonierte, wobei sie früher statt zum Hörer zur Feder gegriffen und endlose Seiten mit ihren kaum entzifferbaren Hieroglyphen gefüllt hatte. Sie besaß eine Ausstrahlung, die ihr ständig neue Bekanntschaften bescherte, auch im hohen Alter und zwar auch von deutlich jüngeren Menschen.

Sie hatte offensichtlich eine Sammelwut für die nichtigen Dinge des täglichen Lebens entwickelt, wahrscheinlich als Reaktion auf die durch beide Weltkriege erlittenen Entbehrungen. Konnte man Vertrauen haben ins blühende deutsche Wirtschaftswunder? Würde es tatsächlich halten oder gar durch ein neues Massaker zunichte gemacht werden? Sie wähnte sich nicht in Sicherheit und hortete vorsichtshalber, ohne Vertrauen in die Beständigkeit des Warenangebots.

Offensichtlich empfand sie selber die Anzahl von Stapeln an Tischdecken und dazugehörigen Servietten als durchaus angemessen für ihren Einpersonenhaushalt. Zumindest musste ich es so interpretieren, als es beim Gespräch um ein Hochzeitsgeschenk für mich darum ging. Sie fragte mich, was ich mir wünsche oder brauche. Ich antwortete, sie solle kein Geld ausgeben, - von dem ich wusste, dass sie nicht viel besaß, da unser Vater sie finanziell unterstützte - sondern mir doch etwas von ihrer unzähligen Haushaltswäsche überlassen. Erstaunt erwiderte sie, sie besäße nichts Überflüssiges. Da ich nicht ihre Schränke aufreißen und ihr die endlosen fein gebügelten und gestärkten Tücher aus den verschiedensten Epochen, von hundertjährig bis neuwertig, aufzeigen konnte, einigten wir uns auf einen Teil des Familiengeschirrs. Die Zeit der großangelegten Bewirtungen war für sie eh längst vorbei.

T.E., wie sie verkürzt in unserem schriftlichen Familienjargon bezeichnet wurde, hat bleibende Erinnerungen in uns hinterlassen. Sie mutierte zur Fee, die mit ihrem Zauberstab die schönsten erdenklichen Dinge über den Ozean wandern ließ. Sie bewies bei der Auswahl ihrer Geschenke einen raffinierten Geschmack und besaß obendrein die Eigenschaft, das für das jeweilige Alter Treffende auszusuchen, für Kinder, die sie nicht kannte oder über einen langen Zeitraum nicht mehr gesehen hatte, die sie nicht dank einer modernen Technik per Computerclick zu Gesicht bekommen konnte. Weihnachten im warmen Südamerika bekam sein i-Tüpfelchen aufgrund der Gaben aus dem entfernten Deutschland. Ich fieberte immer danach, ihre Geschenke auszupacken. Sie waren stets die Krönung des Abends, und ich wusste, dass meine Kusinen vor Neid erblassen würden. Es waren besondere, ausgefallene Kleidchen, Blusen, egal was, es stimmte und passte immer. Alles war mit Liebe, mit Aufwand ausgesucht worden. Man spürte ihr Interesse für uns, ihre Ersatzkinder. Es war kein Kommerz dahinter, kein Pflichtabhaken.

Mit diesen Dingen und mit ihren endlosen, mit Tinte auf hellblauem Briefpapier verfassten Berichten knüpfte sie Bande, stark wie Taue.

Aber das wichtigste Geschenk, das sie mir hinterließ, das waren die an sie gerichteten Briefe, die sie fein säuberlich mit einem Bändchen zusammengebunden in Schächtelchen, teilweise über Jahrzehnte aufbewahrt hatte. Sie konnte sich nicht von diesen

Erinnerungen trennen, obwohl einige sie doch schmerzen mussten. Ich stelle mir vor, sie rechnete damit, dass jemand diesen Schatz eines Tages bergen, dass sie mit ihm auferstehen würde. Ich stelle mir auch vor, sie habe ihn für mich, für meine Entdeckung im elterlichen Hause auf dem Dachboden deponiert. Samt aller Briefe ihres Bruders Edgar, der sie des Öfteren ermahnt hatte, sie zu vernichten. Aber sie tat es nicht. Damit ich mein Bild über meinen leicht zur Wut neigenden Vater korrigieren konnte, damit ich die anderen Facetten seines Charakters kennen lernte, seine Großzügigkeit seiner Mutter und seiner Schwester gegenüber, seinen Humor und sein Pflichtbewusstsein.

Und so komme ich dazu, diese Hommage an meine Tante zu schreiben, eine gewöhnliche Frau, eine aus der Masse, die keinen Doktortitel besaß, die keine wissenschaftlichen Erkenntnisse für das Weiterkommen der Menschheit lieferte, eine Frau von vielen, die im Hintergrund steht, deren Taten nichts Weltbewegendes bewirkt hat, die dennoch exemplarisch für alle jene gelten soll, die im kleinen, reduzierten, versteckten Raum wirken. Und hier erbringen sie Leistung, wachsen mit den neu entstehenden Aufgaben über ihren eigenen Rahmen hinaus und stellen unter Beweis, dass ja jede von uns zu größeren Werken fähig ist, als sie sich zugetraut, angenommen, vorausgeahnt hat.

Elfriede wurde Ende des 19. Jahrhunderts geboren und durchlebte das 20. Jahrhundert fast vollständig. Die zwei großen, schlimmen Ereignisse des letzteren, die beiden Weltkriege, vor allem die Nazizeit beeinflusst ihr Privatleben enorm, während der erste hier unerwähnt bleibt. Er ist in einem anderen Band dargestellt, hauptsächlich anhand der Briefe und Karten des Vaters von der Front, wobei das Lesen seiner altdeutschen Schrift, obendrein aus der Hand eines Arztes, eine wahre Herausforderung bedeutete (s. Ilse Hampe, *„Papsch im Ersten Weltkrieg"*, Norderstedt 2015).

Hunderte von Briefen habe ich durchforstet, die Sütterlin-Schrift erlernt, um Omas Geheimnisse zu lüften, und darüber hinaus den historischen Zusammenhang hergestellt zum besseren heutigen Verständnis der damaligen Lebensumstände. Es handelt sich somit um ein Zeitdokument, in dem sich die geschichtlichen Ereignisse unweigerlich mit den persönlichen Inhalten der Briefe vermengen. Die heftigsten Erlebnisse hat Elfriede vor, während und in der Zeit unmittelbar nach dem 2. Weltkrieg. Sie steht in Beziehung zu sehr unterschiedlichen Menschentypen, einerseits zu Familienangehörigen, wie Mutter und Bruder, andrerseits zu zwei italienischen Militärinternierten während des 2. Weltkrieges und zu anderen Männern, wie Ehemann oder, nach der Scheidung, Liebhabern. Hierdurch ergibt sich für Elfriede, ebenso wie für jeden Leser, eine breite, reichhaltige Palette von verschiedenartigsten Ereignissen und Erfahrungen. Später wird ihr Leben belangloser, ohne herausragende Begebenheiten; der körperliche und später der geistige Abbau setzen ein.

Edgar, der freche Student

Die Korrespondenz Edgars, des Studenten der Germanistik, der Romanistik und der Geschichte, aus drei verschiedenen Studienorten, zuerst München, dann als kurzes Intermezzo Wien, gefolgt von Heidelberg und schließlich retour in München, erstreckt sich über die Jahre 1931 bis 1936. Sie reflektiert, neben einigen Schilderungen des damaligen Zeitgeschehens, in erster Linie die enge familiäre Bindung Edgars, vor allem an seine Mutti Emma und gleich nach ihr an die verheiratete Schwester Elfriede. Er, der als Nesthäkchen die verwitwete Mutter verlässt, um als einziger Sohn in die Ferne zu gehen, während die anderen drei Kinder in nächster Umgebung der Mama verbleiben, weiß ganz genau, wie viel Leid er ihr durch sein Fortgehen verursacht. In diesem Bewusstsein vernachlässigt er seine Pflichten ihr gegenüber durchaus nicht und beehrt sie allwöchentlich mit mehrseitigen Briefen und Karten, die durch seine spritzige Jugend- und Schelmenhaftigkeit eine köstliche Note erhalten.

Zu den hervorragenden Charakteristika seiner Briefe gehört die Erwähnung des Standortes des Schreibers:

„*Es regnet schon wieder einmal; der Schauplatz meiner Schreibhandlung ist verlegt auf die Geländerbrüstung des Universitätslichthofes, 2. Stock. Sollte der Brief etwas unvermutet aufhören, so diene das zum Zeichen, dass ich plötzlich hinuntergefallen bin.*" *(*10.6.31)

Nicht gerade eine beruhigende Angabe für die sich um ihn sorgende Mutter, die aber wohl seine Scherze zu interpretieren weiß. Beim nächsten Mal ist die Schilderung harmloser:

„*Im Spazierengehen lässt sich schlecht schreiben, deshalb sitze ich auch schon wieder.*"

Ein anderes stets wiederkehrendes Thema sind die Paketsendungen von zu Hause:

„*Das Paket ist am Freitagnachmittag eingetroffen, sein Inhalt unter Freudengeschrei bereits fast völlig aufgezehrt. An alle bei dem Werk Beteiligten meinen herzlichsten Dank! Der Kuchen schmeckte ausgezeichnet, die Menge der Rosinen war erdrückend."*

Beim Inhalt der Pakete handelt es sich erstrangig um Lebensmittel, die er eigentlich am Aufenthaltsort käuflich hätte erwerben können. Dennoch ist die Freude über das Geschickte jedes Mal groß:

„Hurra, es (das Paket) ist da!"

Er erhält aber auch Sendungen anderer Art:

„Am Montagmorgen weckte um 7.30 Uhr mich Entsetzen der Briefträger mit dem Geld, das sich angenehmerweise unterwegs scheinbar um 10 Mark vermehrt hatte (ich fand das nett von dem Geld, recht nett, hm.), wodurch sich das Entsetzen in wohlgefälligere Empfindungen auflöste. Und dann kam am gleichen Tag auch noch das zweite Paket, sodass ich beschlossen habe, diesen Tag von nun an als Nationalfeiertag für mich anzusehen!"

Somit ist klar, welchen Stellenwert diese mit Liebe gesendeten Dinge für ihn haben. Dennoch mag er die Daheimgebliebenen gerne schäkern:

„Also das Geld habe ich dankend erhalten, wenn ich es bloß nicht zum Abschied noch vollzählig vertue?? Ich garantiere für nichts, leider."

Wie mag die Witwe, die mit ihren Mieteinnahmen haushalten muss, um die mühsam zusammengetragenen Beträge zittern? Das Spielchen wiederholt er genüsslich des Öfteren:

„Ich hätte eigentlich Lust, die 400 M gleich auf einmal um die Ecke zu bringen, aber ich hoffe mich bezähmen zu können. Einstweilen."

Wo er doch gerade der Meinung gewesen ist, sich im Zaume halten zu können, muss er sofort mit dem Adverb *„einstweilen"* (weiter oben war es *„leider"*) diese Feststellung entkräften, nur in der Absicht die Mutter ein wenig nervös zu machen, sie zu kitzeln, zu necken. Ein weiteres Mal ist die Äußerung nicht so gefährlich oder zumindest der in Frage kommende Betrag geringer:

„In den Geschäften sind herrliche Sachen ausgestellt, vor allem wunderbares Obst in allen erdenklichen Sorten; es wird mir

immer ganz wehmütig davor ums Herz und einmal werde ich doch noch hineingehen und mir einen Fresskorb für 50 Mark oder so durch Kauf erstehen. Aber jetzt habe ich ja die drei Äpfelchen, über die ich mich sehr gefreut habe, zwei sind allerdings schon weggegessen. Der letzte wird mir noch lange als Gegengewicht gegen alle böse Versuchungen dienen müssen."

Also doch Entwarnung und Eingeständnis seiner großen Bescheidenheit. Ein anderes Mal dafür entsetzliches Lamentieren:

"Ach des Leidens und des Kummers, die ich zu erdulden habe!", denn eine Geldsendung ist nicht eingetroffen! Demzufolge *"schlage ich mich so durch, nehme eine Anleihe nach der anderen auf."* Edgar als richtiger Komödiant! Auch in einem anderen Zusammenhang:

"Und so viel Erdbeeren hast Du gegessen? Das hätte ich vor einiger Zeit wegen großen Neides nur ungern gehört, aber jetzt wo ich so viel Geld habe, stört es mich nicht mehr, da kann ich mir so etwas auch leisten!"

Aber Emma erfährt sowohl in diesem wie im nächsten Brief eine wohltuende Genugtuung:

"Die Erdbeermarmelade versetzte mich in einen Taumel des Entzückens, ich laufe des Öfteren zum Schrank und werfe schnell einen verliebten Blick auf sie. Die Pralinés sind schon aufgefressen, die Ananasdinger (gut, gut!) werden vorsichtig aufbewahrt, um den Genuss zu verlängern, ich schwöre mir, nie mehr als drei an einem Tag zu essen. Aber ich vermute, dass ich bald als Meineidiger dastehen werde."

Für unsere moderne Zeit kaum vorstellbar, dass sich jemand über solch banale Sachen dermaßen freuen könnte! Mit vollkommener Natürlichkeit bringt er seine Zufriedenheit zum Ausdruck:

"Alles (im Paket) ist herrlich, wie von Dir ja nicht anders zu erwarten ist."

Der junge Mann hat offensichtlich einen gesunden Appetit:

"Ich stürzte mich, endlich glücklich, zufrieden und froh, über den Inhalt des Pakets, in dem ein Riesenloch war (im Inhalt), als ich mich endlich wieder davon erhob."

Oder:

"Der Kuchen ist schon lange aufgefressen, der prosaische

Alltag herrscht wieder bei mir."

Manchmal geschehen kleine Malheurs:

„Der Kuchen schmeckt ausgezeichnet, die Eier waren mit Ausnahme von zweien allerdings zur formlosen Masse in innigstem Verein mit der Umhüllung zusammengeschmolzen. Sie schmeckten aber trotzdem sehr lieblich, ebenso wie die schon beseitigten Pralinés."

Ein weiteres Mal:

„Der Kuchen hat recht gut geschmeckt, nur ist mir aufgefallen, dass die Rosinen alle nach unten gepurzelt sind; das konntest Du doch sonst so großartig vermeiden. Das soll aber beileibe kein Tadel sein, im Gegenteil, so ein großer Haufen von Rosinen aufeinander schmeckt auch sehr gut, und die rosinenfreieren Stellen bieten nette Abwechslung."

Herrlich, wie er es schafft den Tadel noch halbwegs in Lob umzuwandeln! Es wird klar, dass Emma eine exzellente Köchin sein muss:

„Ich habe in der Mensa meinen Mittagsschmaus eingenommen, der meist aus zusammengekochtem Essen besteht, das ich immer brav herunterschlucke. Aber wenn ich einmal bei Dir Zusammengekochtes bekomme, dann spucke ich!"

Was er mit seiner Leberwurst anstellt, hört sich aber auch nicht gerade appetitlich an:

„Übrigens habe ich heute gemerkt, dass die Leberwurst beim Transport von hinten bis vorn geplatzt ist. Ich habe sie also kurzerhand in mein leeres Marmeladenglas gestopft. Jetzt sieht es aus wie eine Schlange in Spiritus."

Guten Appetit, Edgar!

Die Pakete stellen kleine Höhepunkte in seinem Dasein dar:

„Ich fuhr dann wieder nach Hause, wo ich dann das Paket in meiner Stube auf mich warten sah. Das Warten war gegenseitig gewesen, auch ich wartete auf das Paket oder vielmehr mein einziger Kragen und mein einziges Hemd, die im zwingenden Ablauf der Zeit immer schmieriger und schmieriger wurden, warteten auf Erlösung aus ihrem Schmierdasein. Nun liegen sie zufrieden auf dem Grund der Kommodenschieblade und sehen der Auferstehung in der großen Wäsche entgegen."

Alles wird personifiziert, das Paket, seine schmutzige Kleidung, wodurch Edgar die Bedeutung dieser Dinge deutlich hervorhebt. Die Pakete tragen ein Eigenleben in sich und sind zugleich ein Lebenszeichen von der Familie, stehen stellvertretend für diese da.

Er weiß sich geliebt und erwidert dieses Gefühl:

„Liebe Geburtstagsmutter (denn –Kind darf man doch nicht mehr sagen), nun sollst Du recht herzlichst begratuliert sein! Auf dass Du hübsch munter und gesund bleibest im neuen Lebensjahr und nur eitel Freude und Gutes erntest von allen Kinderchen und sonstigen Leuten! Und Dein jüngstes dieser besagten Kinderchen möge nie zu weit von Dir wegfahren (?), damit Deine Gedanken nicht so furchtbar weit zu laufen brauchen, bis sie bei ihm ankommen! Und schön feiern sollst Du auch inmitten der schlechteren Hälfte der Anverwandten."

Und dennoch wird er nur sieben Jahre später durch Abenteuerlust getrieben das Weite suchen und nach Südamerika auswandern, im vollen Bewusstsein des Schmerzes, dass er seiner Mutter zufügt. Aber zuerst geht es im Mai 1932 nur nach Wien:

„Du sollst schnell einen kleinen Gruß von mir bekommen, damit Du weißt, dass ich an Dich denke und an Deine Trauer. Ich begleite Dich schon mit zum Friedhof – leg ein paar Blumen von mir aufs Grab – und passe auf, dass Du Dich nicht zu sehr Deinem Schmerz hingibst. Aber Du musst auch an mich denken in meinem Wien hier, der ich Dich doch noch nötig habe, wenn Du es auch nicht so recht glaubst, und musst schön tapfer sein, nicht wahr? Dann will ich Dir auch immer große Briefe schreiben und mich mit Dir unterhalten von fern."

Einen rührenderen Brief kann keine Mutter erwarten!

Obwohl die Anrede in seinen Briefen ziemlich monoton: *„Liebe Mutti"* lautet, so sind die Abschlussbezeichnungen für ihn selber im Gruß umso vielfältiger: Vom einfachen *„Der Junge"*, *„Der Sohn"*, *„Dein Pummel"* oder *„Euer Söhnchen"* über *„Dein treuer Sohn und Nesthäkchen"*, *„Dein netter Sohn"*, *„Dein Kleinster"*, *„Der Herr Sohn"* bis zu *„Der ferne Sohn"*, *„Das verlorene Söhnchen"* oder *„Dein vielgereister Sohn"*. Er kennt seinen Wert und seine Bedeutung innerhalb der Familie und schmückt sich selber reichlich mit Kosenamen, die ihm seine

Angehörigen hätten geben können.

Aber die Mutter muss sich immer wieder anhören, welch große Ehre ihr der Sohn durch seine Briefe erweist:

„Auch sorgfältig zu schreiben will ich mich bemühen, damit Du nicht in Aufregung geratest. Das wird ein schweres Opfer, das Dir da gebracht wird!"

Ab und zu schont er ihre Gefühle überhaupt nicht:

„Es ist eigentlich erstaunlich, dass ich Dich nie vergesse, aber ich vermute, ich täte es, wenn ich nicht die feste Sitte der Sonntagsbriefe eingeführt hätte."

Aber dann sind seine Äußerungen wieder voller Liebe:

„Eben hat der Professor eine Pause gemacht, und ich fliehe von Grimmelshausen zu Dir, um Dir endlich über die Uni zu berichten."

Aber ebenso heftig können seine Wutausbrüche gegen seine geliebten Familienangehörigen sein:

„Eigentlich hatte ich ja in meinem wutschnaubenden Herzen erwogen, dass ich Euch am besten die Hälse umdrehte, Euch ans Rad flechte oder sonst wie mit fürchterlicher Strafe zu belegen hätte; nun aber, da sowieso Elfriede, wie mir scheint, am Rand des Grabes liegt, bin ich beruhigt."

Er hat nicht die Absicht, seine weiblichen Anverwandten mit Zärtlichkeit zu behandeln. Wie eng seine Bindung an die von ihm verlassene Familie dennoch ist, zeigt er durch rührende Besorgnis, beispielsweise um die kranke Mutter. Er rät Elfriede:

„Ihr müsst ihr (der Mutter) immer furchtbar viel auf den Teller tun, das isst sie dann ohne weiteres auf in ihrem Pflichtbewusstsein, das kenne ich von früher."

Allerdings, bei der noch herrschenden wilhelminischen Erziehung. Nur wird Edgar in diesem Falle erfahren, dass er mit seinen Heilmethoden völlig falsch lag, denn Emma ist die Einhaltung einer strengen Diät angeordnet worden! Sie fragt er direkt:

„Hast Du es vorgezogen, wieder kränker zu werden? Wie hat Dir denn das Aufstehen gefallen? Hetes Karte entnehme ich, Du habest ab und zu ein bisschen „geknört", was höre ich da, wie?? Aber sonst sollst du ja ganz brav gewesen sein. Nun, das gehört sich."

Eine ein wenig eigenartige Weise mit der Frau Mama umzugehen! Als hätte er die Rollen mit ihr vertauscht und er bemuttere und tadele sie. Im gleichen kommandierenden Ton weiter:

„*Also, Du überlegst Dir, ob Du mich von der Bahn abholen kannst? Dass Du Dich ja nicht unterstehst, Dummheiten zu treiben!"*

Ein 20-Jähriger, der seine 60-jährige Mutter etwas sehr harsch angeht, dem das Befehlen offensichtlich Spaß macht:

„*Alles weitere dieser Art (und es ist viel) werde ich mündlich anordnen."*

Zwar bezieht er sich hier nur auf die Köstlichkeiten, die er zu Hause bei Tisch verzehren möchte, dennoch gefällt er sich in der Rolle des Herrn des Hauses, durch die er den Platz des verstorbenen Vaters einnimmt. Der gleiche herrische, aber zugleich frech umsorgende Ton:

„*Ein bisschen Arbeit bekommt sehr gut, also Du kannst durchaus zufrieden sein, ich hoffe, dass ich das über Dich auch sein kann!! Bist Du denn auch immer vernünftig? Oder muss ich dringend bald wiederkommen?"*

Oder er zieht die gegenteilige Konsequenz:

„*Aber ich bitte mir aus, dass Du vernünftig bist. Sonst komme ich überhaupt nicht."*

Arme Emma. Sie erzittert wohl vor ihrem kommandosüchtigen Sohn!

Aber seine Mutter gibt ihm auch Anlass zu Bewunderung, nicht nur durch ihre Kochkünste:

„*Also, Du bist ja entsetzlich unsolide geworden, eine Reise nach der anderen, Du willst wohl die Vorsfelder große Reise im Kleinen nachmachen, na, da veschwindest Du aber doch! Es freut mich aber doch, dass Du ein bisschen auf die Walze gehst, das bekommt sehr gut."*

Mit der großen Reise bezieht er sich auf jene, die er im Wagen mit Elfriede und ihrem Mann Hans durch Österreich und Jugoslawien machen wird. Aufgrund dieser Reise wird Edgar erst zwei Wochen nach Semesterferienbeginn nach Hause zurückkehren, was die Mutter eigentlich traurig stimmen müsste:

„*Bist Du denn eigentlich nicht traurig, dass durch die*

Reise meine Ankunft verspätet wird? Du bist doch ein gutes altes Mütterchen, davon sagt es gar nichts."
Und darauf folgt seine Empfehlung:
„Begieß Du nur ordentlich die Stachelbeeren und stell den Schnitzel kalt!" (damit er dann alles essen kann!)
Von der adriatischen Küste aus droht Emma schon wieder Unheil:
„Vielleicht machen wir noch einen kleinen Abstecher nach Afrika!", geschrieben auf einer Postkarte mit der Abbildung eines Schiffchens auf hoher See. Oh, wie muss Emma in ihrem nordischen Braunschweig erschaudert sein! Aus dieser Verlängerung wurde natürlich nichts. Dann mal wieder eine Postkarte, die das Markttreiben in Sarajewo zeigt, d. h. die fremdartige türkische Bevölkerung mit ihren Säcken voller Waren. Für die bodenständige Emma eine unverständliche Welt gefüllt mit angsterregenden Geheimnissen.
Im Grunde genommen liebt Edgar halt das Schäkern:
„Die Fahrt war schön, wenn auch etwas anstrengend, vom Hochwasser bin ich nicht bedrängt worden, aber in Magdeburg ist mir ein Schnürsenkel gerissen, was ich durch Neuanschaffung eines ähnlichen wieder gut gemacht habe."
Eine lauernde Gefahr wird übertüncht durch eine nicht einmal erwähnenswerte Begebenheit. Ebenso:
„Ich sitze nun im Rathauspark, vor mir die Sonne, hinter mir ein Mann, der sowohl die Blumen als auch meinen Buckel mit Wasser bespritzt."
Oder zu des Bruders Geburtstag:
„Ich glaube, Helmut hat bald Geburtstag. Er verlangt doch wohl hoffentlich nicht, dass ich ihm dazu gratuliere. Das habe ich einmal gemacht, wenn ich nicht irre, und damit wird es wohl genug sein. Er kann sich ja die Karte vom vorigen Mal, die er sicher noch haben wird, auf den Geburtstagstisch legen."
Welcher Einfallsreichtum! Edgar rafft sich dann aber doch noch zusammen und schreibt seinem Bruder! Wie so oft möchte er den coolen Mann markieren, um es in Neudeutsch auszudrücken. Er schreibt:
„Um Geld zu sparen, andrerseits meinen Bruder nicht durch Vernachlässigung zu beleidigen, soll aus dem üblichen

Sonntagsbrief ein Samstagsbrief werden, der zugleich meine herzlichsten Glück- und Segenswünsche dem lieben Helmut zu seinem übermorgigen Jubeltage überbringen soll. Er möge überzeugt sein, dass ich den ganzen Tag seinem Gedächtnisse weihen werde und dass meine Gedanken stets um das liebe glückliche Geburtstagskind kreisen."

Danach wechselt er zu einem persönlichen Thema über:

„Damit gehe ich zum zweiten Punkt der heutigen Briefordnung über, nämlich zu meinem eigenen leiblichen Wohl, das dringend einer Auffrischung aus dem immer sprudelnden Quell des Hampeschen Geldbeutels bedarf. Ich bitte höflichst, am Montagmorgen, möglichst früh, 125 Mark an meine Adresse zu senden."

Eine wirklich charmante Art, um Geld zu bitten!

Bei seiner Anfrage:

„Freut Ihr Euch wohl auch auf Euren lieben Familienangehörigen, der bald, ach bald wieder mit Euch vereinigt ist?" klingt sehr stark seine eigene Freude bei der Heimkehr durch, welche allerdings noch mit einem Fragezeichen behaftet ist:

„Die Herren Lehrer sagen immer erst so spät wie möglich, wann sie aufhören, um der akademischen Freiheit Rechnung zu tragen. Ihr könnt ja jedenfalls alles zum Empfang rüsten. Heute Abend gehe ich wahrscheinlich zum letzten Mal in eine Mozartserenade, ach mir wird ganz wehmütig. Aufrütteln kann mich nur die Hoffnung auf das heimatliche gut gebratene Essen."

Einerseits Seitenhiebe an die Dünkel der Professoren, deren Launen man ausgeliefert ist, andrerseits ein weiteres Leitmotiv in seinen Briefen: Der ständige Besuch von Opern und Konzerten, die er akribisch beschreibt und kommentiert, viel zu genau im Vergleich zu den spärlichen Berichten über sein eigentliches Anliegen an den Studienorten, nämlich über das Studium selber. Stattdessen höhnische Kritik des Studienbetriebes:

„Jetzt kommt ein humpelnder und kreischender Philosoph an die Reihe, seine nähere Würdigung ist im Brief an Elfriede nachzuschlagen."

Oder:

„Und nun kommt unser verehrter Hohepriester, das ist

nämlich der übelste Mensch, den ich bislang auf der Universität gesehen habe. Er besteht ganz aus Würde und Eitelkeit, macht einen scheußlichen Schmus, und ich weiß nicht, weshalb ich ihn höre."

Und ein wenig weiter:

„Das Hohepriesterwesen ist da!"

Auch der Inhalt der Vorlesungen versetzt ihn nicht in Begeisterung:

„Der Herr Professor ist schon da. Aber da er doch immer wieder dasselbe sagt, brauch ich ja schließlich nicht auf ihn zu hören."

Manchmal ist er hin und her gerissen zwischen Verachtung und Bewunderung:

„Eben habe ich der Antrittsrede des neuen Rektors in der Großen Aula beigewohnt, es war sehr feierlich, Studenten in Wichs, Professoren im Ornat, wunderbar! Die Leute sehen sehr ulkig aus in ihren Nachtmützen und großen Pelzen, die bis über die Ohren hinaufgehen, es ist wie die reine Polarexpedition anzuschauen, wenn sie hereingewandelt kommen. Aber schön sieht es doch aus."

Ein Beispiel seiner Musikrezensionen vom 13.11.31:

„Der Pfitzner war eine ziemliche Enttäuschung. Er ist doch reichlich dünnblütig, dieser letzte Mohikaner der Romantik, wenn er sich auch in den Geisterbeschwörungen zu fürchterlichen Orchestertumulten aufreckt. Sogar eine Sirene wendet er an, die durch 5 Oktaven ungefähr heult und mit Ohren zerreißendem Geräusch die Nerven des Publikums behelligt. Der Text ist das üblich romantische Gebräu wie im Freischütz. Im Ganzen lässt einen das Werk doch kalt, es ist zu sehr gemacht, der Pfitzner hat nicht genug von seinem Herzen in „Das Herz" hineingetan, weil er eben überhaupt, wie es scheint, nur ein zartes kleines Herz hat, fein und vornehm ohne Zweifel, aber ohne genialische Größe. Es ist keine einzige fließende Melodie darin, und die kann man von einem Romantiker schließlich verlangen. Der Beifall war enorm, das kleine Männchen mit seinen dünnen Beinen und seinem großen Plastron auf der Brust musste andauernd hervor, bis er schließlich mit einem riesigen Lorbeerkranz unter dem Arm verschwand."

Edgar hat eindeutig der Uraufführung von Pfitzners Werk „Das Herz" beigewohnt, das im Jahre 1931 gleichzeitig in

München und in Berlin das Licht der Welt erblickte, auf jeden Fall aber in München vom Komponisten selbst dirigiert wurde. Der 1869 in Moskau geborene Pfitzner war ab 1929 Professor an der Akademie der Tonkunst in München und hier auch als Dirigent tätig. Allerdings kennzeichnet sich seine Musik durch großgeschwungene Melodik und eine auf der Tonalität beruhende Harmonik, die Edgar aber in diesem Werk mit Recht nicht wiedergefunden hat. Laut Opernführer *„verbindet diese Oper Gruselromantik mit dem Anspruch des Tiefsinns, überhäuft eine höfische Begebenheit mit Symbolen und verzichtet auf melodische Unmittelbarkeit."*

Offensichtlich wurde sie nicht zu einem Erfolgsschlager, wie Pfitzner allgemein nicht zu den beliebtesten Komponisten gehört… Nichtsdestotrotz hält Edgar ein unerfreuliches Erlebnis nicht davon ab, sich weiter der Musik zu widmen:

„Am Donnerstag dirigiert dann schon Bruno Walter wieder, und so geht dies bis ins Unendliche fort, es ist verdammt schön."

Und sein Urteil fällt auch meist billigend aus:

„Abends war ich dann im Rosenkavalier, er wurde bis in jede kleinste Einzelheit glänzend gespielt, es schwebte wirklich leichte weiche Wiener Luft darin, wie sich das so gehört."

Dann aber wieder:

„Außerdem habe ich jetzt von Puccinis Zuckerbrei genug!"

Als Student nimmt er schon einige Marter auf sich, um den Aufführungen beiwohnen zu können:

„Am Sonnabend war ich im Burgtheater, Faust, I. und II. Teil, 6 Stunden habe ich gestanden! Und morgen wird es ähnlich, da gibt es Erstaufführung von Verdis „Don Carlos" in der Oper."

Der Geldbeutel wird doch stark strapaziert durch sein feines Hobby, sodass er sich hin und wieder in Zurückhaltung übt:

„Ich denke, bis zum Montagabend also wahrscheinlich nicht auszugehen, der Abwechslung wegen."

Am 3.7.31 dann eine Erwähnung des Tagesgeschehens:

„Jetzt habe ich erst mal eine Woche Ferien. Du hast wohl die Geschichte in der Zeitung gelesen. Am Montag geht der Betrieb erst wieder an. Dann wird man nur noch zu einem Tor hereingelassen (Umweg für mich, da muss ich mindestens 5

Minuten früher aufstehen!) und muss jedes Mal seinen Studentenausweis vorzeigen, damit sich keine lichtscheuen Elemente mehr einschleichen können. Die ganze Sache ist natürlich fürchterlich übertrieben, der Professor Nawiasky hat lediglich erklärt, dass der Vertrag rechtlich durchaus gültig sei, politisch aber natürlich von Deutschland angefochten werden müsse, und außerdem hätten es die Deutschen in anderen Verträgen, wie Brest-Litowsk, ebenso gemacht wie die Entente. Über das letztere lässt sich streiten, es ist zumindest unnötig, darüber jetzt Streitereien heraufzubeschwören, aber insofern, dass jeder so viel wie möglich auf seinen Vorteil sieht, hat Nawiasky schon Recht, und es ist eine ungeheuerliche Idiotie von den lieben Nazibabys, die Sache dermaßen aufzubauschen. Andrerseits war es natürlich eine Frechheit, die Polizei in die Universität zu rufen; sie schlug schließlich mit gezogenem Säbel auf die Leute ein. Ich war jedenfalls ziemlich erstaunt, als ich nachmittags zur Vorlesung wollte, und die ganze Gegend von Polizisten wimmeln sah. Die Universität war vollkommen gesperrt, es war ein ergötzliches Gefühl für den studierenden jungen Mann, vor den geschlossenen Toren seiner Universität die blöden Gesichter der Polizisten zu sehen, die mit ihrer rohen Gewalt in den reinen Tempel der Wissenschaften eingedrungen waren."

Der erwähnte Professor Hans Nawiasky war Staatsrechtslehrer, der an der bayerischen Verfassung von 1946 mitarbeiten sollte. Edgars Einstellung zu den Nazis kommt deutlich heraus. Sie wird sich auch in den nächsten Jahren nicht ändern, obwohl sein Bruder Gerold zu ihnen stößt. Ein Ereignis, das Edgar nicht daran hindern wird, seine Verachtung über Hitler am 3.11.31 zum Ausdruck zu bringen:

„Für Gerold teile ich mit, dass ich am Sonntag mit seinem erlauchten Führer im selben Lokal speiste, was ich allerdings erst merkte, als er in klirrenden Stulpenstiefeln aus dem Saal zog unter Zurücklassung eines erschaudernden Publikums. Ja, das war ein Augenblick!"

Es handelt sich um eine Zeit, in der Hitler noch kein allgemeines Furore in der Bevölkerung bewirkt. Dies beweisen auch die beiden nächsten Anmerkungen zu politisch angehauchten Zwischenfällen:

„*Eben habe ich in der Studentenzeitung gelesen, dass 3 Studentenführer je 3 Monate Gefängnis bekommen haben, weil sie zwei nationalsozialistische Standarten im Zuge mitgeführt haben lassen bei irgendeiner Veranstaltung.*" *(6.11.31)*

Und eine Woche später bezüglich einer Gedenkfeier für die gefallenen Kommilitonen im belgischen Langemarck, das besonders im Oktober und im November 1914 stark umkämpft gewesen war:

„*Ganz stimmungsvoll, die Rede des Studentenvertreters, höchst nationalsozialistisch gefärbt; es ging so gerade noch am Erlaubten hin.*"

Das Gedenken an einen Krieg soll offensichtlich in dieser Zeit dazu dienen, die Überleitung zum nächsten herzustellen. Aber noch ein Ereignis erwähnt er am 3.7.31:

„*Heute Abend höre ich Thomas Mann an, der zu Gunsten der Glaspalastkatastrophe aus seinem neuen Roman „Josef und seine Brüder" lesen wird.*"

Bis Ende 1931 befindet sich auf den Umschlägen der aus München gesandten Briefe ein Aufdruck mit dem Wortlaut: „*Spendet zur Glaspalast - Künstlerhilfe*", begleitet von dem Abdruck einer Plastik, die einen Frauenkopf darstellt. Der Glaspalast war in Anlehnung an den Londoner Cristal Palace 1854 als Ausstellungsgebäude in München, im heutigen Botanischen Garten, errichtet worden. Er brannte am 6. Juni 1931 zur Zeit einer Ausstellung nieder. Ob es sich um Brandstiftung gehandelt hat oder nicht, steht nicht einwandfrei fest. Auf jeden Fall war das Gebäude, dessen Konstruktion sehr viel Eisen und Glas aufweist, zu diesem Zeitpunkt schon sehr reparaturbedürftig.

Mal äußert er sich auch kurz über die wirtschaftliche Lage:

„*Nach den Telegrammberichten, die ich manchmal und höchst zufällig zu sehen bekomme, wenn mal etwas angeschlagen ist, scheint mir die wirtschaftliche Lage unseres lieben Vaterlandes nicht rosig zu sein.*"

Damit hat er bekanntlich Recht, denn die Weltwirtschaftskrise hat ihre Spuren hinterlassen, die Hitler gerade ausnützen wird. Wie schlecht die Lage ist, bekommt Edgar direkt zu spüren:

„*Gestern sagte der eine Professor, der Senat habe zunächst beschlossen, am 12. März aufzuhören, dann aber wegen Kohlenersparung den Schluss der Vorlesungen für den 27.2. angeordnet."* (1932)

Den dennoch vorhandenen Vergnügungsdrang bringt Edgar sehr poetisch zum Ausdruck:

„*Es ist die letzten Tage hier schon wieder kälter geworden, die Nächte sind ungemein klar und hell, die Bäume haben ein Kleid aus echtem Raureif angezogen. Sie wissen eben, dass sich auch für sie eine Anpassung an den Karneval geziemt, und verändern demnach ihr Äußeres, soweit es in ihren Kräften steht. Ich finde es sehr nett von den Bäumen; mancher Mensch tut es nicht, weil er zu faul ist, sich ein Maskenkostüm zu kaufen, oder weil er kein Geld hat, oder keine Lust, oder weil er überhaupt nicht mitmachen will. Nun sehet die Bäume an, auch in dieser schlechten Zeit lassen sie den Mut nicht sinken, fröhlich tun sie das Ihre, um das Herz der Menschen zu erfreuen. Was hingegen tut der Mensch zur Erfreuung der Bäume?"*

Der Fasching scheint es ihm angetan zu haben, obwohl er mit dem üblichen Treiben nichts zu tun hat:

„*Es gibt hier ein längeres Gastspiel zum Fasching. Es dreht sich hier überhaupt alles um den Fasching, selbst mein Brief, denn ich komme immer wieder darauf zurück. Neulich habe ich meine braunen Schuhe besohlen lassen, wodurch meine künstlerischen Interessen sehr erschreckt wurden, denn sie hatten eigentlich vor, mich in das kleine süße Residenztheaterchen zu schicken, wo es „Così fan tutte" gibt. Aber da die 4 Mark den 3,50 für das Theater mehr als die Waage hielten, so musste ich den armen Interessen einen derben Fußtritt versetzen, weswegen sie jetzt maulen."*

Die Kultur muss manchmal vor den banalen Bedürfnissen des Alltags zurücktreten. Aber auch einer erfreulichen Erscheinung seiner Zeit begegnet er:

„*Abends kam dann noch der Zeppelin angeflogen. Es sah süß aus, wie das riesige Ding wie ein weißer Schatten mir beängstigend dicht über den Kopf flog. Der Kasten vollführt einen irrsinnigen Krach, er störte meine Ruhe! Übrigens ist er vor einigen Monaten schon einmal dagewesen."*

Die Errungenschaften der Technik machen ihre Auftritte!

Da Edgar das Sommersemester 1932 in Wien verbringt, lässt er sich selbstverständlich über diese Stadt aus:

„Aber was am fürchterlichsten ist, das ist doch die Linksfahrerei. Man wird ganz konfus."

Entzückendes erlebt er aber durchaus:

„Ich habe ja schon geschrieben, dass alles „Servus" sagt, dass jede Dame mit „Küss d' Hand, Gnädigste" begrüßt wird, dass jeder zweite Mann einen Schnurrbart trägt; dass alle sehr freundlich und zuvorkommend sind, das ist ja bekannt. Den Schnurrbart muss ich mir wohl auch stehen lassen, ich überlege schon angestrengt darüber. Was meinst Du?"

Es ist kein Foto Edgars mit Schnurrbart vorhanden, woraus zu schließen ist, dass es sich nur um einen Spleen des Augenblicks handelt, vor allem, da er bestimmt nicht beabsichtigt, dieser Hitlerschen Modeerscheinung Folge zu leisten. Aber der Führer besitzt in Wien eine starke Anhängerschaft:

„Es sind jetzt überhaupt in der Stadt ziemlich viel Unruhen, in der Uni auch schon öfters, bis es dann am vorigen Dienstag richtig und ausgiebig zum Klappern kam. Ich saß gerade in der Bibliothek, als ich plötzlich fürchterliche Schreierei vernahm und eine große Menschenschar in den Bibliothekraum stürzen sah. Ich ließ mich aber in meinen Studien nicht stören (man ist das da nämlich gewohnt!), erst als ich später herauswollte, merkte ich, dass die Bibliothek abgesperrt war. Auf Nebenwegen gelangte ich dann hinaus und erfuhr, dass die blöden Nazibengels wieder mal Spektakel machten. Die gehen nämlich so vor: Wenn sie mal schlechte Verdauung haben oder sonst wie missgestimmt sind, suchen sie in der Uni ein paar arme Juden heraus und verprügeln sie nach Noten. So auch jetzt; sie hatten gerade vor der Bibliothek ein paar gefasst, die retteten sich gerade noch hinein und hinter ihnen wurde geschlossen, sonst wäre noch die Bibliothek draufgegangen. Ich gehe also hinunter in den Remter und bekomme gerade den erfreulichen Anblick zu sehen, wie eine johlende Bande dieser Schufte hinter einem kleinen verschüchterten Jüdchen herrennt (ich sehe noch seine verzweifelten Augen vor mir, werde sie vermutlich nie vergessen), ihn zu fassen kriegt und auf ihn einhaut. Ihr System war sehr gut. Sie hatten den ganzen Remter besetzt, nur eine schmale Gasse

freigelassen, durch die alle hindurch mussten. Hatte einer dann zufällig eine krumme Nase, dann war es um ihn geschehen. Auf diese Weise gab es dann mehrere Verletzte (darunter eine Studentin). Polizei kam nicht in die Uni hinein, weil doch seit alters das heilige Gewohnheitsrecht besteht, allerdings mehr eingebürgertes Übereinkommen als Recht, dass Polizei den wissenschaftlichen Staat der Universität, der auch seine gewisse Autonomie hat, nicht betreten darf. In Deutschland bekümmert sich darum natürlich niemand mehr, in München, z. B. während der Unruhen damals hat die Polizei sofort das Gebäude betreten, aber hier in Österreich wagt man es nicht; es können sich lieber die Kerle totprügeln. Natürlich gab es deswegen auch eine Zeitungsdebatte großen Ausmaßes, aber es ist alles beim Alten geblieben, der Boden der Universität bleibt weiter geheiligt, wenn es auch nicht sehr heilig da zugeht. Jedenfalls kann man mehr als genug von den Nazis kriegen, es ist eine unglaublich alberne Bande, und schuftig dazu. Daraufhin wurde die Uni mal wieder geschlossen und vier Tage hatte der geplagte Student, der so viel zu lernen hat, Zeit, um der Ruhe zu pflegen." (4.6.32)

Edgar ist nicht gut auf die Nazis zu sprechen, obwohl er eindeutig nichts zur Verteidigung der unschuldigen Juden unternommen hat. Er wäre selbstverständlich selber verprügelt worden, aber außer Hass den Nazis gegenüber kommt bei ihm nichts heraus. Seine Verhaltensweise entspricht jener der Mehrheit der Bevölkerung, leider. Dabei hat gerade Edgar von den Nazis seines Aussehens wegen nichts zu befürchten: Abgesehen davon, dass er von der Statur her eher kleinwüchsig ist, gehört er entschieden dem Typus des echten Ariers an, blond, blauäugig, griechische Nase, ein gutaussehender, attraktiver Germane.

Edgar wird aber noch ganz andersartige Erfahrungen mit Juden machen, als er aus Versehen in deren Viertel inmitten Wiens landet. Die Beschreibung dieses Stadtteils ist äußerst verwunderlich:

„*Eigenartige uralte Kirchen habe ich besichtigt, auf der Suche nach einer von ihnen geriet ich in ein übles Judenviertel, ach war das schön. Die ganze Bevölkerung sitzt nicht etwa in ihren Häusern (vielmehr Spelunken), sie sitzt auch nicht davor, sie geht auch nicht spazieren, nein, sondern sie steht, sie steht mitten auf der Straße und wartet darauf, dass jemand kommt und Geschäfte macht. Man wird ganz verwirrt, wenn man an all den herumstehenden Menschen vorbeigeht, fühlt tausend Blicke auf sich haften und kommt sich ganz verzaubert vor. Wenn man sich dann noch vorstellt, dass hinter den halberblindeten Fensterscheiben schöne Reckas und Judiths auf ihren Lumpen liegen in all ihrer Pracht, ha, dann verliert man beinahe das bißchen Verstand, das man sich noch bewahrt hat in all der Unheimlichkeit. Dazu kommt, dass man direkt zu spüren meint, wie ein dichter Hagel von Flöhen und Wanzen sich auf einen stürzt. Aber das war scheinbar doch nur Phantasie, denn bislang habe ich noch nichts Reelles von ihnen gemerkt. Am meisten habe ich doch die arme Kirche bemitleidet, die ich endlich auch noch fand. Sie sieht schon ganz verzweifelt aus inmitten all der Kerker."*

Eine Beschreibung, die man sich für Warschau passend denkt, nicht aber für das vornehme Wien. In diesem Ghetto scheint auf jeden Fall die Zeit stehen geblieben zu sein; Edgar könnte genauso gut dabei sein, eine mittelalterliche Judengasse zu beschreiben. Der Grund dafür, dass sich so viele Menschen auf den Straßen aufhalten, liegt in der Wohnungsnot, in der Enge des Judenviertels. Die geringen Behausungen sind zu klein für die ständig wachsende Zahl der Juden, denen nichts anderes übrig bleibt, als auf die weitere Straße zu flüchten. Wenn diese nun ihrerseits schmutzig ist, dann liegt es an der Überbevölkerung des von den Stadtbehörden mit Absicht auf ein reduziertes Areal belassenen Ghettos. Das Bild des schmutzigen Juden übernimmt Edgar allerdings vorurteilsvoll von der allgemein verbreiteten Sicht über diese Gemeinschaft.

Edgar bringt noch andere Interna über die Metropole und ihren Universitätsbetrieb:

„Der ganze Laden hier in Wien ist viel schulmäßiger als in Deutschland. Man wird viel mehr bevormundet. Die entsetzliche österreichische Bürokratie ist in vollstem Schwunge... Die studierende Masse von 13.000 Leuten weist erschreckende Exemplare von Seltenheitswert auf, von schmierigen stinkenden Kroaten bis zu feinsten Großstadtdandys, ein wunderbares

Völkerscharengemisch, ganz interessant. Die Ärmlichkeit ist doch im Allgemeinen groß hier, das Bettelwesen eklig; man kann keine drei Sekunden auf einer Bank im Park sitzen, schon hält einer die Hand auf. Dabei verdienen die Kerle allesamt bestimmt mehr als ich."

Sein Urteil über die Universität wird er auch noch schärfer und niederschmetternder ausdrücken:

„Der Betrieb an der Uni ist einfach saumäßig, und zwar in jeder Beziehung, wissenschaftlich wie verwaltungstechnisch wie politisch."

Er fühlt sich dennoch wohl in Wien:

„Es wäre auch komisch, wenn man in dieser Wiener Gemütlichkeit ungemütlich werden wollte. So etwas geht nicht. Man wird so angesteckt von dieser Wiener Atmosphäre von Wurschtigkeit und fröhlichem Laufenlassen aller Dinge, dass es eine Freude ist. Hoffentlich vertrottele ich nicht ganz. Ein dickes Fell muss man hier jedenfalls haben, für nervöse Leute ist Wien kein Aufenthalt. Man muss zu allem grinsen und „Hobe die Ähre" sagen. Schimpfen nützt gar nichts."

Ein bestimmtes österreichisches Produkt hat es ihm angetan:

„Schon allein der Heurige war es wert, dass man seinetwegen nach Wien kam, aber deshalb brauchst Du auch nicht zu glauben, dass ich als Säufer wieder in Deine mütterlichen Arme zurückkehre."

Nach dem Sommersemester in Wien beschließt er in Heidelberg weiter zu studieren, von wo aus er am 28.10.32 seine Unterkunft beschreibt:

„Zwar muss ich meinen Mantel immer draußen lassen, nicht weil er nicht mit mir hineingange, so klein ist die Behausung doch nicht, sondern weil der Schrank draußen steht auf dem Korridor. Die Toilette befindet sich entsprechend vor der Korridortüre, das ist schon unangenehmer, aber auch darin findet man sich. Dass es nach 10 Uhr kein Licht mehr im Treppenhaus gibt, daran bin ich ja von Wien aus gewöhnt. Mein Bett ist nur vermittels Leiter zu ersteigen, so hoch ist es, und wenn ich noch darin lesen will, muss ich meine sämtlichen dicken Bücher auf den Nachttisch legen und die Lampe oben drauf stellen, sonst leuchtet

sie nicht herauf und ich liege da oben in Finsternis. Aber sonst ist es ein sehr heimisches, gemütliches, billiges Zimmer. Das Wasser ist außerordentlich weich, die Seife gibt ungewohnt viel Schaum und lässt sich nicht von den Händen wegbringen."

Manch verwöhnter Student aus der heutigen Zeit wird bei diesem Bericht erschaudern und sich an Spitzwegs piktorischen Darstellungen eines „Armen Poeten" oder eines Bücherwurms erinnert fühlen.

Eine Woche später verwendet Edgar die Rückseite eines Schreibens der Deutschen Allgemeinen Zeitung als Briefpapier. Der Mutter erläutert er:

„Habe ich nicht schönes Papier ausgesucht? Da kannst Du gleich mal sehen, was mir alles zugeschickt wird. Dieses Schreiben bekomme ich regelmäßig zu Anfang jedes Semesters, allmählich wird es langweilig."

Es handelt sich um ein Werbungsschreiben der DAZ zur Gewinnung von Abonnenten und der Inhalt ist äußerst illustrativ für die damaligen Zeitumstände und damit brisant, ganz im Gegensatz zu Edgars Meinung! Der Text:

„Sehr geehrter Herr!
Sie gehen in ein entscheidungsvolles Semester. Die Arbeit für Ihren zukünftigen Beruf ist heute untrennbar verknüpft mit dem Schicksal Deutschlands, über das in diesem Winter die Würfel fallen werden. Auch bei der schwierigen wirtschaftlichen Lage des deutschen Studenten ist die Lektüre einer großen Tageszeitung daher heute kein Luxus, sondern eine im eigensten Interesse liegende Notwendigkeit... Der zuverlässige Nachrichtendienst, die besten Mitarbeiter auf allen Gebieten, Qualität und Niveau in jeder Beziehung, diese Eigenschaften sind die Hauptursachen der weiten Verbreitung der DAZ unter den Akademikern.
Der zweite, nicht minder wesentliche Grund für die ständig wachsende Bezieherzahl der DAZ unter den Studenten liegt in der Art und Weise, wie die DAZ ihren politischen Kampf führt. Nicht einer Partei dient die DAZ, sondern nur dem starken nationalen Willen, der unser Volk wieder emporführen wird, nicht für den kritiklosen Anhänger dieser oder jener Gruppe ist die DAZ da, sondern für den denkenden Menschen mit dem heißen Herzen, der nichts anderes will, als den Wiederaufstieg Deutschlands..."

Kein Wunder, dass Edgar die Zeitung nicht abonniert, denn, wenn schon ein Reklameschreiben mit so viel Hetze durchsetzt ist, wie wird dann erst der Inhalt der Zeitung selber aussehen? Sie gibt zwar vor, keiner Partei verpflichtet zu sein, dennoch bleibt dem Leser nicht verhüllt, welcher sie sich verbunden fühlt! Es muss sehr bedrückend gewesen sein, in solch einer Atmosphäre von plattwälzender Rhetorik aufzuwachsen.

Am 11.11.32 dann ein direkter Kommentar zu den Nazis:

„Was sagt denn die Familie zur Wahl? Den Nazis ist es entschieden zu gönnen. Sie sollen jetzt nur machen, dass sie verschwinden. Wenn sie jetzt einen Teil der Macht annehmen sollten, sind sie doch blamiert."

Bei dieser Wahl hat die NSDAP im Gegensatz zu jener von 1930 Stimmen verloren. In der Zwischenzeit hat sich die Zahl der Arbeitslosen in Deutschland auf 6 Millionen erhöht. Edgar bleibt unbeirrbar bei seiner Stellungnahme gegen die von ihm verhassten Nazis. Leider fehlt die Korrespondenz nach Hitlers Vereidigung auf die Weimarer Verfassung am 30.1.33. Ob diese Briefe wirklich einen Kommentar zu den geschichtlichen Veränderungen enthielten, ist fraglich, denn ganz allgemein ist ja festzustellen, dass die historischen Ereignisse wenig Spuren in privaten Schreiben hinterlassen haben. Nicht etwa aus Angst vor der Zensur, denn sonst würde Edgar seine Meinung über die „Nazibabys" nicht so offen darlegen. Eher, weil man das berichtet, was man selber erlebt und was einen bewegt, während das Tagesgeschehen in den Zeitungen und im Rundfunk verfolgt werden kann.

Und dennoch legt sich ein schwarzer Schatten auf Edgars betont antinationalsozialistische Einstellung. Es liegt sein *„Leistungsbuch"* vor, angelegt am 23.5.1935. Mit Foto! Edgar in Uniform der SA, angehörig zum *„Sturm 43/L, Brigade 85"*. Er hat darin auch *„auf Ehre und Gewissen"* die Erklärung unterzeichnet, dass er *„deutsch-arischer Abstammung und frei von jüdischem oder farbigem Rasseeinschlag"* sei und *„keiner Freimaurerloge oder einem sonstigen Geheimbund angehöre."* Nach diesen hochtrabenden Bekundungen, die ein ernst zu nehmendes Projekt vermuten lassen, erfährt der Leser des dunkelgrünen Büchleins, wovon dieses handelt: Es dient der Erlangung des Sportabzeichens, jenes der SA. Ins Leben gerufen wurde es im November 1933 und konnte ab dem 18. Februar 1935 auch ohne Mitgliedschaft bei der SA erworben werden. Demnach hätte Edgar es in einem Sportverein erhalten können. Vielleicht kam die Änderung für ihn zu spät, vielleicht hatte er bei der SA trainiert, und alles war für die Prüfungen vorbereitet. Immerhin steht Edgar nicht alleine da: Über eine Million Sportabzeichen in Bronze, Silber und Gold wurden erteilt. Es war übrigens eine Auszeichnung nur für Männer. Der Grund liegt klar auf der Hand: Im Grunde genommen bedeutete sie eine Präselektion der Tauglichkeit für den Krieg. Denn Bedingung für die eigentlichen sportlichen Übungen war die Ausstellung eines ärztlichen Attests. Die Untauglichkeit war bedingt u. a. durch den *„ausgesprochen undeutsche(n) Rassentyp"* ebenso wie durch *„alle Krankheiten und Verletzungen an den Beinen, Füßen und Zehen, die das Gehen beeinträchtigen, ...Plattfuß, Hohlfuß, ...Missbildungen des Fußes, den Gang beeinträchtigende Zehenverbildungen, Verlust mehrerer Zehen mit Beeinträchtigung des Gehens"*. Klar und deutlich steht die Marschfähigkeit der Betroffenen im Vordergrund! Festgehalten wurden weiterhin *„frühere Erkrankungen und Verletzungen"*, so wie *„Erbkrankheiten in der Familie"*, neben dem *„Kräftezustand"* (bei Edgar *„befriedigend"*), der *„Körpermuskulatur"* (bei Edgar *„gut"*), dem *„Zahnschema"*, *„Herz"*, *„Atmungsorgane"*, *„Augen"*, *„Ohren"*, *„Harnbefund"* und *„Sonderbefund an Gliedmaßen und sonstigen Organen"*. Edgar erhielt das Gesamturteil *„geeignet"*, zum *„besonders geeignet (fehlerlos)"* reichte es bei ihm nicht! Somit war Edgar befähigt, an der Leistungsprüfung teilzunehmen. Diese bestand aus drei *„Gruppen"*. Die erste beinhaltet *„Leibesübungen"*, ganz alltägliche Leichtathletik: *„100-m-Lauf, Weitsprung, Kugelstoßen, Keulenweitwurf und 3000-m-Lauf"*. Aber schon die zweite hat es in sich: *„25-km-Gepäckmarsch"*, bei dem das Tempo, die *„Halte"* und deren Dauer genau angegeben sind. Obendrein muss der Sportler durch *„den Schiedsrichter nach der Gesundheitsbesichtigung als noch leistungsfähig entlassen"* werden. Anschließend stehen *„Kleinkaliberschießen"*, *„liegend aufgelegt"* und *„liegend freihändig"*, und *„Keulenzielwurf"*, *"liegend, kniend und stehend"* auf dem Plan. Die dritte, als *"Geländesport"* bezeichnete Gruppe zeigt noch offensichtlicher, worum es der SA geht. Die Übungen beinhalten *"Gelände-Sehen", "Orientierung", "Geländebeurteilung" "für Vorgehen eines Spähtrupps", "Melden", "Tarnung", "Entfernungsschätzen", "Geländeausnutzung"* und *"allgemeines geländesportliches Verhalten während der Prüfung"*. Aufschlussreich erweist sich die Bewertung der einzelnen Gruppen. Die Gewichtung an sich ist ziemlich ausgeglichen, 300 Punkte für die zwei ersten und 400 für die dritte. Differenziert ist erst die Mindestgesamtpunktzahl. Während bei der ersten Gruppe 75 Punkte ausreichen, sind es bei der zweiten schon 155 und, man staune, bei der dritten 250! Somit ist klar, worauf es beim Sportabzeichen der SA ankommt: Auf Ausdauer und Tauglichkeit im Kriegsfeld. Edgar erweist sich gerade in der dritten Sparte als äußerst geeignet, denn er erhält darin 350 der maximalen 400 Punkte, während er im normalen Sport kaum die minimalen 75 und in der zweiten Gruppe mit 174 knapp mehr als 50% erreicht.

Die beiden letzten Seiten des Büchleins, Seite 15 und 16, sind für *"Bescheinigungen, Leistungsnachprüfungen und weitere Schulungen"* vorgesehen, die Edgar offensichtlich nicht in Anspruch genommen hat, da sie leer stehen. Angeheftet ist noch das *"Besitz-Zeugnis N° 400635"* für das *"SA-Sport-Abzeichen in Bronce Nr. 328.251"*. Auf dem Zeugnis befindet sich im Relief die Abbildung des Sportabzeichens neben der Aufschrift: *"Im Namen des Führers"* und dessen Unterschrift. Warum Edgar darauf bestanden hat, ein Abzeichen von seinem Hassobjekt anzunehmen, warum er überhaupt der SA beigetreten ist, diesbezüglich liegen leider keine Briefe vor. Es ist denkbar, dass die Zeitumstände ihn letztendlich mitgerissen haben.

Die Korrespondenz des Studenten endet mit einer Karte vom 7.5.36 an die *"werteste"* Elfriede: *"erstaunlicherweise bestand ich endgültig und unwiderruflich mit 1. Du kannst das Faktum beruhigt hinnehmen, es gibt keinen Widerruf. In diesem Sinne* Prost

Dr. Edgar H."

Keine schlechte Leistung innerhalb von fünf Jahren ein komplettes Studium inklusive Doktortitel zustande zu bringen. Er hat es geschafft und seine Familie kann stolz sein auf den einzigen Promovierten nach dem verstorbenen Vater, der Arzt gewesen war. Nur wallt ein anderes Blut in Edgars Adern: Ihn wird es in die Ferne treiben, sodass die Familie bald über ein Jahrzehnt lang auf seine Gegenwart verzichten werden muss.

Hansemann

Fünfzehn Jahre lang führten sie eine harmonische Ehe. Er las ihr jeden Wunsch von den Augen, verwöhnte sie wie eine Prinzessin. Sie prahlte mit ihren Kleidern, ihrem Schmuck und den schicken Pelzen, alles Pfände seiner Liebe. Sie strahlte im Theater und im Konzert Lebensfreude und Selbstsicherheit aus, und dennoch stimmte etwas nicht in ihrer Beziehung.

Anfang 1934 explodiert die Bombe. Hansemann, der ewig umsorgende Ehemann, hat Elfriede betrogen. Seine Geliebte erwartet ein Kind, etwas, was Elfriede sich sehnlichst für sich selbst gewünscht hatte, was aber nie in Erfüllung gegangen war. Ungerechtes Schicksal! Außerdem ist die Geliebte nur 21 Jahre alt gegen Elfriedes 38! Kein schlechter Handel für Hansemann. Denn er will tauschen! Obwohl er mit Elfriede vieles gemeinsam hat, literarische und musikalische Interessen, auf geistigem Niveau mit ihr gleichsteht, hat die Junge auch einiges zu bieten: Sie ist Studentin der Pharmazie, bald ihm beruflich ebenbürtig und künftig eine Stütze in seiner Apotheke. Kein Wunder also, dass er Elfriede verlassen und die Neue ehelichen möchte. Elfriede stürzt in Verzweiflung. Die Familienangehörigen werden um Rat und Meinung gebeten. Die Mutter ruft empört:

„Kämpf um dein Glück, gib Hansemann nicht frei! Er ist doch dein Mann! Hab ein wenig Geduld, er kehrt bestimmt zu dir zurück! Das junge Ding ist nur eine vorübergehende Laune!"

Sie vertritt die alte Auffassung, dass eine Ehe für das ganze Leben geschlossen wird. Sie hat gut reden, denn ihr Mann starb so früh an den Folgen einer im Ersten Weltkrieg zugezogenen Krankheit, dass die Versuchung eines Ehebruchs nicht häufig auftreten konnte.

Aber die Brüder sind anderer Meinung: Als hätten sie soeben Effi Briest beiseitegelegt, plädieren sie für die Auflösung der Ehe. Hansemann hat einen Betrug vollzogen und ist nunmehr ein Unmensch. Er ist undiskutabel geworden. Leider kann man Elfriedes Ehre nicht mehr durch ein Duell wiederherstellen, diese Zeiten sind vorbei. Aber durch eine Scheidung kann sie sich zumindest oberflächlich reinwaschen.

Obwohl Hitler in diesem Zusammenhang in der Familie nicht erwähnt wurde, hatte er in diesem Fall seine Finger gewaltig im Spiel. Wie? Durch seine Familien- und Bevölkerungspolitik. Schon 1925 in *"Mein Kampf"* hatte er geäußert: *"Die Ehe kann nicht Selbstzweck sein, sondern muss dem einen größeren Ziele, der Vermehrung und Erhaltung der Art und Rasse dienen. Nur das ist ihr Sinn und ihre Aufgabe."* (zitiert nach Norbert Westenrieder, „*Deutsche Frauen und Mädchen"*, Düsseldorf 1984, S. 30). Den gleichen Gedankengang folgt Joseph Goebbels in seiner Rede zur Eröffnung der Ausstellung „*Die Frau"* im Jahre 1933: *"Den ersten, besten und ihr gemäßesten Platz hat die Frau in der Familie, und die wunderbarste Aufgabe, die sie erfüllen kann, ist die, ihrem Land und Volk Kinder zu schenken... Wenn die Familie die Kraftquelle des Volkes darstellt, dann ist die Frau ihr Kern und ihr bewegendes Zentrum. Im Dienst des Volksganzen kann die Frau am ehesten in der Ehe, in der Familie und in der Mutterschaft sich ihrer hohen Sendung bewusst werden."* (ebd., S. 30). Bereits im BDM sollten die Mädchen auf ihre künftige Rolle getrimmt werden: *"Der BDM hat ein klares Ziel: das deutsche Mädel zur deutschen Frau und zur wahrhaften Mutter des Volkes zu erziehen. Der BDM bringt dem deutschen Mädel die Erkenntnis bei, dass der völkische Bestand eines Volkes nur gesichert ist, wenn gesunde Familien wieder genügend Kinder haben."* (ebd., S. 16, zitiert aus „*HJ marschiert, das neue Hitlerjugend Buch"* von 1933). Und so kam es, dass viele 14- bis 16-jährige Mädchen, die beim Einsatz bei der „Landhilfe" oder im „Arbeitsdienst" tätig gewesen waren, schwanger nach Hause zurückkehrten! Diese unehelichen Kinder wurden aber nicht als Bastarde betrachtet, denn die Propaganda rückte sie ins rechte Licht.

Inmitten solch einer Propaganda steht Hansemann. Was hat er in seiner Ehe bis jetzt für die Erhaltung des deutschen Volkes geleistet? Nichts, aber nun kann er seine vergeudeten Jahre wiedergutmachen: Sein Erstes ist unterwegs. Empfindet er nur Vaterfreuden oder die eines Patrioten, der endlich seinen Pflichten dem Vaterlande gegenüber nachgehen kann? Wird es bei diesem einen Kinde bleiben oder wird er die Wunschzahl der Nationalsozialisten erfüllen können? Vier lautete die magische Zahl, und Hansemann wird sie erreichen, auch wenn er einen Nachkommen durch Krankheit verliert.

Elfriede hat nicht nur ihre Pflicht des Gebärens unterlassen, weil die arme unfruchtbar war und mit den damaligen medizinischen Kenntnissen nicht geheilt werden konnte, sie hat noch zwei weitere Pflichten missachtet: Auf der einen Seite hat sie geraucht, was die Nationalsozialisten den Frauen in öffentlichen Räumlichkeiten untersagt hatten. In ihrem Besitz befanden sich sowohl eine Zigarettenspitze aus Elfenbein und Silber mit der Widmung: „Meinem Elfchen", datiert aus den Zwanzigerjahren, samt einem Zigarettenetui, ebenfalls aus Silber und mit ähnlichem Wortlaut - beides Geschenke ihres Gatten. Die Frau hatte sich ja nach dem Ersten Weltkrieg emanzipiert, wichtige Posten übernommen, aber die Laster dazu.

Auf der anderen Seite hatte Elfriede ihre weibliche Komponente immer zu unterstreichen gewusst, durch elegante Kleidung sowie durch angemessene Kosmetik. Die übertriebene Körper- und Schönheitspflege war aber im nationalsozialistischen Regime verpönt (obwohl sie bei den hofierten Schauspielerinnen erwartet wurde). Ein Artikel in der SS-Zeitschrift „*Das Schwarze Korps*" vom 5. Dezember 1935 trägt den vielsagenden Titel „*Was zu viel ist, ist zu viel!*" (vgl. ebd., S. 48), womit das Zuviel an Kosmetik bei den Frauen angeprangert und sie zur Schlichtheit ermahnt werden. Elfriedes Ein und Alles waren und blieben aber all diese unwichtigen Äußerlichkeiten, für die sie viel Zeit und Energie aufgewendet hat. Ihr Bruder Edgar schreibt ihr Anfang 1935 ein wenig schelmenhaft: „*…j'ai le plaisir de vous dire que vous êtes la femme la plus distinguée du monde entier.*" („Mich freut es, Ihnen mitzuteilen, dass Sie die vornehmste Dame der ganzen Welt sind."). Das Siezen hatte er wohl als Spielerei eingeführt, ebenso wie die Verwendung der französischen Sprache. Einige Monate später schreibt er ihr im gleichen Ton: „*J'espère que tu ne dépenses pas trop d'argent en feignant la grande dame aux bains.*" („Ich hoffe, dass Du im Badeort nicht zu viel Geld ausgibst, um Deine Rolle der großen Dame zu spielen."). Vornehm ist sie nicht auf einen Schlag geworden, sondern hat schon

Jahrzehnte dafür trainiert, und ihre Rolle hat sie nie aufgeben können, denn sie war Teil ihres Grundwesens.

Schon auf einem Bild inmitten ihrer Schulkameradinnen im Alter von circa 16 Jahren fällt sie als einzige durch ein Merkmal aus dem Rahmen: Sie ist es, die die riesige Schleife am Hals trägt! Klar, sie muss sich von den anderen durch die Kleidung abheben. Auf anderen Bildern, auch späteren, ist sie ganz auf Wirkung aus: In erster Linie hat sie herausgefunden, wie sie ihr leichtes Schielen kaschieren kann, und zwar indem sie sich entweder seitlich oder halbwegs unter einem interessanten Hut versteckt fotografieren lässt. Nur selten erhascht sie der Fotograf als Brillenträgerin! Oh, weibliche Koketterie! Schicke, wärmende, schmeichelnde Pelze, auch mitten im Sommer auf Sylt lässig über ein elegantes kurzärmeliges Kleid geworfen, sind mit der Trägerin auf dem Zelluloid verewigt. Und der passende Gesichtsausdruck dazu: Fröhlich, lieblich, lächelnd, selbstbewusst, egal welche Misere ihr Gemüt mit sich schleppt, z. B. nach der Scheidung. Seit eh und je mit der gleichgearteten Frisur: Einem Dutt, mal voller, mal flacher, aber im Prinzip über sieben Jahrzehnte immerzu hochgestecktes Haar, wenig Mut zur Veränderung zeigend. Und Hansemann? Er steht kerzengerade auf den Fotos, als hätte er einen Besenstiel verschluckt. Hart in seiner Schlankheit, fast dürr, aufrecht, seinem Gegenüber direkt ins Gesicht schauend, nichts fürchtend mit seinen diabolischen Augen. Ja, etwas Erschreckendes bergen sie, neben der scharfen, schmalen, aber langen Nase und den beiderseits abstehenden Ohren. Wahrlich keine Schönheit mit seinen kurzen, glatt gekämmten Haaren. Aber am schlimmsten sind doch seine Augen, die die Entschlossenheit seines Wesens widerspiegeln, vorausahnen lassen, dass er vom gefassten Entschluss nicht mehr abweichen wird. Was beschlossen ist, wird durchgeführt, wie die Scheidung, und kein Flehen oder Bitten wird ihn davon abbringen. Als Kontrast zu ihm die weiche Elfriede mit rundem, hübschem Gesichtchen, immer liebenswürdig, eher zur Molligkeit tendierend, jemand, der sich treiben lässt, mitspielt, die Gesellschaft liebt und braucht. Und gute Kleidung, mal Seide, mal Pelz, immer das Feinste, das Exklusivste, von den besten Häusern, von den besten Marken.

War nun diese Eleganz Hansemann mit der Zeit zu hohl

und banal geworden, auch wenn sie anfangs ihre Anziehungskraft auf ihn gehabt haben muss? War ihm diese Bedachtheit auf die äußere Schale mit den Jahren leer und abstoßend geworden? Hat die Propaganda auch das ihre bewirkt? Er will von ihr weg und er schafft es, ihre Einwilligung in die Scheidung zu erhalten. Dafür dass sie dies tut, und zwar so heldenhaft schnell, wird er sich zeitlebens erkenntlich zeigen. Ihre Entschlossenheit verhilft ihm nämlich dazu, ein eheliches Kind in die Welt zu setzen, und zwar am 7. September 1934, nachdem die Ehe am 15. März 1934 geschieden war.

Eine Ehe ging auseinander. Wie hatte sie aber begonnen? Sie war in Eile geschlossen worden, genauso wie seine zweite es werden sollte, nur ohne die gleichen Folgen, nämlich ohne Kind. Die Verlobung findet im April 1920 statt, die Heirat kaum drei Monate später, am 29. Juli des gleichen Jahres. Der Grund für die Hetze kann nur in der Hitze der verliebten Jugend gefunden werden.

Die Verlobung steht von Anfang an unter einem ungünstigen Stern. Elfriede wird leider nicht herzlich von der neuen Verwandtschaft aufgenommen. An Stelle eines warmen Gratulationsschreibens erhält sie von ihrer künftigen Schwägerin Käte folgenden Brief im Mai 1920:

„*Zu Ihrer Verlobung mit meinem Bruder sage ich Ihnen meine aufrichtigsten Glückwünsche. Ich bedaure, dass das Schicksal Sie auf so ungewöhnlichem Wege in unser Haus führt, dass es mir nicht möglich ist, Sie mit offenem Herzen als Schwägerin willkommen zu heißen. Wir wollen hoffen, dass die Zeit vieles klärt...*"

Welches Verbrechen liegt hier vor? Wer ist Täter? Ein zweiter Brief von Käte, datiert am 10.7.20, diesmal an ihren Bruder gerichtet, gibt Aufklärung:

„*Deine Braut muss sich den Platz in unserer Familie erkämpfen... Ich habe Dir gesagt, dass ich wohl Verständnis für Dein Geschick habe, aber dass Du nach Deiner Entlobung rücksichtslos die Vergangenheit kaltstellst, das hat mich im tiefsten Innern enttäuscht. Wenn Du Trudel L. geliebt hast, dann hättest Du so viel Rücksicht auf sie nehmen müssen und Deine Verlobung nicht so öffentlich und so plötzlich unmittelbar feiern. Das verletzt mich als Frau und ist dasjenige, was uns trennt. Ich habe Dich gebeten, lass uns Zeit, Du gehst kalt darüber hinweg. Ich bin schwer zornig über Dich, kann absolut Deinen Worten nicht mehr glauben, weil mir alles Betrug erschien. Im Übrigen habe ich immer wieder betont: Ich kenne Frl. Elfriede H. nicht, kann gar nicht über sie urteilen, sie trifft ja auch keine Schuld, sondern Dich allein. Sie muss wohl noch sehr jung sein, sonst würde sie diejenige sein, die Dich veranlassen würde noch zu warten mit der Hochzeit, um allen erst einmal Ruhe zu gönnen. Selbstverständlich kann ich sie nicht mit offenem Herzen als Schwägerin begrüßen, da sie an die Stelle von Trudel tritt, die ich sehr lieb habe. Das ist schwer für Frl. H., aber wenn sie ehrlich und stark ist, kann sie es doch nicht beleidigen, sondern sie muss es anerkennen. Ihre Antwort seinerzeit auf meinen Glückwunsch hat mir eigentlich gut gefallen. Kalt war beides nicht, sondern ehrlich und gegenseitige Achtung ist ein guter Grund für eine spätere Freundschaft. So dachte ich. Scheinbar denkst Du da wieder ganz anders. Wer Recht hat, wage ich nicht zu entscheiden. Doch weiter zu Rolf. Ich weiß nicht, was zwischen Dir und Rolf war. Ich schrieb ihm neulich, um über ein Hochzeitsgeschenk mit ihm zu beraten. Daraufhin schrieb er, dass er dienstlich schwer abkommen könne. 2. Äußere Gründe, die ihm den schweren Entschluss noch mehr erschwerten. Er wagte nicht zu urteilen, hätte Dir aber auf Dein Verlangen hin gesagt, dass Du Trudel gegenüber nicht recht gehandelt habest. Das ist unsere ganze Korrespondenz gewesen. Ich verstehe Dich nicht. Du willst eine ehrliche Meinung. Wir verurteilen Dich nicht. Wir lassen Dich auch nicht fallen, aber wir sagen offen unsere Meinung und Du verträgst das nicht und fühlst Dich beleidigt..."*

Der ungestüme Jüngling hat seine frühere Braut also wegen Elfriede sitzen gelassen! Nun herrscht Aufruhr in seiner Familie! Keine gute Startposition für die erst 21-Jährige! Sie wird sich die Gunst ihrer neuen Verwandtschaft hart erkämpfen müssen. Dafür aber große Erfolge einfahren, denn sie wird als Katalysator bei ihr wirken und Bindungen aufbauen, die über ihre Scheidung hinweg bis an ihr Lebensende halten werden. Der Problemfall ist eindeutig nicht sie, sondern Hans inmitten seiner eigenen Familie. Dies zeigt auch sein Brief an seine Mutter am 22.4.20, in dem er auch den warmen Empfang bei seinen künftigen Schwiegereltern beschreibt:

"*Ich bitte Dich von Herzen, sei auch Du uns lieb und vergiss, was einst gewesen - hab auch Du mein Elfchen lieb, dann fehlt uns beiden nichts mehr an unserem Glück! Wir haben uns vorgestern verlobt und wollen es auch bald veröffentlichen, wie wir ja auch nach Deiner Zustimmung bald heiraten wollen. Mutter, ich komme zu Dir mit offener, reiner Seele - weise mich nicht ab, sondern lass uns sprechen, mich, Dein Kind zu Dir, meiner Mutter... Gib mir Deine Hand und sei meine Mutter.*"

Ein sehr pathetischer Brief von der Hand eines 26-Jährigen. Oh, wie zerrüttet klingt doch das Verhältnis zu dieser Mutter, die er untertänigst um Vergebung und Zuwendung bitten muss! Und wie anders wird doch seine Stellung in Elfriedes Familie aussehen, wo er mit Selbstverständlichkeit aufgenommen wird, in späteren Briefen als erster angeredet wird, mit seinem Kosenamen, danach folgt erst jener seiner Frau: "*lieber Hansemann und lieber Pipsch!*" Der Tonfall der Briefe des Schwiegervaters im kameradschaftlichen Stil verfasst:

„*Die Alte sagt in ihrer Herzensgüte, - oder kann sie bloß gut behalten? - Du hättest morgen Geburtstag. Da wir's glauben, wünschen wir Dir allerherzlichst weiterhin ein fröhliches, gesundes Jahr bis zum nächsten 14. Juli, wo wir dann Fortsetzung machen. Also feiert vergnügt, aber sinnig.*" (*28.7.29*)

Diese Herzlichkeit sucht man erfolglos in Hans' Familie. Die Verbindung, die er nun eingehen möchte, steht von Anfang an eindeutig unter einem schlechten Omen. Wenn er aber einen Entschluss gefasst hat, gibt er ihn nicht wieder auf: Einmal richtig verliebt, vergisst er glückliche Monate oder Jahre mit einer anderen, die er rücksichtslos und entschlossen verlässt. Selbstverständlich ist er beim zweiten Mal, wo er nun Elfriede aufgibt, zu einem reifen Mann geworden, der seine Verpflichtungen aus 13-jähriger Ehe nicht einfach beiseiteschieben wird, inwieweit freiwillig sei dahingestellt.

Wie lernt er überhaupt seine künftige zweite Frau kennen? War sie als Praktikantin in seiner Apotheke in V. tätig? Wahrscheinlich. Elfriede legt sich ihre eigene, in späteren Jahren immer wieder wiederholte Erklärung für seinen Sinneswandel zurecht: Ein Sturz auf den Kopf, eine kleine innere Verletzung hat sein Leben aus den Fugen gebracht. Er denkt nicht mehr wie früher, er ist verwirrt und durcheinander, eine Theorie, die durchaus medizinisch belegbar ist. Auf jeden Fall lebt er ab Oktober 1933 getrennt von Elfriede. Sie, nervlich und seelisch erkrankt, weilt in Braunschweig beziehungsweise zur Kur im nahegelegenen Harz. Sie verkehren schriftlich. Er spricht von *„dieser großen Tragik unseres Geschicks"*, die er immer wieder in seinen Briefen erwähnen wird, und schmeichelt ihr mit *"was für ein fabelhafter Mensch Du bist, unübertroffen als liebende Frau mit allem, was Du hast. Ich kenne Deine großen Vorzüge."* Aber gleichermaßen ermahnt er sie, sich *„keine trügerischen Hoffnungen"* zu machen. Und er möchte *„einen Ausweg aus diesem mir wie dunkelste Nacht erscheinenden Zustand"* finden.

Im Dezember, in Anbetracht der Tatsache, dass sie ihn in V. aufsuchen wird, macht er einen klaren Vorschlag: *„so halte ich es doch für besser, wenn wir im Hotel bleiben"*. Sie gehört nicht mehr ins Haus. Er weist sie klar ab. Und parallel zu ihren ehelichen Schwierigkeiten spult sich ein zeitgeschichtlicher Vorfall ab:

„Gestern Nacht hat man versucht, den Kulle Schmidt zu verhaften, nach etlichen Schießereien ist er aus dem Fenster in der 1. Etage gesprungen und durch den Kanal entkommen, trotzdem SA und SS und Polizei alles abgeriegelt hatte. Dann haben sie den kleinen Bruder nachts noch verhaftet - wegen Beihilfe vermutlich."

Dies war am 1.12. berichtet und am 8.12. folgt:

„Heute Nachmittag flüchteten verschiedene Leute in die Apotheke, weil drüben wieder Razzia war. Alles mit Pistolen und Jagdgewehren, aber ohne Erfolg, Leuchtmann sloote Schm. gesjehen haben, auf seinem Boden."

Ein wenig Geheimsprache, die dann am 23.12. aufgeklärt wird:

„Eben war Frl. Schmidt hier und holte Baldriantropfen. Heute Nachmittag haben sie den Bruder angeschossen und ins Krankenhaus gebracht. Er wurde auf dem Heuboden von Papsch seinem Müller entdeckt. Weiter weiß ich auch nichts."

Um dann im Postskriptum fortzufahren:

„Sie kommt eben: Er soll schon tot sein."

Ein Schicksal in der aufkommenden Nazizeit. Was hat Kulle Schmidt wohl verbrochen? Sein Tod reicht nicht aus, denn am 30.12. berichtet Hans:

„Heute Nachmittag wollte man Gertrud Schmidt verhaften, sie bekam aber eine Ohnmacht und wurde auf Anraten von B. zu Hause gelassen, vorläufig. Sie soll anonyme Briefe geschrieben haben, man solle ihren Bruder rächen und den Wachtmeister erschießen."

Auf jeden Fall traut sich Hans noch ziemlich offen zu informieren, obwohl er genau weiß, dass die Post schon durchsucht wird. Bereits am 7.12. 33 schreibt er:

„... wenn den Brief die berühmte jetzige Kontrolle nicht auch beschlagnahmt hat. Lisbeth erzählt mir eben, dass von ihr auch ein Brief nicht angekommen ist. Und da wird doch nun wohl wirklich nichts drin stehen."

Drei Tage später, wohl immer noch bezüglich des gleichen Briefes:

„Ich verstehe nur nicht, dass er auch jetzt noch nicht angekommen ist, selbst wenn er kontrolliert sein sollte."

Und dann kehrt Hans immer wieder in seinen fast täglichen Briefen zwischen dem 18.10. und dem 31.12.33 zu ihrer beider Verhältnis zurück. Es ist klar und deutlich, dass er die Trennung aufrechterhalten möchte. Es gibt kein Zurück mehr:

„Unser großes gemeinsames Schicksal tut mir ebenso wehe wie Dir, ich quäle mich ebenso wie Du - und sehe doch keinen anderen Ausweg..."

Er spricht zwar nicht aus, was er damit meint, es kann wohl nichts anderes bedeuten als die Auflösung der Ehe. Oder einen Tag später, am 22.12.:

„Du hast hoffentlich meinen Brief richtig erhalten, der Dir gesagt hat, wie ich in wirklicher Kameradschaft Deiner gedenke und für uns alle drei das Beste ersehne."

Kein Wort von Liebe, nur „Kameradschaft" kann er Elfriede noch bieten. Und das Beste für alle drei ist es wohl nur für zwei, während Elfriede allein zurückgelassen wird!

Am 27.12., in der sentimentalen Weihnachtszeit, wirkt er sehr gefühlsüberladen:

„Du schreibst so lieb und so traurig und ich möchte Dir so gern helfen und weiß doch keinen Rat und keine Hilfe für uns alle drei... Wir sind alle drei gleich traurig und unglücklich dran –

durch meine Schuld ganz allein – und doch weiß ich nicht, wie ich uns oder wenigstens Euch beide retten kann... Ich kann nun auch nicht mehr.... Wir müssen doch einmal einen Weg finden wollen, wenn wir auch alle Angst davor haben. So kann es doch nicht weitergehen, das ist doch unmöglich und endet mit unser aller Untergang, wir machen uns alle drei dabei zunichte. Und leben wollen und müssen wir alle drei, mit dem Untergang des Einzelnen oder zweier oder aller ist keinem gedient – ich wenigstens überstände es nicht, das weiß ich."

Auf eine sehr subtile Art und Weise spricht er von der Geliebten, ohne sie jedoch zu nennen. Sie ist einfach das dritte Rad. Einen Selbstmord möchte er bei der nervengeschädigten Elfriede ausschließen, so wie er sowieso um ihre Gesundheit besorgt ist:

„Sei Du lieb und schone Dich weiter, erhalte Dich dem Leben und werde wieder kräftig und gesund wie früher. Du musst über all dieses Entsetzliche fortkommen mit viel gutem Willen und Wollen."

Auf keinen Fall will er Elfriede einfach den Rücken zukehren und sie zu Grunde gehen lassen. Aus seinem ersten Fauxpas, der eiligen Auflösung seiner Verlobung mit Trudel, hat er gelernt. Wenn er damals derart heftig von seinen engsten Verwandten kritisiert worden war, was würde ihn jetzt erwarten nach einer über einem Jahrzehnt andauernden Ehe, in der man der Ehefrau keinen stichhaltigen Vorwurf machen konnte?

Was er bezweckt, ist, sie so zu bearbeiten, dass sie endlich in die Scheidung einwilligt. Mit der „Dritten" hat er seine große Liebe entdeckt und denkt nicht im geringsten daran, zu Elfriede zurückzukehren. Er setzt auf Zeit, in der Elfriede zur Einsicht gelangt, es sei endgültig aus, und in der sie gesundheitlich zu Kräften gekommen ist. Sein Zureden wird endlich vom Erfolg gekrönt. Er bekommt die erstrebte Einwilligung in die Scheidung, muss aber einen hohen Preis zahlen: Am 3. Februar 1934 verpflichtet er sich durch notariellen Vertrag, Elfriede eine monatliche Unterhaltsrente von 250,- Reichsmark mit Wirkung vom 1. Februar 1934 zu zahlen. Eine kleine Spitzfindigkeit bei diesem Vertrag liegt darin, dass die Verpflichtung mit seinem Tode nicht erlischt, sondern von seinen Erben weitergetragen werden soll. Eine verhängnisvolle Klausel für diese, wie sich später herausstellen wird.

Elfriede fühlt sich abgesichert und setzt am 15. März 1934 ihre Unterschrift unter die Scheidungsurkunde. Eine Ära ist für sie hiermit beendet. Es beginnt nun eine neue, bestehend aus der Suche nach einem Ersatz, den sie nie für eine länger währende Partnerschaft finden wird.

Zu Hans' Geschwistern unterhielt sie zeitlebens einen freundschaftlichen Kontakt, der sich in den Briefen des Bruders Ernst klar widerspiegelt. Am 16. März 1934, einen Tag nach der Scheidung, schrieb er ihr:

"Aus Deinem Brief vom 12.3. entnahmen wir, dass Du dort wieder gut angekommen bist und Dich bei uns wohl gefühlt hast. Es war schade, dass Du so wenig Zeit hattest, wir hätten Dich sehr gern einige Wochen bei uns behalten. Wenn Du die letzten schweren Tage jetzt hinter Dir hast, musst Du uns bestimmt erst einmal für längere Zeit besuchen. Wir fühlen uns ganz besonders innig Dir verbunden und stehen Dir jederzeit mit Rat und Tat zur Verfügung... Nun liebe Elfriede, sei diese letzten Tage noch recht tapfer und dann zieh einen ganz dicken Strich unter die dreizehn Jahre! Der Mann hat sein Glück mit Füßen getreten, die ungeheure Schuld, die er auf sich geladen hat, wird ihn dämonisch verfolgen, ihn nie wieder innerlich zur Ruhe kommen lassen und die Strafe dafür wird nicht ausbleiben!"

Kein mildes Urteil über einen Bruder und eine klare Position gegenüber der verlassenen Ehefrau. Zu dem Fluch kann man vielleicht bemerken, dass er durchaus die seherischen Gaben von Ernst reflektiert. Hans ist innerlich bestimmt nicht zur Ruhe gekommen, sondern wurde ewig durch Reue zermürbt. Seine Strafe bekam er außerdem in der Form des Verlustes eines geliebten Kindes und zusätzlich in der seines eigenen frühen Todes.

Mit dem verheirateten Ernst wird Elfriede noch bis weit in die 60-er Jahre hinein Korrespondenz führen, in der er ihr mit dem Kosenamen "Piepelchen" oder "Piepel-Papelchen" Vertraulichkeit sowie Zuneigung demonstriert. Auch 25 Jahre nach der Scheidung steht er auf ihrer Seite:

"Vielleicht wäre es doch etwas anders gekommen, wenn er

(sein ältester Bruder) kraft seiner Autorität als Familienältester energische Unterredungen mit Hans geführt hätte, zumal Hans ihn doch sehr respektierte und sich verhältnismäßig leicht leiten ließ."

Aber nicht nur mit Worten wird er Elfriede unterstützen, auch mit kleinen Taten, deren Vollbringung und Notwendigkeit er sich in den frühen Ehejahren Elfriedes bestimmt nicht vorgestellt hat.

Nach vollzogener Scheidung reißt der Kontakt zwischen den ehemaligen Eheleuten nicht ab. Sie korrespondieren. Hans gebraucht weiterhin die gleiche Anrede wie während der Ehejahre: „Mein liebes Elfchen". Dieser Kosename steht in engem Zusammenhang mit der Wurzel des Namen Elfriede, der von *„alb, elf"* + *„fridu = Friede"* stammt und etwa: *„Sie stand unter dem Schutze der Alben, Elfen und liebte den Frieden"* bedeutet. (vgl.: E. Hertel, *„Deutsche Vornamen"*, Frankfurt 1935) Hierin ist schon das Zarte, Leichte, Vergängliche ihrer Persönlichkeit vorausgesagt!

Hansemann bringt wider Erwarten keine Distanz zwischen beide. Schafft er es nicht oder denkt er, er muss so handeln? Er wird eindeutig von Gewissensbissen geplagt. Und dann wirkt er so verwirrend:

„29.7.35
Mein liebes Elfchen,
am heutigen Tage werden unsere Gedanken sich häufiger begegnet sein, wir haben beide das Schicksal vergeblich gefragt: warum. Du musst wissen, wie ich für Dich fühle, Du musst wissen, dass auch für mich die vergangenen 15 Jahre keine gleichgültigen waren. Meine Blumen werden es Dir auch heute gesagt haben, sie sollten Dir alles sagen.
Ehe Du es von anderen erfährst, will ich es Dir sagen, dass am 22. Juli mein Stammhalter geboren ist und Mittwochfrüh in sein Vaterhaus einzieht.
Ich denke Dein wie immer und bin immer Dein
Hansemann"

Hans, der immer noch mit seinem Kosenamen unterschreibt, hat keinen Schlussstrich gezogen. Er erwähnt zärtliche Gedanken, Gefühle und schickt Blumen an seine Exfrau, an einem Tage, der nicht einmal ihr Geburtstag ist. Aber es ist eindeutig ein besonderer Tag, nur nicht für Elfriede: Er übermittelt ihr tapfer die niederschmetternde Nachricht, dass bereits sein zweites Kind, diesmal ein Sohn, geboren ist. Und dann zur Abrundung der Schlusssatz: *„Ich denke Dein wie immer und bin immer Dein."* Elfriede muss sich von ihm immer noch geliebt fühlen, dies hat sie auch stets behauptet. Hier spricht lediglich ein Mann, der mit seinem Ehrenkodex noch in Fontanes Zeit lebt und mit seinen Schuldkomplexen nicht fertig wird. Er hat sein Verwirrspiel so perfekt gespielt, dass Elfriede ihn über Jahrzehnte hinweg nicht durchschaut hat. Wahrscheinlich war es besser so, dass sie annahm, er bliebe nur der Kinder wegen mit der Anderen; lieben und verstehen würde er aber nur Elfriede. Dieser Glaube schützte sie vor Depression und Verzweiflung.

Ein Monat später folgt ein Geburtstagsbrief mit einer gesteigerten Anrede:

„18.8.35
Mein liebes kleines Elfchen,
also sei überzeugt, mein liebes Elfchen, dass ich in diesen Tagen und ganz besonders am 20. sehr, sehr nahe bei Dir bin und Dir von ganzem Herzen eine wahre lebensbejahende Zukunft wünsche. Möge das Schicksal nicht weiter mit uns so grausam sein wie es gewesen ist, möge auch Dir ein neues lebenswertes Leben beginnen und damit wir beide die grausamsten Zeiten unseres Daseins hinter uns haben und vergessen können. Ich bin bei Dir gestern, heute und alle Zeit, auch wenn Du einmal - und ich sehne die Stunde für Dich herbei - ein zweites wahres Glück wiedergefunden hast.
Für heute, an Deinem Geburtstage, bin ich Dir so nahe wie einst und wünsche Dir ein solches Glück wie einst.
Hansemann"

Nun schiebt er die Schuld an ihrer Trennung auf das Schicksal. Erstaunlich, denn er, der Vierzigjährige, hatte bestimmt die 21-Jährige verführt und nicht umgekehrt. Dann hatte er die Scheidung verlangt und keine höhere Instanz hatte sich eingemischt. Das Grausame hatte er selber herbeigeführt, aber nein, auch er muss sein Gewissen schützen und entlasten und wälzt die Verantwortung für seine Tat auf eine außenstehende Gewalt: das anonyme Schicksal, das sich geduldig, wehrlos anklagen lässt. Es ist auffällig, dass in dieser Zeit diese Macht so häufig auf der

Anklagebank sitzt und als Grund für die vielen Missetaten der anrollenden Kriegszeit herhalten muss.

Obwohl er beteuert, dass er Elfriede nie im Stich lassen wird, was er tatsächlich tut, möchte er sie doch im gleichen Atemzug loswerden. Er möchte sie wieder gebunden sehen, wodurch sein Gewissen befreit wäre. In späteren Jahren wird er diese Aufforderung nicht mehr wiederholen, immerhin hat dann Elfriede die 40 längst überschritten.

Elfriede lässt sich auf jeden Fall nicht zweimal auffordern, eilt nach Westerland und mischt sich unter die beste Gesellschaft, wie ihr Bruder Edgar in der erwähnten Karte vom 18. August 1935 andeutete. Dort lautet es weiterhin:

„*Ma soeur,*
à l'occasion de ton anniversaire, je te dis les plus sincères désirs pour l'avenir. Marie-toi avec un bonhomme assez riche qui est capable de contenter tes caprices. C'est le meilleur qu'on peut te désirer. Tu dois y destiner un des flaneurs comiques qui t'entourent là.
J'ai lu un bel article de St. Francois, et je lui ai écrit moi-même une carte. Que fait-il? Ou l'as-tu déjà oublié totalement au bruit de la mer?
Ici c'est toujours la mème chose. Alors, je regrette beaucoup que tu as déjà trente-neuf ans à peu près. Salut! Ton Edgar, chevalier de St. Prens."

(„Meine Schwester, zu Deinem Geburtstag möchte ich Dir meine besten Wünsche für Deine Zukunft aussprechen. Heirate einen Mann, der reich genug ist, um Deine Launen zu erfüllen. Das ist das Beste, was man Dir wünschen kann. Dazu solltest Du einen der ulkigen Kerle verwenden, die Dich dort umgeben.
Ich habe einen schönen Artikel von St. Franz gelesen und habe ihm persönlich eine Karte geschrieben. Was macht er denn? Oder hast Du ihn beim Meeresgetöse bereits vollkommen vergessen?
Hier ist alles beim Alten. Also, es tut mir sehr leid, dass Du schon ungefähr 39 Jahre alt bist. Tschüss! Dein Edgar, Ritter von St. Prens.")

Noch ein Mann, der Elfriede zutraut, einen neuen Lebensgefährten zu finden. Die Fotos von Westerland zeigen sie nicht nur auf das Schickste gekleidet, sondern stets mit einem glücklichen Lächeln, entweder tanzend, aber auf jeden Fall in Begleitung. Viel hält Edgar zwar nicht von Elfriedes Bewunderern, aber sie scheinen ja in seinen Augen zu ihrem flatterhaften Wesen zu passen. St. Franz wiederum genießt seine Achtung. Wie Edgar aber treffend bemerkt, hat sie ihn wohl schnell vergessen. Er findet nie wieder Erwähnung, aber immerhin hatte sie bereits kurz nach der Trennung von Hansemann einen offiziellen Verehrer. Bei diesem einen sollte es aber nicht bleiben. Sie scheint sogar danach zu hungern, männliche Anerkennung zu erhalten, ihren Wert von ihnen bestätigt zu bekommen.

Hansemann verkehrt offensichtlich nicht nur brieflich von Berlin aus mit seiner geschiedenen Frau, er besucht sie auch in Braunschweig. Ein Jahr später erwähnt er:

„Deine Büchleins habe ich durch Zufall gefunden und werde sie Dir nächstes Mal mitbringen, vielleicht am Freitag schon." Oder am 25.7.36: *„Ich bin voraussichtlich am Montagvormittag in Braunschweig; werde dann gegen 1 Uhr zu Dir kommen."*

Der Kontakt reißt nicht ab, obwohl sie nichts gemeinsam besitzen, weder Kinder noch Eigentum, was Besprechungen und Entscheidungen zu zweit voraussetzen würde. Der liebkosende Ton der Briefe bleibt unverändert: *„Nun viele liebe Geburtstagsküsslins mit lieben guten Wünschen in alter Herzlichkeit!"* Ob die Jungvermählte, die rechtmäßige zweite Ehefrau, diese Beweise von Intimität zu lesen bekommen hat? Wenn ja, dann hätten sie durchaus Grund für Ehestreitigkeiten hergeben können.

Aber nicht nur aus Anlass ihres Geburtstags erhält Elfriede diese leidenschaftlichen Gefühlsbekundungen. Am 15.3.37 schreibt ihr Hansemann:

„Mein liebes Elfchen!
Ganz schnell will ich Dir nur ein paar liebe gute Grüssleins senden, die Dir sagen sollen, dass ich Dich heute mal wieder ganz doll lieb habe und Deine Gegenwart vermisse. Ich fühle mich so einsam und alleinstehend, dass ich zeitweise ganz unglücklich bin..."

Der kurze Brief entwickelt sich unverhoffterweise zu einer

Länge von zwei Seiten, woraus klar wird, welch große seelische Stütze Elfriede für ihn darstellt. Seine depressive Gefühlslage ist nicht etwa auf einen Streit mit seiner Ehefrau zurückzuführen, die er übrigens nicht eines einzigen Wortes in seinen Briefen würdigt, die in seiner Beziehung zu Elfriede inexistent bleibt. Der Grund ist vielmehr der frühe Verlust seines Kindes Krümelchen. Diesen Tod, der ihn zu großer Reife wachsen lässt, empfindet er wohl als Strafe für sein Vergehen seiner ersten Ehefrau gegenüber.

Nicht allein der Tonfall, sondern auch der Inhalt der Briefe beginnt sich zu ändern. Während 1933/34 Hans eindeutig die Trennung von Elfriede erwirken möchte, ist er drei Jahre später seelisch von ihr abhängig. In Briefen und Karten berichtet er ihr ausführlich nicht über die Entwicklung und Fortschritte, aber über die Krankheiten seiner drei Erstgeborenen. Man gewinnt den Eindruck, Elfriede interessiere sich ernsthaft für das Schicksal jener Kinder, die sie selbst ihrem Manne nicht hatte gebären können, so als würden diese Sprösslinge einer anderen das getrennte Paar wieder einen. Ironie des Schicksals, dass sie ihr Mitgefühl für diese Kinder empfinden muss, die ihr nicht gegönnt waren.

„Wenn wir Kinder bekommen hätten, wären wir <u>*beide*</u> *die glücklichsten Menschen der Erde gewesen und geblieben - und keine Macht der Welt hätte uns auseinanderbringen können - es sei denn der Tod."*, schreibt ihr Hans.

Am deutlichsten leuchtet ihr inniges Verständnis nach dem Verlust seines dritten Kindes hindurch, in einem Brief vom 2.3.37:

„Mein Elfchen, gestern am Montagnachmittag haben wir mein Krümelchen zur endlichen Ruh gebracht - mein Herz war mir so schwer von diesem Gang - ich war so traurig und mir war so weh ums Herz - und aller Schmerz ist genauso geblieben. Mein Krümelchen war ja so lieb - so zufrieden und so süß zu mir - es wollte für mich leben und hat so darum gekämpft. Nie mehr werde ich diesen schweren, schweren Todeskampf vor Augen verlieren - immer, immer werde ich mein Krümelchen so vor Augen behalten - es ist ein zu grausames Geschick. Du schreibst so lieb und so verstehend mir, mein Liebstes, Du trägst ebenso daran wie ich - ich fühle es aus jedem Deiner lieben, lieben Worte! Hab dank dafür, mein Elfchen, das gibt mir Trost und Halt mit in diesen schweren

Tagen meines eigenen Kämpfens."

Über Wochen hinweg wird er das Thema immer wieder anschneiden, da es ihn nicht in Ruhe lässt, so am 22.3.37:

„Liebes, liebes armes Krümelchen - Du wolltest so gern, so gern bei mir bleiben - hast so für mich gekämpft mit Deinem süßen kleinen Unschuldskörperchen, Tag und Nacht bis zum allerletzten Atemzuge! Mein Elfchen, ich bin so unsagbar traurig - Tag und Nacht - ich kann mein Krümelchen und seinen letzten wehen Hilfesuchenblick nach seinem Vati nie vergessen, nie aus dem Gesichts- und Erinnerungskreis verlieren."

Am 26.2.37 wagt er eine Interpretation seines Missgeschicks, obwohl er sie nicht ausspricht:

„Liebstes, Du kannst mich am ehesten verstehen. Immer wieder, immer wieder frage ich warum. Wir sind doch Verstandesmenschen - wir müssen und können doch bei allem Tun und Handeln fragen warum - und hier fehlt doch jede Antwort. Du schreibst so lieb und verständnisvoll, mein Elfchen, ich bin Dir so dankbar, denn gerade Du könntest doch die Frage warum beantworten - wenn Du eben nicht <u>Du</u> wärst."

Elfchens Antwort wäre: *„Die Strafe Gottes für dein Handeln mir gegenüber hat dich getroffen. Endlich habe ich meine Genugtuung."* Aber diese Denkweise liegt ihr fern. Hat sie ihm drei Jahre nach der Scheidung bereits verziehen?

Im gleichen Brief folgt über sechs handgeschriebene Seiten der Bericht von den qualvollen Tagen für dieses Baby bis zu seiner Erlösung durch den sehr frühen Tod. Für unsere heutige antibiotikaverwöhnte Zeit hören sich die Heilmethoden des Jahres 1937 mittelalterlich an:

„Sonnabend früh wird in Gegenwart der Ärztin ein ganzes Schwitzbad gemacht, hinterher kaltes Wasser auf das Brüstlein gegossen. Diese furchtbare Tortur muss das arme, arme Krümelchen am Sonnabend dreimal durchmachen, nach dem dritten Male scheint es auch endlich besser zu werden. Krümelchen schläft ein, ruhig und fest atmend, zum ersten Male seit qualvollen Tagen und Nächten."

Dann die Rettungsversuche einer Koryphäe, da die Atemstörungen doch wieder eintreten:

„Uns gelingt es, die Ärztin zu überreden, den Professor

Bersan - Berlins Kapazität von der Charité - zuzuziehen, und als dieser endlich um 1-2 kommt, zuckt er nur die Achseln: Warum rufen Sie mich denn so spät. Schwerste doppelseitige Pneumonie. Er hat sich die größte Mühe gegeben: Sauerstoff, Einspritzungen, Krümelchen auf den Kopf gestellt und schließlich noch mitgenommen in die Charité. Hier wurde noch ein Aderlass gemacht - das arme, arme Krümelchen. Ich sehe nur immer ihre großen, großen fragenden Äuglein. Vati hilf mir doch, ich will, ich will ja so gern für dich leben!!!"

Was sagt wohl die moderne Medizin hierzu?

Dieses schmerzhafte Erlebnis des Verlustes eines Kindes hinterlässt tiefe Wunden in Hans und er schreibt noch im gleichen Brief:

„Bitte, sei Du lieb und tu alles, was die Ärzte sagen, erspar Du mir neues Leid und neuen Schmerz. Ich kann nichts Neues mehr ertragen, ob Tod oder Krankheit." Und dann die warmen Schlussworte: *„Viele, viele tausend liebe Grüßlein, wirklich heißen, ehrlichen Dank für Deine Mittrauer und ein liebes altes Küßlein von Deinem alten Hansemann."*

Die Erfahrung mit Krümelchens Tod stimmt Hans nachdenklich, grüblerisch; eine Veränderung vollzieht sich in ihm, er reift heran:

„Nicht mehr nach äußeren Einflüssen und Momenten, die mich früher gefangen nahmen in alberner gleißender Art (des selbstgefälligen eitlen Gauklers), nicht mehr nach Hab und Gut mich sehnend, nein, mein Elfchen, ich habe mich sehr, sehr geändert und umgestellt. Ich bin noch bescheidener geworden, als ich für meine Person schon war, und habe nur den einen, einen Wunsch: Ruhe und Liebe zu haben in friedlicher Gesundheit mit meinen Kindern. Weißt Du, mit wem ich meine jetzige Einstellung so oft vergleiche: mit der meines guten Papsul - den ich deswegen früher so oft „bemitleidet" habe. Wie oft habe ich wohl den Kopf verständnislos geschüttelt - wenn ich des guten Papsul seine „Marotten" beobachtete - wie sehr habe ich mich über die ähnliche Anschauung und Lebensweise meines Vaters, meiner Mutter gewundert - und alle drei hatten Recht: nur das kann Ziel und Zweck unseres kümmerlichen Erdenlebens sein."

Hans hat auf seine Weise das Nirwana erreicht, in dem er

praktisch wunschlos lebt. Mit seiner philosophischen Erkenntnis steht er nicht allein da. Lernen konnte er sie aber durch das Betrachten Papsuls, seines ersten Schwiegervaters, nicht. Einzig die eigene Lebenserfahrung hat ihn dazu gebracht.

Da das Begehren nach Frieden als Lebenserfüllung nicht ausreicht, greift er auch nach menschlicher Liebe:

„Sei Du lieb und brav, mein Elfchen, Du und meine beiden großen Stumpen, dann muss ich mich für Euch zum Aushalten zwingen."

Hier bezieht er Elfriede mit ein in den engsten Kreis der von ihm Geliebten. Von seiner zweiten Frau kein Wort. Es ist nicht verwunderlich, dass Hans nun beim ersten Krankheitszeichen um das Leben seiner Kinder in Unruhe gerät. Immer noch im gleichen Brief vom 26.3.37 schreibt er an Elfriede:

„Ich bange Tag und Nacht für mein Spätzle, der so piepsig geworden ist."

Alle seine Kinder tragen Kosenamen, was ein Zeichen besonderer Liebe sein soll.

Am 27.3. folgt ein ausführlicher Bericht, der wieder ein erschütterndes Bild der damaligen Heilmethoden liefert:

„Der Kinderarzt, der nichts feststellen konnte als den bekannten Schnupfen, ordnete ein ¼ stündiges Schwitzbad (37°-39°) an und hinterher ¾ Stunde fest eingepackt in Decken, so dass nur Mündchen und Näschen rausguckten. Eine entsetzliche Qual für den Spätzle und uns. Dann stieg die Temperatur auf 39,4 (hatte der Arzt vorausgesagt), um nach einer Stunde erschöpften Schlafes auf 37,5 zu fallen. Gottlob blieb er bei 37,3 (zweimal Pyramidon - 0,2+0,1 - mit heißem Lindenblütentee). Die Nacht war gottlob ganz ruhig (1/2 Allional) und heute früh 7 Uhr 37°. Eben 19 Uhr 37,1."

Kein Mensch kann für ein fremdes Kind, das man noch nie zu Gesicht bekommen hat und wahrscheinlich auch nie sehen wird, ein dermaßen großes Interesse aufbringen, dass man die kleinsten Temperaturschwankungen voller Begierde erfahren möchte. Elfriedes Antworten müssen aber interessiert ausgefallen sein, denn täglich folgen Karten mit den Temperaturangaben, als müsste sie darüber Buch führen. Dann auch Angaben im Telegrammstil, wie *"Appetit etwas besser"* oder *"mittags ½ Stunde an der Luft im Tiergarten".*

Durch diese ständigen Mitteilungen bezeugt Hans seine unendliche Liebe für seine Kinder, die nicht unerwidert bleibt:

„Und mein schönstes Osterei ist, wenn morgen das Spätzle fieberfrei bleibt und weiter glücklich nach Vati, Vati ruft, so wie es nur meinen Schritt auf der Treppe hört."

Hans, ein musterhafter Vater. In puncto Kindern scheint Elfriede zu seiner Beichtmutter zu werden. Die winzigsten, unwichtigsten Details teilt er ihr am 12.4.37 in der Kindersprache mit:

„Sie wollten gar nicht wieder nach Hause - aus dem Tut-tut heraus... Das Spätzle sagte wieder: Papa zum tut-tut." Und am Briefende: *„Ich habe eben meinen beiden süßen Pumpens gutes Nächtlein gesagt. Stumpen war gerade Nackedei - wollte weinen und erhielt freudestrahlend ein Stück Palmolivseife in die Hand gedrückt. Spätzle saß auf dem Töpfchen und bekam auch ein Stück Seife zur Belohnung."*

Ob sich ein heutiges Kind über ein Seifenstück freuen würde? Auf jeden Fall können die berichteten Intimitäten der Kinder kaum eine Ex Ehefrau mit Begeisterung erfüllen, was die Besonderheit an der Beziehung Hans-Elfriede umso deutlicher werden lässt.

Am 28.4.37 schließlich ein Brief, der wohl eine Erklärung für sein Bedürfnis liefert, jemandem sein Herz zu öffnen:

„So bin ich denn jetzt ebenso einsam und verlassen wie Du, mein Elfchen... Ich war gestern in Zehlendorf, da kam mir meine Frau viel ruhiger und vernünftiger vor - auch heute, als sie mich anrief. Aber ich grüble nur zu sehr, dass dieses immer wieder eine Täuschung ist, denn ich habe so entsetzliche Zusammenbrüche erlebt aus heiterem Himmel. Sie will nun am Sonnabend wiederkommen. Da werde ich sie mittags mit den Kindern abholen und hoffe nur auf etwas mehr Frieden und Ruhe. Mit unserem Sehen wird es daher jetzt nichts mehr werden... Am allerwichtigsten ist es, wenn Du baldmöglichst zu Lony in die Schweiz fährst und so lange Du nur irgend kannst, dort bleibst. Sieh mal, mein Liebstes, wir können uns die nächste Zeit doch nicht persönlich haben."

Ehekrach also. Trennung zur Beruhigung der Gemüter. Kein Wunder, dass er jemanden zum Kommunizieren für das

Alltägliche brauchte. Und der Ersatz steht bereit oder wird fallengelassen, wie es kommt. Nun möchte er Elfriede schnellstens, nach Möglichkeit auch noch für längere Zeit und obendrein weit weg in der Schweiz untergebracht wissen. Elfriede, die Zweitfrau, die für schlechte Perioden zur Verfügung stehen soll. Denn eine zweite Scheidung und die Rückkehr zu ihr stehen nicht zur Debatte. Auch das Kinderzeugen vernachlässigt er nicht: Im Juni 1938 kommt sein viertes, im Februar 1941 sein fünftes Kind auf die Welt. Jedes ein Dolchstoß in Elfriedes getäuschte Brust.

Aber immer wieder lässt er sich von seiner Gemütslage mitreißen:

„Dein Heilig-Abend-Brieflein ist so lieb und in solcher Herzlichkeit, dass ich ihn eben noch einmal mit kleinen Wehmutstränlein gelesen habe und in mich aufgenommen habe... So sollen und müssen wir zusammenhalten, mein Elfchen, und tapfer und treu der Zukunft alles anvertrauen. Ich bin immer bei Dir und sorge mich um Dich, denn Du und ich, wir waren für einander vom Schicksal bestimmt, sind durch das Schicksal auseinander gerissen worden, und werden dereinst wieder vom Schicksal vereint werden..."

Oh, welch christliche Auffassung der Ehe! Also ist seine wahre Ehe seine erste mit Elfriede, mit der er nach dem Tode noch einmal vereint sein wird! Die zweite zählt letztendlich nicht! Und alles Werk des Schicksals! Die boshaften Parzen haben es eingefädelt, der Mensch ist deren Spielzeug! Der Mensch kann nichts anrichten, sich nur fügen und abwarten. Eine leichte Art, jegliche Verantwortung für sein Tun abzustreifen! Und Elfriede kann sich dem Glauben hingeben, dass er sie liebt, vermisst und braucht. Warum kehrt er dann nicht zu ihr zurück? Der Kinder wegen, von denen er mit der anderen im Ganzen fünf zeugt! Die Tatsachen sprechen zumindest gegen eine Liebe für Elfriede, auch wenn manche Briefe diese unter Beweis stellen wollen.

Am 18.3.37 schickt er ihr vier handgeschriebene Seiten, in denen viel Persönliches steht und auch Folgendes:

„Wegen Deiner Reisepläne und Einladungen würdest Du <u>mir</u> einen großen, großen Gefallen tun, wenn Du endlich einmal mit hinausfahren würdest! Ich bitte Dich aber sehr, sehr herzlich und aufrichtig darum und schließe in der Hoffnung, eine bejahende

Antwort dazu von Dir zu erhalten! Wer weiß, was später ist, fahre mit, mein Elfchen, ich freue mich so dolle darauf!"

Er mischt sich in ihr Leben ein, als hätte er etwas zu sagen, zu raten, zu bestimmen. Und Elfriede gehorcht. Sie fährt und bleibt nicht untätig. Am 6.September 1937 schreibt ihr ein gewisser H. diesen Brief aus Zürich:

„Meine liebe, liebe Freundin!
Ist es wirklich wahr, dass Du bei mir bist? Höre ich immer noch, wie wenn Du es eben erst gesagt hättest.
Ist es wirklich wahr, dass ich Dich nun nicht mehr bei mir haben kann, fragte ich mich ebenso - nur mit ganz anderen Gefühlen -, als ich am Abend Deiner Abreise entmutigt und betrübt zu Hause stundenlang von Dir träumte. Ich bedaure es so tief wie Du, dass wir nicht zusammen bleiben konnten, denn ich kenne wohl den Wert Deiner Freundschaft und Deiner Gefühle zu mir, die mir unendlich viel bedeuten.
Ich habe Deine liebe Botschaft erhalten und danke Dir von ganzem Herzen dafür.
Wir haben uns so gut verstanden in der kurzen Zeit, die uns vergönnt war, beisammen zu sein, dass ich mich noch nicht daran gewöhnen kann, Dich, mein Liebes, so weit weg zu wissen.
Aber es hat keinen Sinn, mit dem Schicksal zu hadern, dass es uns nur eine so kurze Zeitspanne vergönnt hat, wir wollen ihm vielmehr dafür dankbar sein, dass es uns überhaupt zusammengeführt und uns so unvergesslich schöne Stunden geschenkt hat.
Gestern dachte ich besonders innig an Dich, als ich nach schwieriger Kletterei mit geschlossenen Augen die Gipfelstunde genoss. Meine Gedanken galten nur Dir allein in dieser weihevollen Stunde.
Das Leben ist herrlich, musste ich mir wieder einmal gestehen. Und es hat bestimmt noch viel Schönes für uns bereit; wir wollen daher nicht verzagen und zu ihm ja sagen.
Am Samstag habe ich Dir einen Kartengruss gesandt, den Du gewiss erhalten haben wirst. Den Umständen gemäss habe ich dabei auf Mitteilungen verzichtet, was Du bestimmt richtig ausgelegt haben wirst. Auch für die Zukunft möchte ich bei Dir die Erlaubnis erbitten, bei offenen Karten wortkarg zu sein. Du wirst gewiss gern auf die banalen Kartensprüche verzichten wollen, die

doch nicht dazu geeignet sind, das zum Ausdruck zu bringen, was man gerne sagen möchte, wenigstens, was wir zwei uns zu sagen haben.
Mit einem lieben Kuss sage ich Dir für heute Gute Nacht.
Dein H."

Die Art der Beziehung braucht nicht näher erläutert zu werden; sie ist klar und offen dargelegt. Es handelt sich um eine leidenschaftliche, kurze Affäre, die keine weiteren Konsequenzen nach sich ziehen wird. Elfriede lebt vollkommen im Trend ihrer Zeit, in der sich die Nazielite ihren Trieben hingibt. Der einzige Mann, der ihr tatsächlich über die Jahre hinweg auf seine Weise treu bleibt, ist erstaunlicherweise Hansemann. Sie kann sich über einiges hinwegtrösten dank der sentimentalen Äußerungen, die sie nunmehr aus Berlin erreichen. Die Vergangenheit holt ihn ein und so schreibt er ihr am 20.3.37:

„Viele liebe herzliche Grüßlein und Küsslein sende ich Dir in immer währendem lieben Gedenken. Seit Tagen und Nächten ist mir lebhaft deutlich eine Fahrt in Swineburg, die m. E. um Ostern oder Pfingsten gewesen sein mag: eine Pferdewagenfahrt... Ich habe sie als so entzückend ungebunden und doch reichhaltig in Erinnerung, dass ich sehr daran zurückgedacht habe und seit langen Tagen gar nicht davon loskomme. Ich sehe uns alle Beteiligten in so frischer jugendlicher Frühlingsstimmung - und ganz besonders Dich, mein Elfchen, so jung und süß duftig ausschauend, das ich von diesem Bild nicht loskommen kann..."

Ist nun sein Alltag so langweilig und eintönig geworden, dass ihm nur die Möglichkeit verbleibt, aus dem Gedächtnis Energien zu schöpfen? Was ist aus dem Feuer für die junge Ehefrau geworden? Erloschen, da sie gegen Elfriedes Lebensfreude nicht ankommt? Offensichtlich bereut er seine unreife Tat, zumindest zeitweilig.

Tatsächlich lässt Hansemann Elfriede nie im Stich. Ihre finanzielle Situation hat er sehr großzügig geregelt und stets die Abmachungen eingehalten. Er war ihr gegenüber so fair, dass diese Regelungen nicht mit seinem, sondern mit ihrem Tode enden sollten! Welch eine Bescherung für seine Erben, denn sie sollte ihn letztendlich um fast 40 Jahre überleben! Er hatte einerseits aus Gewissensbissen derart großzügig gehandelt, andrerseits aus

Dankbarkeit für Elfriedes Einwilligung in die Scheidung. Somit fehlt es nicht an Briefstellen mit geschäftlichem Inhalt, wie diese vom 25.6.43:

„Mein liebes kleines Elfchen,
Deine geldlichen Fragen waren wohl nur aufgeregter Natur, denn Du weißt doch, dass unsere Abmachungen alle selbstverständlich gehalten werden. Sobald ich mit meinem juristischen Freunde M. zusammen komme, werde ich es nochmals in Deinem Sinne und Wunsche aufsetzen lassen und Dir dann so zusenden."

Nach so vielen Jahren der Trennung willigt er ohne mit der Wimper zu zucken auf Elfriedes Wünsche beziehungsweise Forderungen ein, die er wahrscheinlich missachten könnte. Aber im Großen und Ganzen klingt er inzwischen ermüdet, als hätte ihn jeglicher Kampfesmut für dieses Leben verlassen. Im gleichen Brief erwähnt er einen unangenehmen Vorfall, der vielleicht eine Erklärung für seine Apathie in sich birgt:

„Also man hat mich denunziert mit allen möglichen hässlichen Sachen wie Alkoholverkauf, höhere Preise, rezeptpflichtige Sachen ohne Rezept usw. Durch einen Zufall kamen wir sehr spät dahinter, als schon ein Teil des Personals vernommen war. Die Mädchen haben natürlich in ihrer Angst vor der Polizei sehr unsicher ausgesagt, unwahr, dadurch belastend. Ich selbst wurde 5 Stunden vernommen, meine Frau 2. Nun ist die Akte zur Gewerbepolizei gegeben worden, aber man erfährt noch nichts weiter. Ich habe schon versucht, alle möglichen Bekannten mobil zu machen, um überhaupt erst einmal etwas zu erfahren, aber nichts ist."

Dies ist der erste konkrete Hinweis auf zeitbedingte Ereignisse. Es ist ihm weiterhin nichts passiert, denn er führt auch in den nächsten Jahren seine Apotheke in Berlin. Ein weiterer Hinweis auf die Zeitumstände im gleichen Brief:

„Jetzt fängt natürlich auch wieder der Alarm an. Vorläufig sind es blinde Alarme, aber nach den Ereignissen im Rheinland werden wir uns ja auf vieles gefasst machen müssen."

Auf diese zwei Sätze beschränkt sich die Erwähnung der Kriegsumstände in einem auf eine ganze Seite getippten Brief. War es Angst vor Zensur, die ihn schweigen ließ? Oder interessierte er sich nur für die häuslichen und geschäftlichen Schwierigkeiten oder Annehmlichkeiten? Auch Sonstiges dringt nicht in seine Briefe hinein: Der Werdegang gemeinsamer Bekannten oder von Verwandten. Immerhin hatte er in seiner dreizehnjährigen Ehe mit Elfriede Kontakt mit seinen Eltern und Geschwistern gepflegt. Sie hat ihrerseits noch über seinen Tod hinaus die Beziehung zu ihnen aufrechterhalten. Vielleicht handelt es sich nur um männliche Kargheit, wenn er so eisern über die ihnen beide nahestehenden Menschen schweigt. Dafür unterlässt er auch in diesem Brief nicht das Schwelgen seiner Gefühle für Elfriede, obwohl er schon fast 10 Jahre von ihr geschieden ist:

„Nun nimm für heute erst einmal nach so langer Zeit ebenso herzliche Grüßleins und liebe kleine Küssleins, mein kleines Elfchen, und sei überzeugt, daß ich in all dieser für mich so schweren grüblerischen Zeit ganz besonders stets an Dich gedacht habe!!!
In getreuem Gedenken wie immer, Dein alter Hansemann"

Ewig unterdrückte Liebe? Oder immer noch das edle Gebaren eines Gentlemans? Auch wenn man ein weiteres Schreiben vom 10.3.45 nimmt, bleibt die Deutung ebenso verwirrend:

„Du armes kleines Hascherl. (Elfriedes Wohnung in Braunschweig ist bombardiert worden und sie muss zu ihrer Mutter zurückziehen.) *Es ist ja alles jetzt so unheimlich in dieser katastrophalen Entwicklung zum Untergang, dass man kaum sich über irgendetwas noch besonders entsetzen kann... Ich bin nur glücklich, dass Dir selbst nichts Besonderes passiert ist und Du und die gute Mutti gesund geblieben seid. Das muss ja jetzt leider die Hauptsache sein, denn alles andere ist doch ohne Sinn und Verstand. Wie Halluzinationen kommt einem alles vor, wenn wir an frühere Zeiten zurückdenken. Und die verschiedenartigsten Bilder ziehen vorüber, sei es unsere erste Zeit in V., sei es der berühmte Pfingstausflug im Kutschwagen nach Neuhaus durch den Drömling, sei es der Umbau mit seinen ernsten Folgen und das so wundervoll neuerstandene Grundstück mit dem freien Garten usw. usw... alles geht mir immer wieder im Kopf umher und vermischt sich dann mit den ersten Säuglings- und Kleinkinderjahren... Den Kindern geht es gottlob gut, sie sind alle 4 gesund und schreiben alle sehr niedlich mit Malen und Bomben und brennenden*

Häusern. Inge und Karsten sind nun auch ins Jungvolk bzw. BDM gekommen „voller Stolz". Wir haben hier nach wie vor keine Heizung und sind umschichtig alle krank. Dazu kommt, dass wir uns vor Kunden nicht retten können! Und haben noch alles im Gegensatz zu Euch und auch hiesigen anderen Apotheken... Wir warten jede Stunde auf die Russen. Und niemand kann über sie etwas Erfreuliches sagen..."

Der Brief endet mit den gewohnten Ausdrücken von „Küsslein" und „Grüßlein". Anscheinend ist es wirklich so, dass er zwischen seinem Dasein in Berlin und dem in V. nicht mehr unterscheiden, keine Trennungslinie zwischen beiden Epochen ziehen kann. Hat er so viel Glück erlebt, dass er es wie ein Leitmotiv in seinem Leben empfindet und die beiden Frauen miteinander in eine Figur der Fortuna verschmelzen? Trotz der Leiden des Krieges fühlt er sich vom Leben reichlich beschenkt. In diesem Brief finden die äußeren Umstände vergleichsweise bemerkenswerte Erwähnung. Seine Kinder fügen sich ganz normal in die Nazigesellschaft ein. Hansemann verheimlicht auch nicht, dass sie stolz auf ihre Mitgliedschaft in den jeweiligen Jugendgruppen sind, woraus man entnehmen kann, dass er es selber auch ist. Auch wenn dieses Gefühl nicht zu den herrschenden Ereignissen passt: Die Katastrophe steht bevor, die Niederlage Deutschlands, d. h. der Nazis. Wieder die gleiche Tatsache, dass er die Realität nicht mehr klar deuten kann?

Abgesehen von einer kurzen Karte vom 24.3.45 ist nun keine Post mehr vorhanden. Bald darauf marschieren ja tatsächlich die Russen in Berlin ein.

Was war danach? Krankheit? Am 29. August 1945 verstirbt er, und Elfriede wird ihn um Jahrzehnte überleben. Der Krieg ist nun zwar vorbei, die Lage für die Bevölkerung aber unsagbar schwer. Wovon bestreitet Elfriede eigentlich ihren Lebensunterhalt? Durch monatliche Zuwendungen von Hans. Kurz vor der Scheidung hatte sie sich noch finanziell von ihm absichern lassen, eine Bedingung gestellt, und zwar dermaßen, dass sie über seinen Tod hinaus von Gültigkeit sein sollte. Elfriede erhielt monatliche Zahlungen von 220,- RM (zum Vergleich: ein Arbeiter verdiente 100,- RM), die aber im Oktober 1945 zum letzten Mal fließen. Der Grund? Das Konto von Hans bei der Bank in V. weist kein Guthaben mehr auf. Nun wird ein neuer Leidensweg für Elfriede in Gang gesetzt; den Kampf um ihre Existenzgrundlage nimmt sie energisch auf. Denn die 47-Jährige hat weder Arbeit noch Einkünfte. Sie hat noch nie, abgesehen von einigen Monaten Kriegsdienst in der Fabrik, einer Erwerbstätigkeit nachgehen müssen. Ohne entsprechende Ausbildung verblieben ihr nur niedere Arbeiten, zu denen sie sich nicht hingezogen fühlt. Woher das Geld bekommen für das tägliche Leben? Über Hans' Erben, d. h. in erster Linie über die in Hans Briefen kaum erwähnte zweite Ehefrau.

Elfriede wendet sich nicht direkt an sie. Nein, diese Unperson kann sie nicht ansprechen. Der Weg führt zum Rechtsanwalt. Über ein Jahrzehnt wird er durch die Barriere zwischen diesen zwei Frauen beschäftigt sein und dementsprechende Honorare beziehen.

Sein erster Brief am 7. November 1945 an Frau Ingeborg B. in Berlin:

„*Im Auftrage der geschiedenen Ehefrau Ihres verstorbenen Gatten habe ich Ihnen folgendes mitzuteilen:*
Wie Sie wohl wissen dürften, hat sich Ihr Gatte durch notariellen Vertrag vom 3. Februar 1934 verpflichtet, seiner geschiedenen Frau eine monatliche Unterhaltsrente von 250,- RM mit Wirkung vom 1. Februar 1934 ab, fällig in monatlichen Raten im Voraus zu zahlen. Unter bestimmten Voraussetzungen war eine Verminderung des Rentenanspruchs vorgesehen, eine Rente von 200,- RM war jedoch in jedem Falle zu zahlen.
Die Rente sollte durch den Tod Ihres Gatten nicht berührt, vielmehr von seinen Erben weiter gezahlt werden.
Unter Berücksichtigung vorstehender Ausführungen sind Sie als Erbin somit verpflichtet, meiner Mandantin die Unterhaltsrente, und zwar zum Betrage von 200,- RM monatlich, zu zahlen.
...Ich bitte bis zum 1. Dezember um Bescheid... Sollte die Angelegenheit nicht alsbald zu einer befriedigenden Regelung zu Gunsten meiner Mandantin geführt werden können, so würde sie sich veranlasst sehen, sich wegen ihrer Unterhaltsansprüche an den beiden Lebensversicherungen, die Ihr Gatte abgeschlossen hatte, schadlos zu halten.
Die Ansprüche aus der Versicherung sind, wie ich festgestellt habe,

an Frau Elfriede B. abgetreten, die Versicherungspolicen befinden sich in ihrem Besitz."

Der rechtlichen Lage zufolge muss also die Witwe für die erste Frau ihres verstorbenen Mannes aufkommen. Keine angenehme Situation, aber dennoch eine, die Ingeborg während oder gar vor ihrer Ehe mit Hans nicht unbekannt geblieben sein konnte. Dennoch kann man ihren Widerwillen vor dieser Verpflichtung nachempfinden, auch wenn ihre Person eindeutig der Grund für das Auseinandergehen einer bestehenden Ehe, also schuldbeladen war.

So wie für Elfriede die Lage nach Kriegsende nicht rosig ausschaut, ebenso wenig ist es sie für Ingeborg oder für die restliche Bevölkerung in Deutschland nach der bedingungslosen Kapitulation am 8. Mai 1945. Die Industrieproduktion ist auf weniger als ein Drittel des Vorkriegsstandes gefallen, während die Bevölkerung durch die Vertriebenen und Flüchtlinge um 10 Millionen gewachsen ist. Die Ernährungslage ist hiermit erschwert, sogar schlimmer als während des Krieges, wo sie durch Lieferungen aus den besetzten Gebieten mehr oder weniger gewährleistet war, und erlebt nun ihren Tiefpunkt mit einer Reduzierung der Tagesrationen auf 1.000 Kalorien im Hungerwinter 1946/47. Einerseits sinkt die Agrarproduktion, andrerseits gestaltet sich das Transportwesen als mangelhaft. Die Menschen sammeln sich zu Hungermärschen und Demonstrationen, aber sie wissen sich auch zu helfen: Neben den Tauschgeschäften wird das „Organisieren" groß geschrieben. Die Stadtbewohner brechen zu Hamsterfahrten in die ländliche Umgebung auf. So kommt es zu den überfüllten Zügen, die die Bezeichnungen „Kartoffel-Zug", „Kalorien-Express" oder „Nikotin-Bahn" erhalten. Nicht immer wird aber Handel getrieben, oft auch einfach gestohlen. Dieser illegale Akt wird toleriert, da in einer extremen Notlage begannen. Der Kölner Kardinal Frings spricht sich öffentlich für seine Duldung aus, sodass sein Name für ein neues Verb herhalten muss: „fringsen", euphemistisch für „stehlen". Abhilfe sollen die amerikanischen, britischen und sowjetischen Lebensmittellieferungen bringen sowie jene von internationalen Hilfsorganisationen oder von Privatpersonen

(CARE).

1950 leben ca. 40% der Deutschen in unvollständigen Familien. Im Vergleich zu den meisten Frauen, die die Last des Erziehens und Ernährens ihrer Kinder alleine tragen, hat es Elfriede sehr leicht. Sie wartet auf keinen Rückkehrer aus einem Gefangenenlager und könnte wie so viele andere doch eine Aufgabe auf dem Arbeitsmarkt übernehmen. Aber hierzu ist sie nicht erzogen worden, fühlt sich auch nicht moralisch dazu verpflichtet, beim Aufbau ihrer Heimat mitzuwirken. Bei Frauen hingegen, die wie Ingeborg einer Arbeit nachgehen, besteht für die Kinder - von denen sie vier minderjährige besitzt! - die große Gefahr der Verwahrlosung. Eine Zunahme der Jugendkriminalität in dieser Zeit wird ernsthaft befürchtet. Ingeborg gehört zu jenen 30,2% der weiblichen Bevölkerung, d. h. zu 6,5 Millionen, die 1950 erwerbstätig sind. Sie zählt im gleichen Jahr außerdem zu den 485.000 selbständigen Frauen.

Elfriede ist auch nicht vom Problem der Wohnungssuche betroffen, ihr elterliches Haus in B. steht praktisch unversehrt. Aber wie geht es den anderen, den Heimkehrern, die vor ihrem zerbombten Heim stehen, oder den Flüchtlingen aus den verlorenen Ostgebieten? 18% der städtischen Wohnungen sind völlig zerstört, 29% beschädigt.

Man kann sagen, dass sich ein jeder um seine persönlichen existenziellen Fragen kümmern muss, so auch Elfriede, indem sie nach der ihr zustehenden Unterhaltsverpflichtung greift. Nur macht sie es sich vergleichsweise einfach. Sie fühlte sich aber hierzu berechtigt aufgrund der wiederholten Versicherungen von Seiten Hans', dass er ständig für sie da sein würde und dass sie mit all ihren Sorgen doch als erstes zu ihm kommen sollte.

Die Siegermächte hingegen haben sich ihre eigenen Ziele gesetzt: Das deutsche Kriegspotenzial zu vernichten und Kriegsentschädigungen zu erhalten. Laut dem Morgenthau-Plan soll Deutschland sogar in den Zustand eines Agrarlandes zurückversetzt werden. Düstere Aussichten für ein ausgeblutetes Land. Die genannten Zielvorstellungen werden aber mit der Zeit fallengelassen, da sich die Siegermächte nicht einig werden.

Vor diesem Hintergrund steht nun die verlassene Elfriede.

Sie besitzt noch eine Trumpfkarte: Zwei Lebensversicherungen. Die Rechte und Ansprüche von der Berlinischen hat Hans Elfriede am 3. Februar 1934 abgetreten, d. h. gut einen Monat vor der am 15. März 1934 ausgesprochenen Scheidung. Eine weitere Bedingung also, die sich Elfriede erfolgreich ausbedungen hatte, und die an und für sich auch zeigt, zu welchen großen Opfern Hans bereit war, um von ihr loszukommen. Die Höhe, immerhin 10.000,- RM (= ca. 30.000,- Euro). Nun zur zweiten: Diese, vom Betrag her der ersten gleich, hat er ihr erst am 23.6.1936 abgetreten. Über zwei Jahre nach der Scheidung. Aus welchem Grunde? Es bestanden doch keinerlei Verpflichtungen mehr von seiner Seite. Was hat ihn zu diesem Schritt getrieben? Liebe? Verantwortungsgefühl? Gewissensbisse? Elfriedes insistierendes Zureden? Vielleicht von allem etwas. Er scheint auch nirgendwo eine Klausel eingebaut zu haben, die das Erlöschen seiner Verpflichtungen im Falle von Elfriedes Wiedervermählung beinhaltet, wodurch seine grenzenlose Großzügigkeit bewiesen wäre.

Mit beiden Lebensversicherungen wären nun Elfriedes Geldsorgen gelöst, aber sie sollten ja nur als Garantie für die Unterhaltszahlungen dienen. Dies war der wahre Grund für deren Abtretung an Elfriede, die selber schnell gemerkt haben muss, dass mit einer nur der Lebensunterhalt von einigen Jahren bestritten werden konnte, und hatte sich demnach eine zweite von Hans erbettelt. Aber inwieweit sind die Papiere nach sechs Jahren Krieg von Gültigkeit?

Auf jeden Fall scheint Elfriedes Rechtsanwalt, Herr M., seine Klientel gut zu kennen, denn er wartet Ingeborgs Antwortschreiben nicht ab und wendet sich schon am 17. November, fast zwei Wochen vor Ablauf der ihr gesetzten Frist, an beide Versicherungsgesellschaften zwecks Auszahlung der Versicherungssummen an Elfriede.

Als erste antwortet die Gothaer am 23.11. 45:

„Zwecks Auszahlung der Versicherungssumme, für die z. Zt. zunächst 2.000,- RM fällig werden, da die Auszahlungsquote der Lebensversicherungsbank 20% der Versicherungssumme, höchstens 3.000,- RM beträgt, überreiche ich Ihnen eine Auszahlungserklärung... Die in der Erklärung aufgeführten

Papiere sind mit einzureichen, wie die Sterbeurkunde..."

Erste Konsequenzen des Krieges: Die Kassen von Lebensversicherungen sind leer. Verständlich. Aber immerhin bekäme Elfriede einen beträchtlichen Teil. Dennoch werden sich die Verhandlungen noch einige Zeit hinziehen. Am 4. Februar 1946 verlangt die Gothaer noch die „letzten Beitragsquittungen", die Herr M. ebenso wie die Sterbeurkunde von der Witwe in Berlin einfordern muss, wodurch selbstverständlich immer wieder Verzögerungen eintreten. Auf diese Quittungen, die nicht mehr vorhanden sind, verzichtet schließlich die Gesellschaft, aber inzwischen ist es April 1946 geworden, die Lage hat sich verändert. Die Gothaer berichtet:

„Wir empfehlen Ihnen, alle Unterlagen zur Absendung an uns bereit zu halten. Sie uns schon jetzt einzusenden, davon bitten wir abzusehen. Denn wir müssen Ihnen zu unserem größten Bedauern mitteilen, dass eine Leistung aus der Versicherung zurzeit nicht möglich ist. Herr Hans B. hat bis zu seinem Tode in Berlin gewohnt und die Beiträge für diese Versicherung gehört also zu unserem Bestand in der russischen Besatzungszone. Für Versicherungen dieses Bestandes stehen uns weder laufende Beitragszahlungen noch flüssige Guthaben zur Verfügung, so dass aus ihnen zurzeit noch keine Leistung erfolgen kann. Nach Lage des Falles müssen wir Sie daher bitten, sich noch zu gedulden. sobald wir zahlen können, kommen wir von selbst auf die Angelegenheit zurück...."

Oh, welche Enttäuschung für Elfriede, die ihre finanziellen Sorgen für eine bestimmte Zeit zumindest für gelöst betrachtet haben muss! Das väterliche Haus, in dem sie ja seit dem Bombeneinschlag in der von ihr gemieteten Wohnung nunmehr mit der Mutter zusammenwohnte, wies eine leichte Beschädigung am Dach durch eben die gleiche Einwirkung auf. Sie zu beheben tat große Not. Die Mieteinnahmen der restlichen Wohnungen und Zimmer im Elternhaus reichten nämlich kaum zu ihrer beider Unterhalt aus. Es blieb nichts anderes übrig als zu warten und die Anwaltskosten zu begleichen, obwohl sie sich letztere für die Angelegenheit mit den Versicherungen hätte sparen können, indem sie sie selber anschrieb. Dafür fühlte sie sich als Frau wahrscheinlich nicht stark genug.

Auch die Nachricht der Berlinischen Lebensversicherungs-Gesellschaft, die immerhin bis zum 4.3.1946 auf sich warten lässt, fällt nicht besser aus:

„*Der Krieg hat auch die Lebensversicherungs-Unternehmungen und ihre Vermögensanlagen nicht unberührt gelassen. Wir wissen daher noch nicht, in welchem Ausmaße dadurch die obige Lebensversicherung betroffen wird, d. h. wie hoch die für die Gesamtheit unserer Versicherten angesammelten Vermögenswerte flüssig gemacht werden können. Es stehen uns zunächst Guthaben, die zur Auszahlung Ihrer Versicherungssumme herangezogen werden könnten, nicht zur Verfügung. Wir müssen die Regulierung Ihrer Versicherungsangelegenheit daher zurückstellen, bis in der hiesigen Zone entsprechende Vorschriften ergangen sind...*"

Elfriedes Träume und Illusionen sind verflogen und vernichtet. Umso mehr muss sie sich an Ingeborg halten. Diese hat zwar die Unterlagen zur Erledigung der Ansprüche an die Lebensversicherungen geschickt, wohl aber nur in der Hoffnung, diese würden Elfriede vollauf befriedigen, wodurch Elfriede sie in Ruhe lassen würde. Da dies nicht der Fall ist, sucht auch sie rechtskundigen Beistand, sodass nunmehr zwei Rechtsanwälte durch den Streit der beiden Frauen Beschäftigung und Entlohnung finden. Erst am 12. Dezember 1945 antwortet die Berliner Rechtsanwältin ihrem Kollegen:

„*In Sachen B. gegen B. hat mich Frau Dr. Ingeborg B. gebeten, den Schriftwechsel mit Ihnen zu führen. Herr Apotheker Hans B., der am 28. August 1945 verstorben ist, hat seinen Erben eine Schuldenlast von insgesamt ca. 200.000,- RM hinterlassen. Dem stehen, wie ich gemeinschaftlich mit Frau Ingeborg B. errechnet habe, Aktiva im Gesamtbetrage von ca. 90 - 100.000 gegenüber. Meine Mandantin stand vor dem Entschluss, die Erbschaft für sich und die Kinder auszuschlagen, hat dies dann aber auf meinen Rat unterlassen, weil sie ihren 4 Kindern gern das Haus erhalten will und weil sie hofft, durch ihre Arbeit in der Apotheke ganz allmählich die Schuldenlast zu verringern. Frau B. ist darauf angewiesen aufs sparsamste zu wirtschaften, wenn sie überhaupt unter den heutigen schwierigen Verhältnissen mit ihren Kindern durchkommen will. Leider kommt der Umstand hinzu, dass hier in Berlin bekanntlich alle Konten gesperrt sind, so dass ein Teil der Aktiven noch nicht einmal verfügbar ist. Es ist daher meiner Mandantin leider ganz unmöglich, monatliche Unterhaltszahlungen an Ihre Mandantin zu leisten. Hierfür wird Ihre Mandantin sicherlich Verständnis haben, zumal sie ja als kinderlose und arbeitsfähige Frau bei gutem Willen in der Lage sein wird, sich einen Verdienst zu verschaffen..."*

In diesem Brief taucht zum ersten Mal Ingeborgs Titel auf: Sie ist demnach promovierte Apothekerin. Das hat Elfriede nicht gewusst. Kein Wunder, da Ingeborg ein Tabuthema für die ehemaligen Eheleute war. Es bedeutet immerhin, dass Hans sich nicht nur in ein nettes junges Ding verliebt hatte, sondern in jemanden mit großer Intelligenz, Durchhaltevermögen und Zielstrebigkeit. Nicht zu vergessen sind dabei die fünf Kinder, die Ingeborg nebenbei auch noch in die Welt gesetzt hat, sicherlich umgeben von den hilfreichen Händen ihres Personals, aber dennoch eine Leistung.

Der Brief klingt leicht drohend, obwohl die Gefahr schon vorbei ist: Ingeborg hätte die Erbschaft ausschlagen können, wodurch Elfriedes Ansprüche für immer erloschen wären. Aber nein, sie hat sie dann doch angenommen, ist aber total überschuldet. Eine Konkursmeldung wäre Elfriede auch nicht dienlich. Also sollte sie sich in ihren Forderungen mäßigen. Dann noch die leichte Beleidigung, dass Elfriede doch im Gegensatz zu der zur Unterhaltszahlung aufgeforderten kinderlos sei. Eine Lage, in der menschlich gesehen Elfriede den Kürzeren ziehen muss.

Die Rechtsanwälte kennen und verstehen die gegenseitigen Methoden, sodass Herr Müller seinerseits versucht, die Behauptungen des Gegners zu negieren:

„Meine Mandantin ist erstaunt darüber, dass Herr B. seinen Erben eine Schuldenlast von zirka 200.000,- RM hinterlassen haben soll.
Sie weist demgegenüber darauf hin, dass Herr B. das Geschäft als fabelhaft und seine Lage als glänzend bezeichnet hat.
... Ihre Auftraggeberin weiß doch ganz genau, dass Frau B. nicht arbeitsfähig ist und unter Gleichgewichtsstörungen leidet, die es ihr unmöglich machen, einer Tätigkeit nachzugehen. Die jetzige Einstellung Ihrer Auftraggeberin in dieser Richtung ist umso

unverständlicher, als sich meine Mandantin bei Durchführung des seinerzeitigen Scheidungsprozesses als sehr großzügig erwiesen und die Scheidung ermöglicht hat, ohne dass Ihre Auftraggeberin in dem Prozess überhaupt auch nur erwähnt wurde.
Sie betont bei dieser Gelegenheit fernerhin, dass sie Ihrer Auftraggeberin nicht nur das in ihrem Eigentum stehende überschüssige Mobiliar, sondern auch fast die Hälfte des Geschirrs, Silbers, Porzellans usw. bisher großzügig zur Verfügung gestellt bzw. überlassen hat. Es muss daher bei den notariell festgelegten Unterhaltsvereinbarungen sein Bewenden haben."

Ingeborg wird es wohl kaum Spaß bereiten zu hören, wie gut ihre ehemalige Konkurrentin über die finanzielle Lage ihres Mannes, d. h. im Endeffekt über ihre eigene Bescheid weiß. Und die Informationsquelle zu diesem Wissen ist ihr eigener Mann gewesen, von dessen kontinuierlicher Korrespondenz mit seiner Ex Ehefrau sie sich bestimmt im Klaren war. Dass dann auch noch die Scheidungsgeschichte von vor 16 Jahren mit minderwertigen Einzelheiten wie Geschirr und Porzellan aufgewärmt werden muss, erscheint sogar ein wenig lächerlich, auch wenn die Trennung der Grund für die Unterhaltsvereinbarung ist. Springender Punkt ist aber, dass Hans' Ehebruch mit Ingeborg in der Scheidungsurkunde aufgrund Elfriedes Mitwirken unerwähnt bleibt. Denn nach damaliger Rechtsprechung konnte der Mann die Geliebte nicht ehelichen. So geschehen mit dem Maler des Blauen Reiters Franz Marc, der sich bereits nach einem Ehejahr 1908 von seiner Frau Marie Schnür scheiden lässt, seine Geliebte Maria Franck aber nicht heiraten durfte, weil die Geschiedene boshafter Weise den Namen der Konkurrentin bei der Gerichtsverhandlung preisgegeben hatte. Sogar einen päpstlichen Dispens versucht das neue Paar zu erwirken; zur Eheschließung kommt es erst im Juni 1913!

Obiger Brief stammte von 7.1.1946. Da Herr Müller bis zum 21. Mai 1946 noch keine Antwort aus Berlin erhalten hat, ändert er in seinem folgenden Schreiben seine Taktik vollkommen:

„Ich darf im Übrigen darauf hinweisen, dass sich Ihr verstorbener Gatte in vollstreckbarer notarieller Urkunde zur Unterhaltszahlung verpflichtet hat und die Zwangsvollstreckung aus dieser Urkunde auch Ihnen gegenüber als Erbin durchgeführt

werden kann. Ich möchte jedoch hiervon nach Möglichkeit keinen Gebrauch machen... Ihre Stellungnahme erwarte ich nunmehr bis zum 20. Juni 1946."

Nur Drohungen helfen, denn so kommt eine Erwiderung zumindest fristgerecht an. Die Anwältin in Berlin versteht durchaus, dass Herr Müller als Ultima Ratio zur Zwangsvollstreckung greifen kann. Am 11.6. ihre Antwort:

„In der Unterhaltssache B. bitte ich die verspätete Beantwortung Ihres Schreibens vom 7.1. freundlichst zu entschuldigen. Die Vermögensverhältnisse meiner Mandantin und ihrer Kinder sind noch immer unübersichtlich und geben zu Sorgen für meine Mandantin Anlass, weil der verstorbene Apotheker Hans B. in allzu großem Optimismus seine Vermögenslage stets für besser hielt als sie wirklich war. Hinzu kommt die Zerstörung der gesamten Warenvorräte infolge der Ereignisse der letzten Kriegstage und die großen Schwierigkeiten bei der jetzigen Warenbeschaffung, sodass der Umsatz in gar keinem Verhältnis mehr zu den früheren Umsätzen steht.

... Trotzdem besteht auch auf Seiten meiner Mandantin der Wunsch zu dem Unterhalt der Ihrigen nach Kräften beizusteuern. Meine Mandantin hat bei der Braunschweiger Staatsbank ein Guthaben von RM 6.750,-. Sie wäre bereit, diesen Betrag Ihrer Mandantin abzutreten zur Abgeltung ihrer Unterhaltsansprüche... Wenn meine Mandantin heute die Apotheke mit ihrer erheblichen Schuldenlast aufgeben und eine Stellung als Angestellte in einer Apotheke übernehmen würde, so wäre Ihrer Mandantin auch nicht geholfen, denn zweifellos fielen dann mit einem Schlage alle Unterhaltszahlungen weg. Aus dem bereits belasteten Grunewalder Grundstück lässt sich auch nichts herausholen... Meine Mandantin würde allenfalls bereit sein, den auf der Braunschweigischen Staatsbank befindlichen Betrag auf RM 10.000,- aufzurunden. Eine höhere Zahlung käme keinesfalls in Frage. Ich bin fest davon überzeugt, dass heute kein Gericht einer Witwe mit 4 kleinen Kindern die Verpflichtung auferlegen würde, für die geschiedene erste Frau des verstorbenen Mannes auf Lebenszeit zu sorgen und rechne auch im Vollstreckungsverfahren auf jedweden Schutz. Eine Verpflichtung, die der Ehemann seinerzeit eingegangen ist, um sich damit die Möglichkeit einer Scheidung zu erkaufen, darf keinesfalls

die neugegründete Familie auf Lebenszeit belasten..."

Ingeborgs Seite verharrt auf der Einstellung der schlechten finanziellen Lage mit Schuldenlast; nur ein Gericht könnte den Wahrheitsgehalt dieser Aussage klären. Hinzu kommen die Drohungen, das goldene Kalb von morgen, die noch überschuldete Apotheke, aufzugeben für ein kümmerliches Gehalt im Angestelltendasein. Und letztendlich noch die verständliche Drohung, dass ein Gericht wohl eher auf der Seite einer verwitweten Mutter mit vier Kindern stehen würde als auf der einer alleinstehenden, noch ziemlich gesunden 48-Jährigen. Ohne Anwalt könnte Elfriede überhaupt nicht gegenargumentieren. Dies tut er am 8. Juli 1946:

„... Die von Ihnen hervorgehobenen jetzigen Schwierigkeiten der Frau Dr. B. dürften doch wohl nur als zeitbedingt anzusehen sein. Die Fortführung der Apotheke beweist jedenfalls, dass Ihre Auftraggeberin die Hoffnung hat, demnächst wieder günstigere Verhältnisse zu schaffen. Diesen Eindruck hat meine Mandantin auch aus einem Schreiben ihres Schwagers gewonnen... Frau Dr. B würde wohl die vom Gesetz vorgesehenen Schritte unternommen haben, um sich eine Beschränkung der Haftung zu sichern. Da derartiges nicht geschehen ist, hat meine Mandantin auch nicht die Möglichkeit, die über die Schuldenlast gemachten Angaben zu überprüfen... Berücksichtigt man schließlich, dass meine Mandantin nicht erwerbsfähig ist, so kann man wohl verstehen, dass sie gerade bei derzeitigen unsicheren Währungsverhältnissen nicht in der Lage ist, sich zu einer Abfindung ihrer Unterhaltsansprüche zu verstehen, zumal die von Ihrer Auftraggeberin angebotene Summe von 10.000,-RM nur den Unterhalt von ca. 4 Jahren entspricht. Ihre Auftraggeberin wird ebenfalls anerkennen müssen, dass der jetzige Zeitpunkt für die Frage einer Abfindung denkbar ungünstig ist, da niemand die Entwicklung in den Währungsverhältnissen übersehen kann... Meine Mandantin strebt daher eine vorläufige Lösung an. Sie will den momentanen Schwierigkeiten von Frau Dr. B. gerecht werden und macht den Vorschlag, die monatliche Rente vorläufig auf 150,- RM, und zwar ab 1. Juli 1946 zu ermäßigen. Meine Mandantin behält sich allerdings vor, die alte Forderung von 200,- RM später für die Zukunft wieder geltend zu machen, insbesondere dann,

wenn sich die Verhältnisse Ihrer Auftraggeberin gebessert haben..."

Es kommt klar zum Ausdruck, dass in Braunschweig dem Märchen der Überschuldung der Apotheke keinen Glauben geschenkt wird. Auch dem Drängen Ingeborgs eine Abfindung zu vereinbaren, um sich der Last des Unterhalts für immer zu entledigen, wird mit Recht nicht Folge geleistet. Einerseits wegen der drohenden Währungsreform und andrerseits, in Anbetracht der Tatsache, dass Elfriede im Alter erst recht auf eine Form des Unterhalts angewiesen sein wird. Auf jeden Fall beharrt Elfriede nicht auf ihr Recht, sondern gibt in ihren Forderungen von 200,- auf 150,- RM nach, zeigt Verhandlungsbereitschaft. Dennoch vergehen zwei Monate ohne Antwort, sodass Herr Müller sich genötigt sieht, eine Mahnung nach Berlin zu schicken und um Stellungnahme bis zum 1. Oktober zu bitten. Auch dieses Datum lässt Berlin mit offensichtlicher Geringschätzung der gegnerischen Partei verstreichen, auch wenn es sich endlich am 5. Oktober dafür entschuldigt und mit den Worten schließt:

"..... Bezüglich der Unterhaltszahlungen legt meine Mandantin großen Wert darauf, in loyaler Weise mit der ersten Frau des Herrn B. auseinander zu kommen. Bitte sprechen Sie mit Ihrer Mandantin, und machen Sie selbst einen Vorschlag, in welcher Weise in angemessener Form eine Abfindung stattfinden könnte."

Nun könnte man denken, die Frau Anwältin sei verrückt geworden, denn die Forderungen sind ja klar und deutlich im Brief vom 8. Juli gestellt worden. Oder will sie einfach nur Zeit gewinnen? Das bezweckt sie ganz offensichtlich, denn auf ein erneutes Schreiben aus Braunschweig vom 11. Oktober bequemt sie sich erst am 25. November 1946 wie folgt zu antworten:

"In Sachen B. haben die Parteien inzwischen auf dem Wege über die Schwester des verstorbenen Apothekers B. unmittelbar miteinander Fühlung genommen. Wie ich höre, will Ihre Mandantin sich einstweilen mit einer Unterhaltszahlung von RM 100,- monatlich einverstanden erklären. Die Frage ist nur noch, auf welche Weise die Zahlungen bewerkstelligt werden können, da das Konto meiner Mandantin in Braunschweig inzwischen gesperrt worden ist. Ich komme in Kürze hierauf noch

zurück."
Inzwischen ist Elfriede so mürbe gemacht worden, dass sie in ihren Forderungen nachgibt. Die Lage im Lande ist ja nicht erfreulich. Jetzt hat sie sich auch noch auf privatem Wege mit Ingeborg halbwegs auf eine Summe geeinigt. Hätten sie es nicht gleich so machen und sich die Anwaltskosten sparen können? Der Mensch liebt es offensichtlich kompliziert. Es bleibt die Frage, wie die Zahlungen Elfriede erreichen sollen. Ingeborgs Konto in Braunschweig ist gesperrt. Hatte die Rechtsanwältin auch hierauf spekuliert, um die Unmöglichkeit der Durchführung der Zahlungen unter Beweis zu stellen? Elfriede scheint an einem Wettlauf zwischen Hase und Igel teilzunehmen, in dem ihr die Rolle des Hasen zufällt, der der Logik nach gewinnen müsste, vom raffinierten Igel aber immer wieder auf unsichtbare Weise hereingelegt wird.

Ingeborgs Rechtsanwältin weiß, welchen Trumpf sie in Form von Zeit in ihren Händen hält. Laufend ergeben sich Veränderungen zu Ungunsten des Volkes, aber zu Gunsten ihrer Mandantin. Im Falle eines im Februar 1945 bei der Volksbank V. zur Auszahlung vorgelegten, aber abgewiesenen Schecks bekommt Herr M. im Januar 1947 folgende Antwort von der Bank:

„Durch die seitens der Mil.-Reg. verhängte Sperre sämtlicher Konten von Inhabern, die in der russischen Zone wohnen, haben sich die Dinge grundlegend geändert. Wir sind nicht mehr in der Lage, eine Zahlung zu Lasten des Kontos der Frau Dr. B., Berlin, vorzunehmen, ohne dass eine von der Mil.-Reg. eingeholte Genehmigung vorliegt..."

Wieder eine Seifenblase, die von selbst geplatzt ist. Seit 15 Monaten versucht Elfriede an ihr zustehende Zahlungen zu gelangen, aber alle eingeschlagenen Wege führten zu Misserfolg. Und ihr Bruder Edgar, der die Kriegsjahre in Uruguay verlebt hat, wundert sich, was seine Schwester im zerstörten Deutschland so treibt und wie sie über die Runden kommt. Beschäftigung und Aufregung genug hat sie mit ihren wiederholten Gängen zum Rechtsanwalt. Die nicht unbedingt üppigen Mietzinsen müssen derweil irgendwie ausreichen für ihren Unterhalt und den ihrer Mutter sowie für die Kosten des Anwalts, der ihre Angelegenheiten noch zu keinem fruchtbaren Ergebnis geführt hat. Am 24. Februar

1947 gibt Herr M. die Hoffnung auf, eine gütliche Vereinbarung herbeiführen zu können, und wiederholt seine Drohung vom 21. Mai 1946:

„Die Lage meiner Mandantin macht es jetzt jedoch unbedingt erforderlich, dass die Frage geklärt wird, welchen Unterhalt Ihre Auftraggeberin nun eigentlich freiwillig zahlen will. Leider habe ich nicht den Eindruck, dass Frau Dr. B. überhaupt an einer Klarstellung der Angelegenheit interessiert ist. Ich sehe mich daher nunmehr veranlasst, Zwangsvollstreckungsmaßnahmen gegen Frau Dr. B. ins Auge zu fassen..."

Wieder lässt die Rechtsanwältin G. die gesetzte Frist, den 15. März, großzügig verstreichen und bequemt sich erst am 26. März, eine Antwort zu verfassen:

„In der Unterhaltssache B. gegen B. bitte ich Sie, die verspätete Beantwortung Ihres Schreibens freundlichst zu entschuldigen. Meine Mandantin ist bei der Unsicherheit ihrer wirtschaftlichen Lage, insbesondere auch in Hinblick auf die zukünftige öffentliche rechtliche Gestaltung des Apotheker-Wesens nicht in der Lage, irgendwelche Verpflichtungen zu übernehmen... Wie Ihnen ja bekannt ist, hat meine Mandantin ein Guthaben von RM 6.750,- bei der Braunschweigischen Staatsbank. Wie ich Ihnen gleichfalls mitteilte, wurde dieses Konto im vorigen Jahr gesperrt, weil die Inhaberin in Berlin lebt. Die Sperrung ist meiner Meinung nach unrichtigerweise erfolgt, jedoch bisher nicht aufgehoben worden. Eine weitere Schwierigkeit stellte sich vor einigen Wochen ein. Meine Mandantin hat einen Betrag von RM 5.900,- von der Öffentlichen Lebens-, Unfall- und Haftpflichtversicherungsanstalt Braunschweig zu erhalten... Die Auszahlung kann nur auf ein von Frau B. in der britischen Zone zu errichtenden Konto überwiesen werden. Die Errichtung eines Kontos ist aber zwecklos, da dieses womöglich wieder gesperrt werden würde. Meine Mandantin wäre bereit, Ihnen, Herr Kollege, eine Geldempfangsvollmacht mit der Maßgabe auszuhändigen, dass Sie über den Betrag zu Gunsten Ihrer Mandantin verfügen können. Meiner Meinung nach muss die Versicherungssumme an einen Bevollmächtigten, der in der britischen Zone lebt, ausgezahlt werden. Diese Summe bitte ich so zu verrechnen, dass ab 1.10.1945 RM 100,- monatlich Unterhalt gezahlt werden..."

Endlich ein konkreter Vorschlag, der aber noch mit Unwägbarkeiten belastet ist, denn es ist ja noch ungewiss, ob die Geldsumme ausgezahlt wird. Auf jeden Fall stellt Frau G. die Sachlage so dar, dass die äußeren Umstände, nicht aber Ingeborgs Unwille Schuld an den ewigen Verzögerungen und Vertröstungen sind. Anfang April bereitet Herr Müller die Papiere für die Erteilung der Zwangsvollstreckung vor, denn der oben zitierte Brief, angeblich vom 26. März, erreicht ihn erst am 21. April! Daraufhin gibt er doch wieder klein bei und erklärt sich damit einverstanden, das Geld in Empfang zu nehmen, was aber doch nicht durchführbar ist, da die Versicherung nur direkt an ein Konto des Berechtigten überweisen kann. Schon wieder eine Illusion, die geplatzt ist. Nach anderthalb Jahren hat Elfriede immer noch keinen Pfennig des ihr zustehenden Geldes empfangen. Die Anwaltskosten hat sie aber begleichen müssen, stets pünktlich, dennoch: von welchen Einnahmen? Oder borgte sie es sich, da ja Aussichten bestanden, dass sie sowohl die Unterhaltszahlungen erhalten sowie ihre Auslagen erstattet bekommen würde?

Aber am trostlosen Himmel erscheinen doch immer wieder Hoffnungsschimmer: Am 11.6. 47 berichtet Frau Dr. Ingeborg:

„... Nach den Berliner Richtlinien wird jetzt in Berlin ab 1. Juni eine Teilauszahlung von 25% von der Versicherungssumme durchgeführt."

Es bestehen nun berechtigte Aussichten, von der Berlinischen Lebensversicherung eine Auszahlung zu erhalten. Aber kurz nach diesem Brief erscheint Ingeborg höchstpersönlich in Braunschweig. Voller Stolz erwähnt Herr Müller seine Unterredung mit ihr:

„Wie vorgesehen habe ich am 27. Juni 47 mit Frau Dr. B. über die Angelegenheit Rücksprache genommen.
Es ist in der Tat gut gewesen, dass ich die Verhandlungen mit ihr geführt habe und Sie dabei ausgeschaltet geblieben sind...
Offenbar war Frau Dr. B. mit der Absicht gekommen, eine verpflichtende Erklärung von mir zu erhalten, dass Sie spätestens bei Eintritt der Währungsreform mit einer Kapitalabfindung einverstanden sein sollten. Dies habe ich erneut, und zwar ganz eindeutig abgelehnt... Sie hat zu erkennen gegeben, den Unterhaltsbeitrag nicht nur wesentlich herabzusetzen, sondern

darüber hinaus für ihre Kinder gänzlich in Fortfall kommen lassen zu wollen. Dass letzteres nicht möglich sei, habe ich ihr vergeblich auseinanderzusetzen versucht...
Des ferneren hat sich jetzt herausgestellt, dass es mit der Auszahlung der Versicherungssumme der Braunschweiger Öffentlichen Lebensversicherungsanstalt über 5.900,-RM nichts wird, und zwar deswegen nicht, weil das Geld einer Tochter von Frau Dr. B. zusteht..."

Auf der einen Seite ist es verständlich, dass Frau Dr. B. sich der von ihrem Ehegatten geschaffenen Verpflichtung entledigen möchte, und zwar auf ewig. Sie möchte nicht ständig, Monat für Monat, Jahr für Jahr, an diese andere Frau erinnert werden, die sie aus dem Wege geräumt hat, die sie unglücklich gemacht hat, von der ihr Mann aber nicht vollkommen losgekommen ist. Dieser Vertrag war der Beweis dafür. Wollte er durch ihn Sühne tun oder sollte gar Ingeborg selber dazu gebracht werden? Wieso aber die Kinder? Sie traf keine Schuld, sollte wohl auch keine treffen, nur hat Hans nicht bedacht, dass er selber so früh sterben und Elfriede ihn um 47 Jahre überleben würde! Was müssen sich seine Kinder über die Einstellung ihres Vaters gewundert haben, den Kopf zerbrochen haben, Jahrzehnte lang! Ingeborg ist nicht so gutgläubig wie Hans, sondern praktisch veranlagt: Sie möchte Elfriedes Last loswerden. Es soll ihr nicht gelingen, denn genauso verständlich wie ihre Sicht ist die Elfriedes: Sie beharrt auf der Abmachung, ihre einzige Absicherung im Alter.

Eine weitere Eigenschaft besitzt Ingeborg: Sie ist raffiniert, wenn nicht ein wenig betrügerisch. Wie konnte sie Elfriede die Versicherungssumme aus der Braunschweiger Lebensversicherung anbieten, wenn sie ihr selber nicht gehörte? Taktik des Vertröstens und der Zeitgewinnung. Aber auch diese Aussage, das Geld aus dieser Lebensversicherung stünde ihrer Tochter zu, und dass *"sich das Berliner Vormundschaftsgericht nicht damit einverstanden erklärt haben soll, seine Genehmigung zur Auszahlung der 5.900,- RM an Sie zu erteilen"*, stimmt nicht, wie Herr Müller erst über ein Jahr später durch ein Schreiben vom 21. September 48 der besagten Lebensversicherungsanstalt feststellen wird:

„*In Beantwortung Ihres obigen Schreibens teilen wir Ihnen*

mit, dass die restliche Versicherungssumme aus der Lebensversicherung des verstorbenen Apothekers Herrn Hans B., in Höhe von 5.460,- RM bereits am 8.7.47 an Frau Dr. Ingeborg B. gelegentlich eines Besuches in der Westzone ausgezahlt wurde und damit sämtliche Ansprüche aus der Versicherung erloschen sind."

Herr Müller selber kommentiert die Handlungsweise Ingeborgs mit den Worten:

„Frau Dr. B. hat es im Übrigen meisterhaft verstanden, die Versicherungssumme mit 5.460,- RM im Juli 47 an sich zu bringen."

Soll man an Herrn M.s Tüchtigkeit zweifeln oder Ingeborgs Gerissenheit bewundern? Offensichtlich eine energische Frau, die es versteht, auch mit fraglichen Mitteln zu kämpfen, und die nicht leicht aufgibt. Geht es bei ihr ums nackte Überleben oder darum, der anderen so wenig wie nur möglich zukommen zu lassen? Beides annehmbar.

Die Schwierigkeiten hören nicht auf, sondern scheinen im Gegenteil zuzunehmen: Die Lebensversicherungsgesellschaft in Berlin zeigt sich am 4. August 1947 zwar bereit, die 25% auszuzahlen, bittet aber *„um Angabe einer Zahlstelle, da eine Überweisung des Betrages nach dem Westen nicht erfolgen kann".* Dieses Hindernis kann Elfriede überwinden, indem sie als Zahlungsempfänger ihren Schwager, den bereits erwähnten Apotheker Ernst B. einsetzt, immerhin ein weiterer Beweis für ihr großes Vertrauen in ihn. Ernst erklärt sich nicht nur bereit, das Geld in Empfang zu nehmen, sondern antwortet unter anderem:

„... Ich habe mich gefreut, einmal wieder etwas von Dir gehört zu haben. Erfreulicherweise war der Brief auch gut leserlich geschrieben, so dass man nicht erst, wie sonst, Übersetzungen anzustellen brauchte. Ein „Carepaket" Deines Bruders (Edgar aus Montevideo) *würde uns hier auch ganz gut zu Gesichte stehen! Über Deinen Besuch würden wir uns sehr freuen! Wenn Du diesen allerdings erst nach Fallen der Zonengrenzen auszuführen gedenkst, werden wir ihn nicht mehr erleben und Du selbst würdest das biblische Alter weit überschreiten, was bei Deiner gesunden Veranlagung und Lebensfrische ja durchaus im Bereich der Möglichkeit liegt, denn Hundertjährige gibt es ja hin und wieder einmal."*

Mit dieser neuen Vision stellt Ernst schon wieder sein Sehervermögen unter Beweis: Die Zonengrenze wird noch Jahrzehnte bestehen bleiben, Elfriede aber wird ihren Wegfall erleben, leider nicht mehr im vollen Bewusstsein der äußeren Lebensumstände, denn bereits über 90-jährig.

Es vergehen wieder Monate, bis der am 13.10.47 von der Berlinischen Versicherungsgesellschaft auf Ernsts Konto eingezahlte Betrag von 1.020,70 RM in Elfriedes Händen gelangt. Ernst findet nämlich keine Gelegenheit, das Geld über die Grenze zu schaffen, denn keiner seiner Bekannten, auch nicht seine Schwester, möchte so eine gewaltige Summe mit sich führen. Schließlich erhält Elfriede am 6.12.47, nach fast zwei Jahren erbitterten Kampfes, die erste Unterhaltszahlung in Form der Teilauszahlung aus der Lebensversicherung. Der allererste Triumph. Mageres Ergebnis in einem vertraglich klar geregelten Fall oder zufriedenstellend in Anbetracht der schwierigen Lebensumstände für jedermann im Nachkriegsdeutschland?

Das zweite Tor folgt kurz darauf: Auch die Gothaer Lebensversicherungsgesellschaft verpflichtet sich, die Zahlung von 25% zu leisten, nicht aber an Ernst, sondern an den Notar, den Hans damals als Empfänger angegeben hatte, der sich nun sofort zur Abtretung an Herrn Müller bereit erklärt, der seinerseits den Betrag von 1.911,70 RM an Elfriede weiterleitet. 9.12.47, ein vorverlegtes Weihnachten für die nervlich strapazierte Elfriede. Aber der Notar rechnet ihr und Frau Dr. B. vor, dass diese Beträge nur die Unterhaltszahlungen bis inklusive August 1946 plus seine eigenen Kosten von insgesamt 567,20 RM decken! Dies bedeutet, dass die Streitigkeiten mit Ingeborg weitergeführt werden müssen! Am 15. Dezember 1947 fordert er sie erneut auf, monatliche Zahlungen von 100,- RM zu leisten. Vergeblich wartet man in Braunschweig auf ein Antwortschreiben.

Zwischenzeitlich eine kleine Trostzahlung: Am 10.5.48 erläutert die Gothaer Lebensversicherungsgesellschaft eine kleine Änderung bei der Berechnung der Kriegsumlage:

„Die Richtlinien des Berliner Auszahlungsplanes sind dahin ergänzt worden, dass die Kriegsumlage nur auf die zur Auszahlung kommende Quote zu berechnen ist."

Man hatte sie aber auf die volle Versicherungssumme von

10.000,- RM berechnet, wodurch sich nun ein Guthaben von 150,- RM für Elfriede ergab, welches sie wenige Tage später direkt per Postanweisung empfing. Die Berlinische Gesellschaft für Lebensversicherungen führte zwar die gleiche Berichtigung durch, wählte aber als Zahlungsweg nochmals Ernst, was Elfriede zum kleinen Verhängnis werden sollte. Am 4. August 48 schreibt ihr Ernst:

„Also ca. Ende Mai - Anfang Juni erhielt ich durch Postscheckübertragung 150,- von der Berlinischen Lebensversicherungsgesellschaft ohne irgendeine nähere Bezeichnung oder Mitteilung, für wen und wofür das Geld bestimmt sei. Von keiner Seite aus, also weder von Dir, noch von Deinem Anwalt oder von Ingeborg meldete sich jemand wegen dieses Geldes. Ich legte daher das Geld bei Seite in der Annahme, dass sich ja wohl einmal irgendjemand dafür melden würde. Durch die inzwischen am 23.6.48 in unserer Zone durchgeführte Währungsreform ist der Betrag 1:10 abgewertet worden und jetzt in 15,- neues Geld umgetauscht worden. Wenn Du unser Geld dort gebrauchen kannst und das Postrisiko übernehmen willst, bin ich bereit Dir diese 15,- per Einschreiben zu übersenden. Ich bitte um Deinen diesbezüglichen Entscheid."

Somit ist dieser kleine Betrag vor sich hingeschmolzen. Man fragt sich, wieso Ernst sich nicht sofort nach Erhalt des Geldes mit Elfriede in Verbindung gesetzt hat, da er ja schon einen viel größeren Betrag für sie in Empfang genommen hat und sich hätte denken können, dass auch dieser für die gleiche Schwägerin bestimmt war. Ist er vollkommen ehrlich? Hat er im Stillen gehofft, in dieser turbulenten Zeit könnte er dieses Geld verschwinden lassen? Oder hat er keine der beiden verfeindeten Parteien anschreiben wollen, um das gereizte Klima nicht noch mehr anzuheizen, ganz einfach um eventuellen Schwierigkeiten aus dem Wege zu gehen?

Auf Müllers Schreiben vom 15.12.47 an Frau Dr. B. ist im Juli 1948 immer noch keine Antwort eingetroffen. Er unterrichtet Elfriede über die durch die Währungsreform neu eingetretene Situation:

„Der Unterhaltsbetrag von 200,- RM monatlich ist gemäß Paragraph 18 Abs. 1 Ziff. 3 des Währungsgesetzes in voller Höhe

in Deutsche Mark umzuwandeln. Ich möchte jedoch mit Ihnen besprechen, ob Sie diesen Unterhaltsbetrag in voller Höhe beanspruchen wollen. Mit einer Vollstreckungsgegenklage oder Abänderungsklage dürfte mit Sicherheit zu rechnen sein, da Frau Dr. B. auf keinen Fall bereit sein wird, 200,- DM monatlich zu zahlen."

Die Währungsreform wurde am 20. Juni 1948 in den Westzonen durchgeführt. Elfriede konnte von Glück reden, dass die Unterhaltsverpflichtung im Verhältnis 1:1 umgewertet war, genauso wie die anderen regelmäßigen Zahlungen wie Löhne, Renten und Mieten. Schulden hingegen wurden auf ein Zehntel gemindert. Die Währungsreform stellt einen Eckstein in den Ost-West-Beziehungen dar, die schon vorher brüchig waren, und zwar ganz eindeutig nach Verkündigung des Marshall-Plans im Juni 1947. Dieser Plan, der gewaltig zum Wiederaufbau beiträgt, wird erst am 1. Januar 1947 durch die Schaffung der Bizone, d. h. der wirtschaftlichen Zusammenlegung der amerikanischen und der britischen Zone, überhaupt realisierbar. Der Plan beinhaltet das Angebot von Waren- und Kredithilfen für ganz Europa, aber sowohl die Sowjetunion wie die anderen osteuropäischen Länder lehnen diese Hilfe ab. Diese Absage gestaltet sich zur Grundvoraussetzung für die deutsche Teilung, die durch den Alleingang der Westmächte in Bezug auf die westdeutsche Währungsreform ihre Bestätigung findet. Denn sowohl der Marshall-Plan wie die Währungsreform dienen dazu, Westdeutschland immer stärker in das westliche Wirtschaftssystem einzubinden. Die Fronten zwischen Ost und West verschärfen sich und eskalieren zum „Kalten Krieg", in dem die Sowjetunion mit einer eigenen Währungsreform am 24.6.48 in der Ostzone und der anschließenden Berlin-Blockade reagiert. Durch diese wird jeglicher Güter- und Personenverkehr von den Westzonen nach West-Berlin unterbunden. Die Sowjetunion rechnet damit, dass der Stadtteil von den Westmächten aufgegeben wird. Aber dem ist nicht so. Eine Luftbrücke zur Versorgung der eingesperrten Stadt wird eingerichtet und bleibt elf Monate mit 380 Flügen täglich aufrechterhalten; die berühmten Rosinenbomber landen alle 4 Minuten! Die Sowjets, die ihr Ziel vollkommen verfehlt haben, heben die Blockade auf. Berlin wird Ende 1948 zwei getrennte Verwaltungen erhalten und wenige Monate später, am 23.Mai 1949 ist mit der Verkündigung des Grundgesetzes die BRD offiziell gegründet, woraufhin am 7. Oktober 1949 die Gründung der DDR folgt. Die Teilung Deutschlands ist nunmehr vollzogen.

Und unter diesen Voraussetzungen schreckt Herr M. nicht davor zurück, eine Zwangsvollstreckung einzuleiten. Dazu musste erstmal Hans' Notar die Unterhaltsverpflichtungsurkunde auf die Erbin, Frau Dr. B., umschreiben. Aber es steht fest, dass Elfriede nicht aus Mitgefühl für Ingeborgs unter der Entbehrung durch die Blockade leidenden Kinder, sondern aus Furcht vor einer Abänderungsklage auf den vollen Unterhaltsbetrag freiwillig verzichten wird. Somit verlangt Herr M. in seinem Schreiben vom 27. Juli 48 nur die Hälfte des ihr zustehenden Betrages. Während er höflich auf Antwort aus Berlin wartet, fragt er bei der ortsansässigen Staatsbank an, ob das dort vorhandene, angeblich gesperrte Konto von Frau Dr. B. noch der Sperre unterliege. Die Antwort lautet:

„... das früher bei uns geführte Kto. Nr... ist infolge Ausführung einer Sondergenehmigung der Mil.-Reg. schon vor längerer Zeit erloschen."

Hatte Ingeborg auch dieses Guthaben von 6.750,- RM während ihres Aufenthalts in Braunschweig im Juli 47 aufgelöst und wohlverpackt mitgenommen? In allem ist sie Herrn M. zuvorgekommen. Handelt es sich bei ihr um einen extrem schlauen oder bei ihm um einen extrem langsamen Menschen? Ingeborg entpuppt sich immer mehr als eine bewunderungswürdig gewandte Geschäftsfrau, wofür wir später noch mehr Beweise erhalten werden.

Am 22. September 48 bequemt sich Ingeborgs Rechtsanwältin endlich, Herrn M. eine Antwort zuzusenden. Der Grund ist die Zustellung der vollstreckbaren Urkunde der Unterhaltsverpflichtung mittels eines Gerichtsvollziehers. Aber die Rechtsanwältin lässt sich auch hierdurch nicht weiter einschüchtern:

„Die Durchführung von Unterhaltszahlungen scheitert im Moment an den durch die Währungsreform geschaffenen

Zuständen. Ihre Mandantin wohnt in der englischen Zone und kann eine Zahlung in Deutscher Mark der deutschen Notenbank (Ostwährung) nicht annehmen. Meine Mandantin hat ihre Firma im sowjetischen Sektor von Berlin. Hier gilt nur als Zahlungsmittel die Deutsche Mark der deutschen Notenbank. Durch sowjetischen Befehl ist ein Verkehr mit anderen Zahlungsmitteln nicht nur verboten, sondern auch strafbar. Meine Mandantin, die einzig Einnahmen aus der Apotheke hat, kommt daher mit Zahlungsmitteln der Westwährung gar nicht in Berührung. Sie wissen, dass meine Mandantin gutwillig ist und wiederholt nach Mitteln und Wegen gesucht hat, Unterhaltszahlungen zu leisten... Hinzu kommt noch, dass die Apotheke als früherer jüdischer Besitz unter Treuhänderschaft steht und meine Mandantin lediglich ein kleines Gehalt bezieht."

Also immer noch keine Zusagen, im Gegenteil neue Schwierigkeiten durch die Zeitumstände. Und die Geschichte ist auch nicht abzurütteln! Wenn die Apotheke einem Juden abgekauft worden war, dann wohl zu einem untragbaren Spottpreis, der nunmehr aufgedeckt wird mit dem Endeffekt, dass die Firma enteignet wird. Unterhaltsquelle ade!

Aber wie war der Kauf in Wirklichkeit vonstattengegangen? Darüber schrieb Hans an Elfriede am 25.7.36 von Berlin aus:

„Also (die Apotheke in) *V. habe ich am Donnerstag fest verkauft... Gestern und heute hier noch verhandelt wegen meiner Übernahme* (einer Apotheke) *usw."*

In diesen Jahren trennten sich Juden für lächerliche Summen von ihrer Habe. Aber auch über den Kaufpreis gibt Hans seiner Ex Ehefrau am 20.3.37 Bescheid:

„Die erste Rate Silten am 1.10.37 mit 10.000,- war doch durch das für Helpke eingezahlte Geld gesichert, welches ich nun nicht von Strassburg bekomme. Der Gesamtpreis war doch 100.000,-, nun sind es nur noch die gezahlten 90.000,-, davon 50.000,- bar, das andere in Hypotheken (Staatsbank 25, Käte und Rudolf je 8) übernommen. Ich muss nun mal in nächster Zeit mit Silten sprechen und hoffe auf eine glückliche Verständigung und Lösung. Ich denke ein Teil zahlen zu können und den Rest anhängen zu dürfen."

Der Gesamtpreis scheint in Ordnung zu sein, wenn man bedenkt, dass er heutigen 1,5 Millionen Euro entsprechen würde. Außerdem ist der ehemalige Besitzer, Dr. Silten, nicht vor den Verfolgungen seiner Rasse aus Deutschland geflohen; der Verkauf unterlag also keinem äußeren Zwang, sondern scheint freiwillig vollzogen zu sein. Hans spricht auch keinesfalls abfällig über ihn, sondern rechnet auf seinen Verhandlungswillen. Deswegen klingen seine Zeilen vom 10.4.37 keinesfalls verwunderlich:

„Eben sind sie (Hans' Kinder) *zu Dr. Silten, zu dem sie jeden Sonntagabend kommen müssen. Nachher kommen sie reich beschenkt mit Schokolade und Spielsachen zurück. Ein wahrlich vornehmer alter Herr. Es geht ihm z. Z. nicht besonders gut, ich hoffe nur, dass er uns erhalten bleibt, bis ich meine Abzahlung gut laufen habe. Er ist der wertvollste der ganzen Familie."*

Hans steht demnach im freundschaftlichen Verhältnis zu seinem Verkäufer, den er hoch schätzt. Trotz Erkrankung des wohl betagten Herrn wünscht Hans sich nicht dessen Tod herbei, im Gegenteil er will ihm gegenüber seinen Verpflichtungen nachkommen. Hierin finden wir wahrscheinlich auch die Ursache für den Verkauf der Apotheke: Dr Silten fühlt sich zu alt oder zu krank oder beides, um den Betrieb weiterzuführen. Sechs Tage später berichtet Hans Elfriede:

„Mit Dr. Silten habe ich noch nicht gesprochen, wollte das ja auch erst im Juni tun, wenn ich eine vernünftige Zwischenbilanz von einem halben Jahre machen kann. Dann kann ich ihm zeigen, wie ich bisher gewirtschaftet habe, was ich alles schon abgezahlt habe an Sonderleistungen wie Stempelsteuern usw. und kann ihm einen vernünftigen Voranschlag vorführen, wie ich das 2. Halbjahr und die folgenden Ratenzahlungen mir denke."

Hans möchte ihm keine Zahlungen vorenthalten, sondern ist ernsthaft um eine korrekte Regelung bemüht. Wieso also eine Beschlagnahme der Apotheke im Jahre 1948, obgleich der Erwerb allem Anschein nach makellos gewesen zu sein scheint? War Dr. Ernst Silten wirklich ein Jude oder schiebt Ingeborgs Anwältin diesen Sachverhalt vor, um die gegnerische Seite wieder eine gewisse Zeit lang in Schach zu halten? Was tatsächlich aus der Apotheke wird, erfährt Elfriede einige Jahre später.

Am 22. November wird Herr M. endlich aktiv: Er ordnet

die Zwangsvollstreckung an. Vom Obergerichtsvollzieher in Berlin bekommt er aber Nachricht, dass die Vollstreckung in der Apotheke nicht erfolgen kann, da sie sich im russischen Sektor befindet. Es verbleibt aber die Villa in Berlin Grunewald, in der Teppiche sowie Mobiliar gepfändet werden. Am 21. Januar 49 lässt Herr M. aber den Versteigerungstermin für diese Gegenstände aufheben, da Frau Dr. B. endlich ihre Bereitwilligkeit zur Durchführung ihrer Unterhaltsverpflichtung erkennen lässt. Nun läuft der Schriftverkehr Schlag auf Schlag. Am 31. Januar 49 antwortet Ingeborgs Rechtsanwältin, immer noch nicht kleinlaut, sondern im Gegenteil voller Selbstsicherheit: *„Gegen die Zulässigkeit dieser Vollstreckung ist sehr viel einzuwenden..."* Ihr Vorschlag: Unterhaltszahlungen von 50,- DM, mit denen sich Elfriede im Gespräch mit ihrer Schwägerin Käthe einverstanden erklärt haben soll.

Aber so ohne weiteres soll Elfriede nicht an ihren Unterhalt gelangen. Sie benötigt dafür laut Aussagen ihres Rechtsanwalts noch eine Bescheinigung durch das Fürsorgeamt darüber, dass sie mangels anderer Einkünfte auf den Unterhalt angewiesen ist. Eine große Erniedrigung für die ehemals wohlgestellte Elfriede. Viel später in ihrem Leben wird sich diese Situation wiederholen, wenn sie zwecks Unterbringung in einem Pflegeheim eine ähnliche Bescheinigung beim Sozialamt beantragen wird. Aus Berlin treffen nun konkrete Vorschläge ein und Elfriede wird über Feinheiten in Kenntnis gesetzt:

„Die Einnahmen von Frau Dr. B. aus der Apotheke fließen ausschließlich in Ostmark. Es ist sicher bekannt, dass der innere Wert der Ostmark im Verhältnis zur Westmark sich wie 5:1 stellt. Die Apotheke selbst ist beschlagnahmt. Ob der Vermögensbesitz jemals wieder an meine Auftraggeberin zurückfällt, kann erst die zukünftige politische Entwicklung und ein recht langwieriges Verfahren über die Umstände des Ankaufs klären. Eine gesetzliche Grundlage besteht hier in Berlin noch nicht."

Durch den ungünstigen Umtausch verteuert sich für Ingeborg der Unterhalt Elfriedes und die Zukunft der Apotheke als solche ist in Frage gestellt. Nicht gerade beruhigend, für keine von beiden. Außerdem muss Ingeborg bei der Berliner Zentralbank einen Antrag zwecks Genehmigung ihrer Überweisungen in den

Westen stellen. Dennoch kommt es im Juli 1949, dreieinhalb Jahre nach Beginn der Verhandlungen, zum Vergleich, in dem Elfriede sich statt mit 200,- RM oder DM mit nunmehr 50,- DM zufrieden gibt. Ingeborg trägt aber ihre gesamten Anwaltskosten und *„Auszahlungsbeträge aus den verpfändeten Lebensversicherungen, der Berlinischen Leben und Gothaer Leben, werden auf die Vergleichssumme nicht angerechnet."* In diesen Punkt hat Ingeborg laut dem Bericht ihres Anwalts *„nach recht schwierigen Verhandlungen"* nachgegeben. Dieser Vertrag kann quartalsmäßig gekündigt werden, damit Elfriedes Forderungen Ingeborgs finanzieller Lage entsprechend erhöht werden können.

Herr M. weiß sich aber weiterhin mit seiner Mandantin zu beschäftigen: Er schlägt vor, sich mit den Lebensversicherungen zwecks Einholung der Restversicherungssummen in Verbindung zu setzen. Die Antworten, z. B. von der Berlinischen am 2. November 1949, klingen nicht vollkommen entmutigend:

„Wir können leider zu Ihrer Anfrage noch keine Stellung nehmen, da vor kurzer Zeit von den Behörden der Versicherungsaufsicht der Erlass neuer Auszahlungsanordnungen angekündigt wurde..."

Dazu kommt es tatsächlich, sodass die Berlinische am 17.2.50 den Betrag von DM 588,10 überweist, zwar wieder an Hans' ehemaligen Notar, der seinerseits an Herrn Müller und dieser wiederum an Elfriede weiterreicht, die das Geld schließlich Ende März in Händen hält. Mit der Gothaer verläuft es ähnlich, sodass sich Elfriede endlich im Besitz beträchtlicher Summen befindet. Sie ist nun für die letzten vergangenen Jahre ein wenig entschädigt. Ingeborgs Zahlungen treffen mit ziemlicher Regelmäßigkeit ein, obwohl sie hin und wieder zur Ordnung gerufen werden muss.

Im November 54 beschließt Herr M. den Vergleich von 1949 zu kündigen. Er gibt dafür mehrere Gründe an:

„Es bedarf keines Hinweises, dass die Unterhaltsrente von 75,- DM, die Sie bislang an Frau B. gezahlt haben, völlig unzureichend ist. Ganz abgesehen davon, dass die Lebenshaltungskosten seit Abschluss des Vergleichs erheblich gestiegen sind. Ihre Vermögens- und Einkommensverhältnisse haben sich in der Zwischenzeit derart günstig gestaltet, dass Sie zur Zahlung ... von DM 200,- monatlich jetzt ohne Schwierigkeiten

in der Lage sind..."

Die Lage in Deutschland hat sich grundlegend verändert. In der Zwischenzeit hat es den Koreakrieg gegeben. Er begann am 25. Juni 1950 und sollte drei Jahre andauern. In ihm standen sich nicht nur Nord- und Südkorea gegenüber, sondern ebenfalls die Sowjetunion und die USA mit ihren jeweiligen Verbündeten. Dieser Konflikt brachte einen weltweiten Boom, da durch die Steigerung der Rüstungsproduktion die Wirtschaft ebenfalls eine Belebung erfuhr. Auch die BRD profitierte vom Korea-Boom genauso wie die Jahre davor von der bereits seit Kriegsende währenden weltweiten Hochkonjunktur. Aber hieraus kann man nicht unbedingt eine Verbesserung der Einkünfte Ingeborgs ableiten. Noch weniger, wenn man sich die gespannte Lage Berlins vor Augen hält: Am 17. Juni 1953 war es in Ostberlin zu einem Generalstreik gekommen, der sich zu einem Aufstand gegen das SED-Regime der DDR entwickelte. Obwohl gewaltsam unterdrückt, zeigte er die Unzufriedenheit der Arbeiterschaft mit dem Kurs der Regierung.

Wie kommt also Herr M. zu der Annahme, Ingeborgs wirtschaftliche Lage sei gefestigt? Er lässt Elfriede einen einfachen Trick anwenden: Sie beauftragt ein Detektivbüro damit, Auskunft über Ingeborgs Firma einzuholen. Das Ergebnis:

„Die Apotheke wurde von der ostzonalen Behörde enteignet. Die Nachgefragte betreibt einen Vertrieb von chem.-pharmaz. Präparaten wie auch Sauerstoff. Sie unterhält ein Labor und beschäftigt 2 Personen. Außerdem ist die Nachgefragte Pächterin der T. Apotheke in Berlin-W. Dort werden weitere 4 Personen beschäftigt. Die Umsätze im Monat aus chemischen Erzeugnissen werden auf ca. DM 20.000,- geschätzt. Der Umsatz aus der gepachteten Apotheke auf etwa DM 25.000,- im Monat.
Frau Dr. B. erzielt aus ihren Unternehmen ausreichende Einnahmen. Sie steht in gutem Ruf und gilt als seriös. Ihre Lebensweise ist standesgemäß. Nachteiliges wurde in Berlin nicht bekannt. Sie lebt in durchaus geordneten Verhältnissen und kann ohne Weiteres ihren Verpflichtungen nachkommen."

Ein beeindruckendes Bild von Elfriedes Rivalin. Während

Elfriede praktisch nur das Leben eines Schmarotzers geführt hat, hat die junge Frau in ihrem Beruf echte Leistung erbracht, gleichzeitig aber ihre vier Kinder großgezogen und ihnen eine Ausbildung gewährt. Vielleicht gerade weil sie mit Elfriede insgesamt sechs Personen ernähren musste, ist sie die Sachen so tatkräftig angegangen. Hans hat mit ihr bestimmt die richtige Wahl getroffen gehabt.

Ingeborgs Anwalt bringt selbstverständlich ganz andere Zahlen als das Institut. Er stellt zwar eine Besserung in Frau B.s Lage fest, die aber nur ausreicht für eine Erhöhung des Unterhalts auf DM 100,-. Im Pingpongverfahren erniedrigt bzw. erhöht der jeweilige Anwalt die Forderung seiner Mandantin und jeder jammert über deren Situation. Herr M. klagt:

„Frau E. B. ist ohne jegliches Vermögen und Einkommen... Sie ist gezwungen, den Wohnraum mit ihrer Mutter zu teilen... Wegen eines Herzleidens ist sie in ständiger ärztlicher Behandlung."

Während Herr H., Ingeborgs neuer Anwalt, über seine Mandantin angibt:

„Leider sieht Ihre Frau Mandantin die wirtschaftliche Lage von Frau Dr. B. aus der Perspektive Westdeutschlands und berücksichtigt nicht die auch heute noch bestehende besondere Notlage in Westberlin... Der pharmazeutische Betrieb Dr. B. ist in den vergangenen Jahren und auch heute noch ein erheblicher Zuschussbetrieb, da die fabrizierten Spezialitäten bei der Ärzteschaft erst eingeführt werden müssen und ganz erhebliche Anlaufkosten verursachen. Die anfallende Arbeit mit der Verschickung von Ärztemustern ist recht gewaltig, so dass die einzelnen Familienmitglieder unentgeltlich mitarbeiten müssen."

Wem soll man nun Glauben schenken, dem Detektivbüro oder dem Anwalt? Die größten Schwierigkeiten liegen wohl schon lange zurück. Schließlich einigen sich die Parteien im März 1955 auf eine Zahlung von DM 125,-, erstmal bis zum 31.März 1957. In der Zwischenzeit hat sich auch auf dem anderen Sektor, dem der Lebensversicherungen, etwas getan: Seit dem 14.7.1953 gilt das Altsparer-Gesetz. Dieses *„gewährt denjenigen, deren Lebensversicherung durch die Währungsgesetzgebung abgewertet worden ist, eine Entschädigung in Höhe von 10% der am 1. Januar*

1940 geltenden Prämienreserve, d. h. des zu diesem Zeitpunkt vorhandenen Sparwertes." Leider besteht eine kleine Einschränkung: *„Zur Auszahlung fällig werden derartige Ansprüche allerdings erst, wenn Mittel hierfür aus dem Ausgleichsfonds durch die dafür zuständigen öffentlichen Stellen zur Verfügung gestellt werden... Wir bitten Sie daher dringendst, von Anfragen bei uns abzusehen, umso mehr, als alle Ansprüche unabhängig vom Zeitpunkt der Erteilung des Bescheides ab 1. Januar 1953 mit 4% verzinst werden."*

Ein Glück also, dass Herr M. die Abtretung der Lebensversicherungen an Elfriede erfolgreich bei Ingeborg hatte durchsetzen können. Die Gothaer wendet sich von sich aus an Elfriede und überweist am 31.1.55 einen Betrag von DM 250,80, während sich die Berlinische bitten lässt. Am 22.6.55 antwortet sie bedauernd:

„Es muss abgewartet werden, bis uns von den zuständigen öffentlichen Stellen die erforderlichen Mittel zur Verfügung gestellt werden."

Elfriede wird nichts leicht gemacht. Im Juli 55 drückt sich die Berlinische präziser aus:

„Wann eine Auszahlung der Altsparerentschädigung erfolgen wird, können wir im Augenblick noch nicht sagen. Es sind uns zwar bereits einmalig Mittel aus dem Lastenausgleichsfonds zur Verfügung gestellt worden, doch mussten wir hierbei - den gesetzlichen Bestimmungen entsprechend - zunächst die ältesten Versicherungsfälle berücksichtigen. Wir müssen daher Frau B. bitten, sich vorläufig zu gedulden..."

Aus dem Wort „vorläufig" wird ein ganzes Jahr, nach dessen Ablauf Herr M. sich nochmals mit der Berlinischen in Verbindung setzt und damit argumentiert, dass Elfriede seit längerer Zeit erkrankt und dringend auf das Geld angewiesen sei, abgesehen davon, dass andere Versicherungsgesellschaften längst Auszahlungen getätigt haben. Am 1. August 1956 die ausführliche Antwort der Gesellschaft:

„Eine Auszahlung der Altsparerentschädigung an Frau E.B. kann z. Zt. nicht erfolgen. Schuldner der Altspareransprüche sind nicht die Versicherungs-Gesellschaften, sondern der Staat, vertreten durch den

Lastenausgleichsfonds. Die Gesellschaften haben lediglich die mit der Verwaltung der Altsparerentschädigungen zusammenhängenden Arbeiten übernommen, da sie im Besitz des Aktenmaterials sind. Zahlungen an den Entschädigungsberechtigten können nur dann vorgenommen werden, wenn den Gesellschaften Mittel aus dem Lastenausgleichsfonds durch die zuständigen Behörden zur Verfügung gestellt werden. Eine Zuteilung ist bereits 2 x erfolgt, aber mit der ausdrücklichen Maßgabe, dass nur die ältesten Fälligkeiten zu berücksichtigen sind. Die zur Verfügung gestellten Summen reichten bisher nur aus, um die Altsparerentschädigungen aus Versicherungen zu befriedigen, die bereits im Jahre 1945 durch den Tod oder Ablauf fällig geworden sind. Wir können ebenfalls nicht sagen, in welcher Höhe die nächste Zuteilung, die wir wahrscheinlich Ende dieses Jahres erhalten werden, erfolgen wird bzw. welche Fälligkeiten der Versicherungen wir aus dem zugeteilten Betrag werden decken können.
Eine Vorfinanzierung der Altspareransprüche aus Mitteln der Gesellschaft ist im Allgemeinen nicht vertretbar, da dadurch die Gemeinschaft der Neuversicherten, deren Sparprämien die Gesellschaft treuhänderisch verwaltet, geschädigt wird..."

Hier hat sich ein Angestellter sehr viel Mühe gegeben, in einer Zeit, in der noch kein Computer die Büroarbeit erleichterte. Dennoch ein Nein für Elfriede. Aber, oh Wunder, sie braucht nicht bis Jahresende zu warten, denn noch im gleichen Monat, am 28. August, erhält sie positive Nachricht:

„Auf Vorschlag unseres dortigen Mitarbeiters erklären wir uns, obwohl uns Mittel aus dem Lastenausgleichsfonds z.Zt. nicht zur Verfügung stehen, in Ihrem Falle ausnahmsweise bereit, eine Vorfinanzierung der Altsparerentschädigung aus freien Mitteln der Gesellschaft vorzunehmen."

Am 7.9.56 erhält Elfriede die Summe von DM 410,40 direkt von der Berlinischen. Es sind bereits über 9 Jahre seit Hans' Tod vergangen! Erst jetzt haben beide Versicherungen ihre Zahlungen abgeschlossen. Glücklicherweise hatte Elfriede durchgehalten - fast ein Jahrzehnt lang!

Aber auch mit ihrem Steckenpferd, Ingeborg, hält Elfriede weiterhin durch. Im Juni 57 wendet sie sich nochmals an das

Detektivbüro, das für Ingeborgs Betriebe jetzt noch bessere Zahlen bringt als 1954. Herr M. versucht nunmehr den vollen Satz von DM 200,- durchzusetzen. Er argumentiert damit, dass Ingeborg „*in sehr guten Einkommensverhältnissen lebe*" und dass sie Flugreisen unternehme. Letzteres für das Jahr 1957 sicherlich erstaunlich. Im Januar 58 kommt es zum neuen Vergleich mit dem von Herrn M. geforderten Betrag. Ab jetzt kann nichts mehr erhöht werden, obwohl natürlich der Betrag von DM 200,- im Laufe der folgenden Jahre und Jahrzehnte für Elfriede immer mehr an Wert und Kaufkraft verliert, während er von Ingeborg bzw. später von ihren Kindern, immer leichter zu tragen sein wird. Ingeborg hat sich der Verpflichtung zwar nicht entledigen können, aber insofern einen Triumph davongetragen, dass der Betrag immer wertloser und nichtiger wurde. Von ihm allein sollte Elfriede in den kommenden Jahrzehnten nicht mehr ihren Unterhalt bestreiten können. Sie wird 1966, nach dem Tode ihrer Mutter, einen Teil des elterlichen Wohnhauses erben, d. h. weiterhin freies Wohnen genießen und einen Teil der Mieteinnahmen für die restlichen Wohnungen einnehmen. Aber sie versteht es, sich eine weitere Einnahmequelle zu erschließen.

So wie es ihr gelungen war, Hansemann psychisch an sich zu binden durch das Schuldgefühl, das er sein Leben lang nicht los wurde, so hat sie auch eine andere Person gleichermaßen in ihre Angelegenheiten zu verstricken gewusst: ihren einzigen verbliebenen Bruder Edgar. Auch bei ihm war es eine Mischung von Liebe, in diesem Falle sehr frühe geschwisterliche Zuneigung, und Gewissensbissen, die ihren Ausdruck in Form von Verantwortung fanden. Für seine Verpflichtung ihr gegenüber lassen sich mehrere Gründe aufzeichnen: Als Nesthäkchen hatte sie ihn Jahre lang verwöhnt. Sie hatte es geschafft, so straffe Bande zwischen ihnen aufzubauen, dass sie trotz seiner mehrmaligen Auslandsaufenthalte nicht rissen. Dann riet er, ein unerfahrener Jüngling von 23 Jahren, seiner Schwester zur Scheidung. Als erwachsener Mann stand er nicht mehr zu diesem Entschluss. Er bereute seine Einmischung, wahrscheinlich weil Elfriede selber immer wieder auf das Bestehen von Hansemanns Liebe hingewiesen hat. Beweise für diese Gefühle hat Edgar nicht erlebt, da er in den 30er-Jahren als Student in München und Wien unterwegs war und nach Erhalt seines Doktortitels 1939 sofort nach Südamerika auswanderte. Elfriede wusste ihn aber geschickt zu manipulieren, sodass auch Edgar sich dazu verpflichtet fühlte, sie sowohl finanziell zu unterstützen wie testamentarisch abzusichern. Meines Erachtens, wenn nicht der gleiche, so doch ein ähnlicher Fall wie mit Hansemann. Zeitlebens konnte sich keiner dieser beiden Männer von ihrer Bindung an Elfriede lossagen.

Bruder Edgar entweicht dem Krieg

Elfriedes jüngster Bruder, Edgar, der sich schon zwecks Studium von seinem elterlichen Heim in Braunschweig entfernt und 1938 seinen Doktortitel der Germanistik in München erworben hatte, wartete am 9. Juni 1939 mit einer großartigen Überraschung auf. Er schrieb an seinen älteren Bruder Gerold:

„*Lieber Gerold,*
ich habe den sehr angenehmen Auftrag für Dich, Mutti einigermaßen menschlich klarzumachen, dass ich am 30. Juni nach Montevideo in Südamerika in See steche. Du, davon bin ich überzeugt, wirst es mit Fassung ertragen, aber für Mutti wird es etwas fürchterlicher sein...."

Wenn man die Zeit bedenkt, in der es nicht wie heutzutage als selbstverständlich zum Curriculum eines jungen Menschen gehört, dass er mindestens einen Auslandsaufenthalt während seiner Ausbildung aufweisen kann, wo das Reisen noch beschwerlich und zeitaufwendig war, wo die Entfernung von einer Kleinstadt mitten im alten Europa in die neue Welt Lateinamerikas noch fast als unüberwindbar galt, in solch einer Zeit entschließt sich das Nesthäkchen einer verwitweten 60-Jährigen in einen entfernten, unbekannten Kontinent zu ziehen. Den Schmerz der alten Dame kann man sich leicht vorstellen. Deshalb beginnt der eigentliche Brief an seine Mutter eher ulkig:

„*Meine liebe Multi,*
nun pass mal schön auf, es gibt etwas sehr Vergnügliches zu berichten. Ob es Dich freilich sehr vergnügen wird, bezweifle ich. Aber der Ruhm des Hauses Hampe erfordert es. Du ahnst schon, es wird wahr, was ich angedroht hatte, es geht ein bisschen ins Ausland. Und zwar ein bisschen weit, nämlich nach Südamerika. Ich glaube, es wird sehr schön für mich. Nach Montevideo geht es, gegenüber von Buenos Aires, der Hauptstadt von Uruguay, an die Hindenburgschule... Alle Leute, denen ich davon erzählte, beneiden mich nach Strich und Faden und Herr G. wollte gleich mit mir tauschen. Du auch? Drei Stück behältst Du ja noch bei Dir, das muss erst mal genügen. Die paar Jahre (vier sind es bloß) gehen

bald hin. Wenn ich irgendwo in Ostpreußen säße, wäre es bald genauso. Und so brauche ich wenigstens nicht gegen die Polen, das ist auch ein Trost für Dich. Mir machte es ja nichts aus..."

Edgar hat sich für vier Jahre für den Schuldienst verpflichtet und freut sich als junger Mensch auf das bevorstehende Abenteuer. Die Kriegsgefahr ist angedeutet, wird mit Recht latent gefühlt. Von den „drei Stück", d.h. von seinen drei Geschwistern wird er nach seiner Rückkehr allerdings nur eins neben seiner Mutter lebendig antreffen: Elfriede bleibt ihnen als einzige erhalten. Mit ihr wird er stets zärtlich verbunden bleiben und sie mit Kommentaren bedenken, wie:

„Bedeutend besser war ein Ball des Argentinischen Clubs (in Montevideo), zu dem ich mich einladen ließ. So richtig etwas für Elfriedchen. Wie in einem Film, voll altmodischer Grandezza, viel Offiziere und blutjunge Kadetten in Uniformen wie vor dem Kriege, dazu elegante junge Mädchen, aufs prächtigste angemalt, von dreizehn Jahren aufwärts..."

Seine Schwester sieht er immer in Zusammenhang mit Pracht und Prunk. Mit dem Krieg aber ist immer noch der Erste Weltkrieg gemeint, denn das Schreiben stammt vom 29.8.1939. Ein paar Tage später ist das große Ereignis eingetreten und Edgar schreibt am 5.September 1939:

„Liebe Mutti,
wir sitzen im Kollegium zusammen und erfahren, dass der italienische Dampfer, der lange hier lag, heute ausfährt; da will jeder die Gelegenheit benutzen, um nach Hause zu schreiben. Mir besonders ist es noch gar nicht recht fassbar, dass ich hier sitze, gerade noch herübergekommen bin, und drüben der Krieg beginnt. Ich wüsste natürlich sehr gerne, wie es drüben geht; vielleicht bekommt Ihr auch mit italienischen Dampfern Nachricht nach hier herüber... Wir bekommen hier ja kaum richtige Nachrichten, nur vom Deutschen Kurzwellensender, aber der ist auch ziemlich dürftig. Was sonst verbreitet wird, sind haarsträubende Aufschneidereien und Gräuelnachrichten. Jedenfalls seid überzeugt, dass wir hier viel an Euch denken.
...In Braunschweig wird wohl für Luftangriffe keine Gefahr bestehen, so weit werden die Engländer nicht kommen. Beim Gedanken, dass Elfriedchen nun wirklich die Bomben begießen

muss, kann ich mir doch ein ganz kleines Grinsen nicht verkneifen. Wollen nur hoffen, dass alles nicht lange dauert. Aber fast bin ich überzeugt, dass man so schnell kein Ende findet. Vor unserer Küste haben die Engländer einen deutschen Frachtdampfer versenkt, die Mannschaft ist hier... "

Seine Schwester nimmt er immer wieder auf den Arm. Die Vorstellung, dass die verwöhnte, untätige Dame Hand anlegen werden muss, um ein durch Bomben entfachtes Feuer zu löschen, findet er trotz der widrigen Umstände doch zu köstlich, um das Bild einfach in seiner Phantasie ruhen zu lassen. Was den versenkten Dampfer im Meer vor Montevideo anbelangt, so wird es nicht bei diesem einen bleiben: Nur ein paar Monate später kommt es zum Zwischenfall mit dem deutschen Kreuzer „Graf Spee", wodurch das entfernte Uruguay unmittelbar zum zentralen Kriegsschauplatz wird. Dieses Ereignis wird mehrmals in Edgars Briefen Erwähnung finden. Mit Edgars Einschätzung der Länge des Krieges wird er leider Recht behalten. Er beschreibt auch gleich die Stimmung im Lande:

„*Montevideo, 8. Sept. 1939*
Liebe Mutti,
hier weiß man nie recht, was los ist und was wahr ist an den vielen Gerüchten. Immerhin beginnt eine spürbare deutsche Gegenpropaganda; wie weit sie Erfolg hat, müssen wir abwarten. Was hier verbreitet wird, sind die alten Lügen, Bombardierung Berlins, usw. Uns Deutsche hier berührt der Krieg noch kaum. Die Geschäfte, die auf Import angewiesen sind, werden sich kaum über Wasser halten können, und das wird sich durch Gehaltskürzungen auch bei uns zeigen, da wir ja von der Kolonie angestellt sind. Das ist aber nicht weiter gefährlich. Bloß das Reisen macht mir Sorge..."

Es zeigt sich in den folgenden Briefen, dass sich die Erteilung eines Visums für Argentinien sehr hinzieht, er es schließlich doch erhält, ebenso wie - problemlos - eins für Chile. Ihm ist natürlich bewusst, wie glimpflich er noch in letzter Minute der Gefahr entronnen ist. Am 3. Oktober 1939 meint er:

„*Wenn ich daran denke, wie alle Bekannte jetzt eingespannt werden, komme ich mir in meinem Paradies doch recht komisch vor."*

Damit hat er Recht, auch wenn er seiner Mutter vor seiner Abfahrt aus Deutschland noch geschrieben hatte, dass ihm der Kriegsdienst nichts ausmachen würde. Immerhin war sein Vater im Ersten Weltkrieg Bataillonsarzt gewesen. Sein Helm wurde von der Familie gebührend aufbewahrt.

Neben den Schilderungen der uruguayischen Gesellschaft und Landschaft, kehrt er immer wieder zu seinen neckenden Bemerkungen über Elfriede zurück. So am 5. Oktober 1939:

„Es hat sich in der kurzen Zeit wirklich vieles ereignet, und man steht unwillkürlich vor der Frage, was noch alles sich verändern wird, bis ich wiederkomme. Dass Du geheiratest hast, wird sich wohl nicht ereignet haben, vermute ich. Langweiliges Volk! Na, ich wasche meine Hände in Unschuld. Ihr müsst mal über Eure Pläne berichten und überhaupt, wie es Euch geht. Besser als ich kann jedenfalls kein Mensch leben..."

Hier äußert er Zweifel darüber, dass Elfriede noch einmal heiraten könnte, aber im Allgemeinen erwartet er das Gegenteil. Er hat sie so von Männern umschwärmt in Erinnerung, dass die Möglichkeit einer Vermählung durchaus immerzu bestanden hat. In der damaligen Zeit, im Kriegszustand und von einer Vierzigjährigen dies zu erwarten, zeugt von seiner hohen Einschätzung Elfriedes.

Der nächste Brief vom 18. Oktober 1939 beinhaltet ein vollkommen andersartiges Thema:

„Meine liebe Mutti,
heute schreibe ich eigentlich nur, weil mir ein schrecklicher Verdacht gekommen ist, nämlich dass Du die Anschrift Deiner Briefe nach hier in deutscher Schrift setzt. Die kann hierzulande und auch in Italien kein Mensch lesen, und vielleicht erhalte ich deswegen keine Post von Euch. Also schreibt nie deutsch!"

Ja, die Sütterlinschrift war nur in Deutschland bekannt und in anderen Ländern ein Hindernis für die Verständigung. Nicht einmal vom Zurückschicken an den Absender konnte die Rede sein!

Im selben Brief kommt es zu dem ersten Auftrag an Elfriede, ganz zaghaft nur, aber später wird sich herausstellen, dass Edgar seine ältere Schwester als Handlanger für seine Interessen in Deutschland einsetzen und richtig heranbilden wird.

„Seht auch zu, wenn neue Markenserien herauskommen, die nicht teurer verkauft werden; solche könnt Ihr aufkleben, wie früher nach München. Eine Aufgabe für Elfriedchen, sich darum zu kümmern. Aber nur, wenn kein Aufschlag dabei ist. Das ist die Sache sonst nicht wert."

Ob er später durch diese Marken hohe Gewinne erzielen konnte? Oder war es die Mühe, sprich Elfriedes Einsatz nicht wert? Im gleichen Schreiben dann eine Erläuterung zur Lage der deutschen Lehrer im Ausland:

„Habe ich eigentlich geschrieben, dass die Lehrer im Ausland auf keinen Fall ihren Posten verlassen dürfen und sich nicht für den Kriegsdienst melden dürfen? Das erfuhr ich erst hier draußen. Außerdem kämen wir auch gar nicht heraus, zwei Kollegen, deren Dienst Ende des Schuljahres abläuft, müssen auch hier bleiben. Die einzige Möglichkeit wäre mit italienischen Schiffen, aber es heißt, auch die nehmen keine Deutsche herüber."

Also war Edgar in Uruguay sozusagen eingesperrt, was ihn abgesehen von seinen Urlaubsabsichten nicht weiter störte, und ein taugliches Alibi für sein Fernbleiben von der Heimat ergab.

Am 16. November 1939 schreibt er dann nach eigenen Worten schon den Weihnachtsbrief, weil er schätzt, dass er so lange unterwegs sein wird. In den Ferien nach Brasilien zu reisen, lehnt er ab, da es aufgrund der Feindseligkeit den Deutschen gegenüber gefährlich werden könnte.

Der Briefverkehr muss einige Hürden überwinden:

„Montevideo, 12. Dezember 1939
Meine liebe Mutti,
Dein 2. und Elfriedchens 1. Brief mit den beachtlichen Marken sind vor einigen Tagen hier angekommen. Dass von mir seit so langer Zeit nichts bei Euch eingetroffen ist, wundert mich, denn ich hatte jeden Dampfer benutzt. Wahrscheinlich haben die Engländer die Post heruntergeholt, wir hörten davon. Ich versuche es also nun mit dem Luftwege. Die Schiffspost wollen wir bei der verschärften Blockade von nun an immer über Lonny in der Schweiz schicken.
Also, Kinder, erst mal auf jeden Fall herzliche Weihnachts- und Neujahrswünsche! Da sitzt Ihr nun im Winter und denkt an den fernen Sprössling in Südamerika, dem es so unverschämt gut geht. Winter kann ich mir gar nicht vorstellen.

Ich habe noch keine Einreiseerlaubnis nach Argentinien. Nach der neuesten Bestimmung muss die Einwanderungsbehörde in Buenos Aires selbst die Genehmigung erteilen. Man hat fürchterliche Scherereien mit der Beschaffung von Papieren usw.
Wenn ich morgens meine Brötchen dick mit Butter und Marmelade bestreiche, muss ich immer denken, wie gut es mir geht. Und Ihr mit der ewigen Verdunkelung? Da ist Elfriedchen also immer schön zu Hause?
Wenn der Krieg, wie es aussieht, noch lange dauert, werden wir uns sicher irgendwann wiedersehen. Ein seltsamer Krieg ist es diesmal. Wer weiß, wie viele Staaten noch hineinverflochten werden.
Wie dies Deutschland ferngerückt ist, man sollte es nicht glauben. Aber ich vermisse es kaum. Diese Woche wird „Heimat" hier gegeben, alles war begeistert, ich wollte aber nicht zum zweiten Mal hingehen. Sonst gibt es kaum je deutsche Filme, da ein Jude die hiesigen Kinos beherrscht. "

Wie ein Visionär erkennt Edgar, dass der Krieg nicht nur lange dauern, sondern auch viele Staaten einspannen wird. Im Vergleich zu einem Antoine de Saint-Exupéry, der von New York aus mit aller Gewalt versucht, trotz seines Alters doch noch als Flieger in der französischen Armee für die Verteidigung seines Vaterlandes eingesetzt zu werden, sprudelt Edgar nicht über in patriotischen Gefühlen für sein Land. Aber auch ein Nazi ist er nicht.

Einen gewissen Kulturaustausch gibt es in dieser aufgewühlten Zeit dennoch, da Leni Riefenstahls berühmter Film „*Heimat*" auch bis nach Montevideo vorgedrungen ist. Aber Elfriede, die ewige Gesellschaftsdame, wird jetzt in ihrer Heimat Deutschland leiden müssen unter den strengen Spielregeln des Krieges. Ihr Hunger nach Vergnügungen wird kaum gesättigt werden.

Dass die Post geöffnet wird, ist Edgar vollkommen klar. Er nimmt sich aber kein Blatt vor dem Mund und erwähnt offen die unlauteren Usanzen:

„Eine Menge Briefe von Euch fand ich vor, wenn auch nicht alle angekündigten, aber bis die sich durch die verschiedenen Zensuren durchwürgen, braucht es ja seine Zeit."

Oder ein anderes Mal:
„ Und die verschiedenen Schiffsbriefe werdet Ihr vielleicht später einmal erhalten, wenn die Engländer sie sich genau angeguckt haben. Das war im Weltkrieg auch so. Die Weihnachtspost des italienischen Dampfers „Neptunia" räumten die Franzosen in Marseille aus."

Viele seiner Briefe tragen achtstellige mit Bleistift geschriebene Zahlenserien, die offensichtlich von der Zensur stammen!

Mit „Weltkrieg" meint er den Ersten, noch ohne zu wissen, dass sich der gegenwärtige zum Zweiten entwickeln wird, obwohl er selber die Verstrickung mehrerer Staaten schon vorausgesehen hat. Nach Meinung vieler Leute sollte sich dieser Krieg eher zu einem weltweiten Wirtschafts- als zu einem europäischen Territorialkrieg entwickeln. Dies zu beweisen schienen die Seeangriffe, die bereits am 3. September mit der Zerstörung des englischen Dampfers „Athenia" einsetzten. Somit ist es nicht verwunderlich, dass sich der Krieg auch vor die Küste Uruguays verlagerte: Der von den Engländern angeschossene deutsche Panzerkreuzer „Admiral Graf Spee" hat zwecks Reparatur im Hafen Montevideos Zuflucht gesucht. Dieses Schiff war genauso wie die „Deutschland", die ihrerseits im nördlichen Atlantik unterwegs war, ein 10.000 Tonner, bestückt mit 28-cm-Geschützen, d.h. ernst zu nehmende Gefahrenquellen für den Feind, vor allem für die Engländer, die ihre über den ganzen Globus verstreuten 2.500 Handelsschiffe schützen mussten.

Acht Marinedivisionen, zu denen Schlachtschiffe, Kreuzer und Flugzeugträger zählten, stellten die Alliierten gegen die "Graf Spee" auf, die aber erst am 13. Dezember von den Engländern im Südatlantik gesichtet wurde. Obwohl Kapitän Langsdorff den Befehl erhalten hatte, keine Kriegsschiffe anzugreifen, tat er es doch, weil ein Fluchtversuch gescheitert wäre. Langsdorff war zwar auf die sehr schwache Formation der drei Kreuzer *Achilles*, *Ajax* und *Exeter* gestoßen, dennoch musste er mit seinem mehrmals getroffenen Schiff aus der Schlacht fliehen. Er nahm Kurs auf Montevideo, wo er die Verwundeten in ein Krankenhaus einweisen und die Beschädigungen am Kreuzer beheben ließ. Die uruguayischen Behörden gewährten ihm aber nur einen Aufenthalt von 72 Stunden, so wie es die internationalen Bestimmungen für ein neutrales Land vorschrieben. Die ganze Welt verfolgte diese drei Tage fieberhaft! Sie reichten aber bei weitem nicht aus, um die vielen Einschüsse, sowohl im Schiffsrumpf wie in den Kombüsen, zu reparieren. Somit entschied sich der Kapitän, den der wütende Hitler des Verrats bezichtigte, für eine heldenhafte Lösung, in der, im Gegensatz zu Hitlers Befehl, kein Blut vergossen wurde: Er lief mit dem Schiff aus und schoss es vor den Augen der Uruguayer und der auf ihn auf der Lauer liegenden Engländer in die Luft. Es versank langsam im seichten braunen Wasser des Rio de La Plata, in dem das Wrack auch heute noch manchmal erkennbar ist. Ein Großteil der Mannschaft war aber an Land geblieben und Langsdorff selber verließ sein Schiff als letzter. Am folgenden Tag erschoss sich dieser vorbildliche Kapitän, der für seine Schonung des Feindes und seine ehrenvolle Haltung gegenüber dem Gegner auch von diesem geachtet und geschätzt wurde! Der abergläubische Hitler aber ließ in seinem Entsetzen die „Deutschland" in „Lützow" umbenennen, damit man ja nie „Deutschland untergehen" sehe!

Edgar erlebte diese historischen Stunden und schrieb am 25. Dezember 1939:

„Noch vorher (vor dem Besuch eines miserablen Stierkampfes) hatte ich unsere Verwundeten vom "Graf Spee" besucht, die von der ganzen Kolonie und besonders von den Mädchen verhätschelt werden. Sie liegen zu über dreißig in einem großen Raum, sind alle sehr munter und guter Dinge. Abends bekamen sie beschert. Es sind sehr ordentliche Kerls·, Lebensgefahr besteht für keinen mehr. Seit vier Monaten waren sie nicht mehr an Land, da kann man sich denken, dass ihnen das Leben so ordentlichen Spaß macht. Allerdings die Tage vorher waren anders. Für uns alle ein eigentümliches Gefühl, dass Montevideo so plötzlich in den Mittelpunkt des Weltinteresses geriet. Die ersten beiden Tage, als das Schiff einlief, hatten wir gerade Schlussprüfung. Unmittelbar vom Examen aus fuhren wir dann mit den Mädels der Abschlussklasse im Omnibus zum Begräbnis. Sehr viele Menschen waren da, und gerade die Uruguayer konnten sich

gar nicht genug tun in Bewunderung und Mitleid, denn sie dachten natürlich, dass alle jungen Kerls in ein paar Tagen das Schicksal ihrer gefallenen Kameraden erleiden würden. Die Matrosen waren selbst ergriffen, als die Uruguayer immer wieder schrien und zuletzt sogar unsere Hymne sangen. Uns Deutschen war nicht gerade wohl zu Mute, denn große Aussicht schien nicht mehr zu bestehen. So herrschte in der Stadt große Spannung, als der Rundfunk das Auslaufen des Schiffes bekanntgab. Wir stiegen auf das Dach eines Hochhauses und konnten von da genau die vielen Schiffe sehen, die die Bucht umstellt hielten. Und plötzlich sahen wir es dann auf dem Spee aufblitzen, eine zweite Detonation erfolgte, und mit der dritten schoss dann eine ungeheure Rauchwolke Hunderte von Metern in die Luft. Ein furchtbares Feuerwerk. Wir sagten uns gleich, dass es so das Beste war, aber ein Jammer war es doch. Am ersten Tage waren wir gleich hinausgefahren, als das Schiff eingelaufen war, und hatten es umkreist. Die Einschüsse sahen nicht gefährlich aus, aber innen schien der Schaden wohl größer zu sein. Die Leute hatten jedenfalls bis zuletzt die größte Zuversicht, und ihren Kapitän verehrten sie außerordentlich. Hauptsache, dass wir England den Verlust heimzahlen. Jetzt ist das Schiff draußen immer noch zu sehen, es ist völlig ganz geblieben und hat noch tagelang geraucht. Wer hätte gedacht, dass wir den Krieg so dicht in die Nähe bekommen würden!"*

Bei den Verwundeten und Toten handelt es sich zweifelsohne um während des englischen Angriffs getroffene. Edgar wird die in Montevideo zurückgebliebene Mannschaft noch in anderen Briefen erwähnen. Aber die Stadt wird nie wieder Kriegsschauplatz werden!

Zum Beispiel am 27.3.1940 schreibt Edgar:

„Und morgen ist Tanzabend im Klub mit den Spee-Leuten. Da werden alle heiratslüsternen Mädchen gerannt kommen, hoffentlich kriegen sie alle einen ab, damit wir sie loswerden."

Nicht gerade eine Liebeserklärung an die weibliche Jugend der deutschen Kolonie in Uruguay. Stattdessen macht er sich Sorgen um sein Schwesterchen:

„Arbeite schön in Deinem Laden! Und mach Dir nicht die zarten Händlein kaputt!!"

Elfriede leistet inzwischen ihren Anteil am Krieg, indem sie als einfache Arbeiterin bei der Firma Büssing in Braunschweig angestellt ist. Ihr Bruder kann es sich nicht verbeißen, sie auf den Arm zu nehmen.

Am 27. Mai 1940 bricht Edgar in Bewunderung für die Heimat aus:

„So viel ist inzwischen geschehen, dass man gar nicht zurückdenken kann. Wir hier können bloß staunen über die Leistungen drüben. Wenn wir zurückkommen, hat sich ja alles verändert, und zwar ohne uns. Was ich von hier zu berichten habe, ist natürlich kümmerlich im Vergleich zu dem, was Ihr jetzt erlebt. ... Einen Tag weiter, Belgien streckt die Waffen, das ist wieder eine Neuigkeit. Die Zeitungen bringen Überschriften mit über 10 cm langen Buchstaben. So ein Format wie die Braunschweiger Landestante gibt es hier ja nicht. Die Kollegen, deren Vertrag Ende dieses Jahres abläuft, schöpfen wieder Hoffnung, vielleicht ist der Krieg dann zu Ende und sie können nach Haus."

Auch am 7. Juli 1940 herrscht die gleiche Stimmung:

„Man liest hier ziemlich viel von englischen Luftangriffen, ob sie wohl über Braunschweig auch gewesen sind? Wir hier können uns ja nur mitfreuen und stolz sein über die unglaublichen Leistungen drüben; alles wartet nun auf die Offensive gegen England. Gestern sah ich in der Wochenschau Bilder von Flandern und Narwik, die Engländer auf ihrem Rückzuge sahen furchtbar aus. Schade, dass keine deutsche Wochenschau herkommt. Aber die Bilder von der Gegenseite sind auch ganz eindrucksvoll. Es ist nun gleich ein Jahr her, dass ich hierher fuhr. Ist es nicht rasend schnell vergangen? "

Dann mal wieder schäkert er mit seiner Schwester:

„ 9. Juli 1940
Liebes Elfriedchen, die Welt ist eine unsichere Kiste, ich will Dir man gleich jetzt zu Deinem Geburtstag gratulieren, dann komme ich vielleicht gerade zurecht (zum 20. August!). All nachgerade wirst Du ja sträflich alt, das geht aber wohl jedem so, wir wollen darüber hinwegsehen. Jedenfalls wünsche ich Dir herzlich Glück und Segen, mögest Du von Tag zu Tage noch vernünftiger werden! Äußerlich schienst Du in Deinem letzten Luftbrief ja ganz zufrieden zu sein, aber wer weiß, was Du in Deinem Döskopp des Öfteren für

Gedanken wälzt. Bestehen denn gar keine Heiratsaussichten? Keine neuen Beziehungen angebahnt? Mal los! Ich rechne drauf, in Hamburg gleich im Auto eines Schwagers abgeholt zu werden! Was mich betrifft, ich werde wohl nicht mit einer Braut in der alten Heimat wieder auftauchen, die Deutschen sind zu stieselig und die Kreolinnen fallen einem bald auf die Nerven. Sag mal, wie ist das mit der Kleiderkarte? Du musst ja schon als alte Vogelscheuche herumlaufen? Mit gestopften Strümpfen usw. Na, lange wird der Krieg nicht mehr dauern. Wir sind alle in großer Spannung."

In drei Dingen irrt er kolossal: Elfriede wird nicht mehr heiraten, er selber hingegen eine Kreolin ehelichen, und der Krieg noch lange andauern. Dass Kleidung Elfriedes Ein und Alles ist und die Kleiderkarte eine enorme Einschränkung in ihre Lebensweise bringt, ist ihm vollkommen klar.

Am 10. September 1940 sieht er die Lage in Deutschland schon ein wenig anders:

„Bei den Nachrichten von Bombardements wird einem ja schwül zumute, passt nur ordentlich auf, dass man aus Versehen nicht mal was auf unseren Palast wirft. Habt Ihr viel Alarm? Seit Sonntag sind nun die Angriffe auf London im Gange, es muss ja grausig dabei zugehen.
Es fahren nur noch spanische Dampfer, und auch die selten, es kommt nichts an.
Schrieb ich Euch, dass die Partei hier sich aufgelöst hat? Keine Beiträge, keine Versammlungen mehr. Eine Zeitlang sah unsere Lage hier ziemlich gespannt aus, die Einheimischen glauben ja alles, was ihnen die Engländer vorlügen von 5. Kolonne usw. Jetzt aber haben sie sich längst beruhigt."

Bedeutet diese Bemerkung über die Auflösung der Partei, dass Edgar doch ein Nazi geworden war? Er spricht es nicht direkt aus, aber annehmen könnte man es. Die nationalsozialistische Partei war in Montevideo 1931 durch einen Botschaftsangehörigen gegründet worden.

Neben seinen Befürchtungen um das Ergehen seiner Angehörigen, immer wieder Schäkereien mit der Schwester:

„ 1. Oktober 1940
Liebe Mutti, liebe Elfriede,

Elfriedes verfluchte Idee, aus dem fahrenden Omnibus auszusteigen, ist ja wieder ganz echt. Es fehlt bloß noch, dass sie aus Versehen in die Oker geht und denkt, es sei die Badewanne. Diesmal scheint der Denkzettel recht tüchtig zu sein. Hoffentlich stellen sich nicht bleibende Schäden heraus. Auf jeden Fall gute Besserung und auf ein Neues!
Ihr seid ja auch so vorsichtig, ich weiß immer noch nicht, ob Braunschweig viel bombardiert wird, ob überhaupt, was für Schäden zu verzeichnen sind usw. Andere schreiben doch davon, warum Ihr nicht? Es ist doch kein Geheimnis. Ich sehe immer in den Zeitungen nach, ob B. erwähnt wird, aber es heißt immer nur „einige Städte in Nordwestdeutschland". Hannover steht öfter drin. Also äußert Euch! Das Bündnis mit Japan ist ja wieder ein großer Erfolg. Aber ob der Krieg noch dieses Jahr zu Ende geht?"

Seine Frage ist natürlich eine Illusion.

Am 20. Oktober 1940 wieder eine Erwähnung der Speeleute:

„Bald ist das Schuljahr nun zu Ende, man denkt schon stark an die Abschlussprüfung, an der ich ja auch beteiligt bin, und außerdem das große Schulfest, das zwecks Herbeischaffung von Geldern trotz des Krieges stattfindet, als ein großer Bazar; alles bastelt, auch die Speeleute machen sehr schöne Sachen. Die Verwundeten sind fast alle gesund, sie leben in einem großen Hause mit Garten, das sie sich selbst eingerichtet haben. Wir von der Schule waren neulich zu einem Bierabend alle draußen. Die Stimmung gegen uns ist ganz stark. Dass die Partei sich schon lange aufgelöst hat, schrieb ich wohl."

Die Speeleute sind in die Gesellschaft aufgenommen worden, genauso wie jene, die nach Argentinien gingen, dort eine neue Heimat gefunden haben.

Am 11. November 1940, wo die Sommerferien nahe rücken, Unzufriedenheit über die eigene Unfreiheit:

„Die Ferien werden allerdings kümmerlich werden, denn Reisen ist nicht erlaubt, wir dürfen das Land nicht verlassen, damit wir nicht unterwegs als Spione oder ausgerissene Speeoffiziere - die sind schon alle weg, einige bei Narvik gefallen - verhaftet werden. Unsere Laune könnt Ihr Euch vorstellen. Aber wir haben Krieg, und da können wir ja auch etwas aufstecken, wo es uns

sonst so unverschämt gut geht. Die Kollegen, deren Kontrakt dies Jahr abläuft, können ja nicht nach Hause, das ist noch schlimmer. Ostern 1942 wird es noch schöner, da läuft bei allen Reichsdeutschen der Vertrag ab mit Ausnahme vom Direktor und mir! Da müssen natürlich wieder einige dableiben, auch wenn der Krieg zu Ende ist, was wir ja hoffen wollen."

Alle Speeleute haben das Land offensichtlich noch nicht verlassen:

„Montevideo, 4. Dezember 1940
*In der Schule selbst haben wir einige bildhübsche Kinder, aber die älteren Jahrgänge sind mehr als kümmerlich, eine richtige Katastrophe. Selbst die Speeleute gehen nur ganz behutsam dran, sie hüten sich gewaltig vor Verlobungen. Zuerst hatte die Kolonie, wenigstens die boshaften Jünglinge, förmlich aufgeatmet, dass nun doch sicher einige ältliche Mädchen abgehen würden; aber nichts zu machen. Allein das liebe Geld genügt eben doch nicht. Das ist ja bei vielen da, und trotzdem beißt keiner an. Also bleibt die Hoffnung auf die nächstfolgende Generation, für uns Lehrerseelen ist da freilich auch wenig zu machen.
Verwegene Gemüter denken immer wieder an die Heimfahrt über Japan und Russland. Die japanischen Dampfer sind wahnsinnig billig, und durch Sibirien ist der Zug auch erschwinglich. Das sind hübsche Pläne, was? Aber diesmal heißt es Geduld und weiter nichts."*

Meint er mit „boshaften Jünglingen" nicht wohl sich selber? Wahrscheinlich schon.

Bei den Plänen bezüglich der Heimfahrt denkt er hingegen bestimmt nicht selber daran. Er zieht es bestimmt vor, weiterhin im sicheren, ruhigen Südamerika zu bleiben.

Am 6. April 1941 gemischte Stimmung bezüglich des Krieges:

„Seit heute marschieren die deutschen Truppen im Balkan ein, hoffentlich ist der Krieg im Balkan dann zu Ende, wenn Ihr diesen Brief bekommt. Uns hier wird etwas ungemütlich zu Mute, denn Nordamerika scheint doch Ernst machen zu wollen. Auch in Montevideo hat man die italienischen Schiffe beschlagnahmt, davon werdet Ihr drüben gehört haben. Aber deswegen verlieren wir die Gemütsruhe nicht.

Elfriedes krampfhafte Arm- und Beinverbiegungen kann man allmählich nur noch mit Kopfschütteln zur Kenntnis nehmen, sie soll sich doch zum Fakir ausbilden lassen. Wenn ich sie mal wiedersehen sollte, wird ihr wahrscheinlich das Gesicht hinten sitzen. Man immer zu! Großen Spaß hatte ich, als neulich Nitsches Antiquariatskatalog 24 bei mir landete. Elfriede könnte mal hingehen und Nr.25c für 8 M ansehen; wenn die Bilder etwas taugen, kann sie es für mich kaufen. Auch 25f für 12,50."

Siehe da, nach dem Auftrag mit den Briefmarken, nun von Bildern. Ihre Wehwehchen sind vergessen, in der Zwischenzeit bis zur Ankunft des Briefes vielleicht auch schon ausgeheilt, und jetzt wird ein neuer Test gestartet.

Am 11. Mai 1941 wieder Enttäuschung über den Kriegsverlauf:

„Inzwischen ist wieder vieles geschehen, der Krieg aber zieht sich weiter in die Länge, wie es aussieht. Gerade heute liest man von der Bombardierung Mannheims, das ging ja nicht weit von Karlsruhe ab (wo sein Bruder Gerold mit Familie wohnt). Wir haben jetzt wenigstens ein deutsches Kino, seit Mitte April, das Wochenschauen und Spielfilme bringt. Eingeweiht wurde es mit der „Rauschenden Ballnacht", dem Tschaikowskyfilm. Die allerneuesten Sachen bekommen wir nicht gerade zu sehen. Mir war es ein bisschen sehr sentimental. Dann war ich in dem Trenkerfilm „Der Kaiser von Kalifornien", auch uralt, aber besser als gar nichts. Wichtiger sind ja die Wochenschauen. Es gibt immer zwei oder drei, eine neue und eine vom vergangenen Kriegsjahr. Sie geben natürlich ein ganz anderes Bild als die amerikanischen."

Aus diesem Kommentar könnte man entnehmen, dass er den deutschen Berichten mehr Wahrheitstreue zubilligt als den amerikanischen, was wohl kaum den Tatsachen entsprach. Er lebt, obwohl in der Ferne, doch in Verblendung und Verherrlichung der deutschen Kriegsleistungen.

Am 14. Juni 1941 über die Lage in Montevideo:

„Morgen gibt es nach einer mehrwöchigen Pause wieder deutsche Filme, und zwar morgens, „Seine Tochter ist der Peter". Wird auch uralt sein. Demnächst kommt der „Sieg im Westen", darauf ist natürlich alles gespannt.

Montevideo war neulich in großer Aufregung, es ist nämlich eine faschistische Zeitung erschienen, ausgerechnet „Freiheit" ist sie getauft und legt gewaltig für uns los. Das war natürlich ein Signal für die demokratischen Studenten und Schüler, Krach zu schlagen. Das Zeitungsgebäude war ständig umlagert, deutschen Geschäften wurden die Fenster eingeworfen, die Schule war mit Teer beschmiert. Es war die beste Reklame. Die Feuerwehr spritzte schließlich Wasser. Das half. Aber einen Tag lang gab es doch noch allgemeinen Schulstreik. Das ist die hiesige heranwachsende Jugend! Sie beherrscht die öffentliche Meinung. Aber die Zeitung macht glänzende Geschäfte."

Edgar scheint sich über das Erscheinen dieser faschistischen Zeitung zu freuen, die er wohl eifrig gelesen hat. Man kann ihm zu Gute halten, dass er, fern der Heimat, nicht von den Gräueltaten der Nationalsozialisten erfahren hat.

Er fühlt sich auch am 7. Juli 1941 mit Deutschland verbunden:

„Das war hier vielleicht ein Gestaune, als der Kriegsausbruch gegen Russland bekanntgegeben wurde. Ich erfuhr es am Sonntagmorgen um 7 Uhr vor dem Gefängnis. Da gehen wir jetzt alle vier Wochen hin. Die armen Kerle sitzen schon seit vorigem September und werden wohl bis Kriegende drinbleiben, ohne verurteilt zu werden. Wir waren natürlich alle sehr froh und zufrieden, dass es gegen Russland geht, denn der Vertrag war doch immer unheimlich. Aber die Hiesigen können es natürlich nicht fassen, dass wir schon wieder einen neuen Krieg beginnen. Früher war alles gegen Russland, jetzt bedauern sie es alle sehr und veranstalten große Versammlungen gegen die Nazis. In der vorigen Woche gab es überhaupt eine ganz große Aufregung. In einer Provinzstadt hatte es Krawall zwischen Italienern und Einheimischen gegeben, und die Italiener hatten geschossen und mehrere verwundet, einen getötet. Da ging aber der Skandal gegen die Nazis und Faschisten los, obwohl kein Deutscher dabei gewesen war. Die Studenten und Schüler machten sofort Schulstreik, um die Regierung zu scharfen Maßnahmen zu zwingen, und andauernd gab es Protestversammlungen. Auch einige Scheiben wurden eingeworfen. Was taten die Schulbehörden? Die Studenten hatten den Streik auf unbestimmte Zeit verkündet, so

verlegte die Behörde nun einfach die Ferien drei Tage vor, anstatt Streik hieß es auf einmal Ferien. Das nennt man Gemütlichkeit! Wir sind nun neugierig, ob sich die Gemüter bis Schulanfang am 21.7. wieder beruhigt haben.
Den „Sieg im Westen" haben wir nun gesehen, es ist ein dummes Gefühl, wie man die Deutschen da losbrausen sieht und man selbst ist nicht dabei. Wenn wir wieder drüben sind, nimmt man uns ja auch sicherlich nicht für voll. Na, wir können nichts dafür. Jetzt ist ja auch mit Sibirien der letzte Weg versperrt, in die Heimat zu gelangen. Auch Zeitschriften und Drucksachen, die uns noch immer erreichen, werden nun nicht mehr kommen, bloß noch die Frankfurter mit Luftpost."

Edgar hätte normalerweise recht mit seiner Einschätzung der Beurteilung der deutschen Bevölkerung über seine inaktive Verhaltensweise während der Kriegsjahre: Er wäre der Feigheit, vielleicht sogar des Verrats, des Egoismus und Schmarotzertums bezichtigt. Er geht vom Sieg des deutschen Heeres aus. Er denkt, er steht auf der richtigen Seite, und das tut er auf unverhoffte Weise, denn durch seine Untätigkeit hat er sich nicht für die später verurteilten Nazis eingesetzt. Ironie des Schicksals, das hier auf seiner Seite steht.

Auch am 4. August 1941 ist seine Begeisterung ungebrochen:

„Im deutschen Kino sah ich den Feldzug in Griechenland und Kreta, großartig. Demnächst kommt der Film von Robert Koch, auf den sind wir schon alle gespannt.
Und die detsche Elfriede kann man ja schon lange nicht mehr ernst nehmen. Was hat sie denn nun wieder mit ihren Händen angefangen? Ist ja scheußlich!"

Zwischendurch immer wieder die liebevollen Hiebe auf Elfriede. So auch im folgenden Geburtstagsbrief:

„Für Elfriede, das Geburtstagskind!
Hochwertiges Elfriedchen, schon wieder ist so ein lästiger Geburtstag herangekommen zum Zeichen, dass man älter geworden ist; ich gratuliere keineswegs dazu. Bald wirst Du ein Methusalem an Jahren sein, es ist auch nötig, dass Du Dich gut konservierst, damit Du mich noch einmal wiedersiehst. Denn so wie der Krieg jetzt aussieht, könnte es mir ja auch noch so gehen

wie im Augenblick schon allen Kollegen, nämlich dass ich noch ein bisschen länger hier bleiben muss als vorgesehen. Doch dies nur ganz nebenbei, bis dahin ist auf jeden Fall viel Wasser den Berg heruntergelaufen, und wir müssen ohne einander auskommen. Welch ein Jammer! Schon allein die Historie und Genese Deiner verschiedenen Krankheiten aus der Nähe mit anzusehen, müsste ein Genuss seltenster Art sein. Aber Du wirst ja nicht alle durchprobiert haben, bevor ich zurückkehre, einige wirst Du aufheben, damit ich auch noch etwas habe. Auf diese Weise werden sie Dich niemals in die Fabrik stecken können, was Dir doch gut bekommen würde. Ein Rätsel ist mir ja, wer Dich im Augenblick sorglich pflegt; dass der Franz so schnöde in die Alltäglichkeit des Daseins hinuntergeheiratet hat, muss mir bei diesem so vielversprechend, ideal angelegten Jüngling stets unbegreiflich bleiben. Und in Norwegen schützt er das Deutsche Reich? Was hast Du nicht alles versäumt! Anneten grüße bei dem freudigen Ereignis, das bald eintreffen wird, mit verständnisvollem Lächeln von mir! Dasselbe tue ich Dir gegenüber! Meine besten Wünsche geleiten Dich auch auf einem ferneren Lebenswege! Dein Edgar"

Aus Elfriedes Beziehung zu Franz, dessen Namen Edgar schon in Vorkriegsbriefen erwähnt hatte, ist auch nichts Engeres als Freundschaft entstanden. Trotz ihrer Wehwehchen wird Elfriede dennoch als Fabrikarbeiterin tätig sein.

Dann macht Edgar Bestellungen, die auf vollkommenes Unverständnis der Lage im Kriegsalltag schließen lassen:

„Montevideo, 31. August 1941
Liebe Mutti, nun ist der Geburtstag wieder vorbei, und Eure Wünsche sind diesmal rechtzeitig eingetroffen, oder vielmehr viel zu früh, denn die Verbindung ist besser geworden, da die Italiener seit einiger Zeit direkt nach Buenos Aires fliegen anstatt wie früher nach Rio de Janeiro. Ihr braucht übrigens nicht Condor-Lati auf Eure Briefe zu schreiben, besser ist: über Rom. Alles andere versteht sich von selbst. Nur von hier aus besteht ja die Möglichkeit, dass auch andere Fluggesellschaften die Post transportieren könnten. Vor allen Dingen habt herzlichen Dank für alle Eure Wünsche! Na, mir geht es hier sowieso gut genug, da braucht es der Wünsche gar nicht so sehr. Ihr habt sie offensichtlich nötiger.

Ich habe auch einen Auftrag für Elfriede: Sie kann sich mal gelegentlich erkundigen, was ein großer Schrankkoffer kostet, der einem bis an die Brust reicht, wenn er steht, und aus echter Vulkanfiber besteht: Die ist nämlich doch am leichtesten und haltbarsten.
Läuft Elfriedchen denn auch auf Holzsohlen herum? Wie geht es der denn überhaupt? Was hat sie sich neuerdings kaputtgefallen? Nach Salzburg ist sie doch sicher nicht gefahren, so wie ich sie kenne."

Auf der einen Seite scheint er Verständnis für die Not in der kriegerischen Heimat zu haben, andrerseits belästigt er seine Angehörigen mit einer absurden Bestellung, die überhaupt nicht in die Lage der Verwandten zu passen scheint. Wo er doch die Information erhalten hat, dass es inzwischen weder Leder noch Gummi für die Besohlung der Schuhe in Deutschland gibt! Er lebt halt doch in einer anderen Welt!

Seine Anspielung auf Elfriedes Fahrt nach Salzburg bezieht sich auf ihr vermeintliches Treffen mit dem Musikredakteur H. K., zu dem es tatsächlich nicht kommen sollte. In wieweit Edgar über den Hintergrund dieser Eskapade informiert war, bleibt unklar. Am 5. Oktober 1941 ein Kinoerlebnis:

„Der Robert Koch Film wird jetzt hier gezeigt, er ist ja ausgezeichnet, für den hiesigen Geschmack allerdings vielleicht ein bisschen langgezogen. Das deutsche Gemüt und die Gemütlichkeit passen eben nicht ins Klima. Auch Raabe zu lesen ist hier z. B. sehr schwer.
Wer weiß übrigens, wie lange wir uns noch schreiben können. Die USA wollen nämlich der italienischen Fluggesellschaft das Benzin sperren. Damit säßen wir dann ganz auf dem Trockenen. Es wird aber nichts daraus werden. Also lasst es Euch gut gehen, wachset, blühet und gedeihet! Und vor allen Dingen bleibt gesund!"

Es klingt ein wenig makaber, wenn er seiner Mutter und seiner 42-jährigen Schwester rät zu wachsen und zu gedeihen. In ihrem Alter werden sie dies kaum schaffen und im Krieg umwitterten Deutschland wird es auch nicht machbar sein. Vielleicht möchte er sie nur aufmuntern und aufheitern mit gelegentlich eingestreuten Witzen.

Dass er es schwer empfindet, den Braunschweiger Autor Wilhelm Raabe im zwar gemäßigten Klima Uruguays zu lesen, ist verständlich, denn er erfreut sich auch in Deutschland nicht wahnsinniger Beliebtheit.

Am 9. November 1941 geht es dann wieder um Elfriede:
„*Meine liebe Mutti,*
also Besonderes ist nicht los bei mir. Bei Euch augenscheinlich auch nicht. Denn was Du von Elfriede schreibst, kann man ja nicht als große Neuigkeit bezeichnen. Das sind doch die täglichen kleinen Unglücksfälle, darüber wundere ich mich persönlich gar nicht. Was hat sich denn jetzt wieder ereignet? Ist sie aus dem Bett gefallen und hat sich ein Bein gebrochen, oder hat sie sich den Kopf am Nachttisch eingestoßen mit anschließender Gehirnentzündung? Jedenfalls, ich wünsche ihr gute Besserung, damit sie bald wieder etwas Neues erleben kann. Inzwischen wird sie ja wohl aus dem Krankenhaus entlassen sein? Wird die Sache denn richtig heil werden? Oder muss sie als halb gelähmte Vogelscheuche herumlaufen? Aber im Ernst gesprochen, ich glaube, das dumme Frauenzimmer muss sich mal ernstlich zusammennehmen und besser aufpassen. Denn natürlich hat sie selbst Schuld mit ihrer ewigen Döserei. Es scheint doch, dass ich ihr sehr fehle, so ein saftiger Anschnauzer würde sicherlich Wunder tun. Wenigstens hast Du nun wieder wen, auf den Du aufpassen kannst. Das muss doch angenehm sein, nicht wahr?
Dem Trampeltier Elfriede nochmals gute Besserung!"

Dies ist Edgars Art und Weise, seine Liebe für seine Schwester zum Ausdruck zu bringen. Er schimpft zwar, ist aber ernsthaft in Sorge um sie. Obwohl er um 14 Jahre jünger ist, spielt er sich als ihr Erzieher auf! Erstaunlich ist, dass man in der sonstigen Korrespondenz Elfriedes mit ihren Bewunderern oder auch mit ihrem geschiedenen Ehemann Hansemann praktisch nichts von ihren Unfällen oder Krankheiten erfährt. Weiß nur Edgar diese Intimitäten oder übertreibt er selber in seiner erwartungsvollen Haltung?

Am 2. Dezember 1941 tritt wieder seine geschwisterliche Liebe zum Vorschein:
„*Meine Hauptsorge ist ja bloß das reizende Elfriedchen, dass sie sich nicht im Tran mal den Hals abdreht. Solange das*

noch nicht geschehen ist, feiert nur tüchtig, wie es in Euren Kräften steht!
Hoffentlich ist bei Euch alles in Ordnung, und auch Elfriede sieht wieder menschenähnlich aus. Die Schwächezustände werden doch wohl wieder geschwunden sein. Also alles Gute zu Weihnachten und zum Neuen Jahr!"

Voll Rührung muss Elfriede all diese Briefe gelesen haben, in denen sich so klar Edgars Sorge um ihren gesundheitlichen Zustand widerspiegelt. Immerhin ist sie es gewesen, die seine Briefe über Jahrzehnte hinweg sammelte und aufbewahrte. Wie oft hat sie sie wohl. an einsamen, trüben Tagen gelesen?

Die stolzen Töne über deutsche Heeresleistungen verklingen langsam, und die Verbindung verschlechtert sich. So schreibt Edgar am 16. Februar 1942:

"Nach Europa Post zu schaffen, ist jetzt sehr schwierig geworden, seitdem die direkte Luftpostverbindung aufgehört hat. Man kann es nur noch über New York versuchen. Die spanischen Dampfer, die noch als einzige mit Europa verkehren, nehmen überhaupt keine Post mit, weil die Revision sie zu lange aufhalten würde, und über Nordamerika ist die Verbindung sehr zeitraubend, weil viel weniger Schiffe fahren."

Der Postverkehr wird offensichtlich mühsamer, denn der nächste erhaltene Brief stammt vom 5. Juni 1942!

"Es kommen schon noch vereinzelt Briefe hier an, oder vielmehr in Argentinien. Ich erfuhr erst neulich, dass die deutsche Post keine Briefe nach Uruguay mehr annimmt, aber über die Schweiz würde es doch immer gehen.
Inzwischen habt Ihr ja einiges von unserem Ländchen hier gehört. Auf unser privates Leben hat der Abbruch der Beziehungen keinen Einfluss. Auch die Schule läuft weiter. Als Ihr von dem Austausch der Diplomaten last, dachtet Ihr sicherlich, ich könne mit dabei sein Aber wir sind alle dageblieben. An meine Rückkehr, darüber seid Ihr Euch wohl klar, ist so bald kaum zu denken.
Am wichtigsten ist beim Radio natürlich der Deutschlandempfang, ich höre täglich von 7-8 Uhr Abend Deutschlandecho und Nachrichten vom Kurzwellensender. Neulich hörten wir sehr gut die Grüße der Landsleute aus Uruguay, die drüben angekommen sind. Ihr auch? Es ist doch etwas Erstaunliches, so die Leute

sprechen zu hören, mit denen man sich vor nicht langer Zeit noch hier unterhalten hat. Anders als im Weltkrieg! Und auch wir können die Verbindung aufrechterhalten. Telegraphieren zwar ist unmöglich, aber Luftpost geht noch, und zwar über Afrika, nicht über New York. Also versucht es!"

Noch immer gilt dieser Krieg nicht als Weltkrieg, trotz seiner Ausmaße! Uruguay hat seine Neutralität gewahrt, obgleich die Alliierten, es drängten, eine konkrete Position einzunehmen. Erst am 14. Februar 1945 erklärt Uruguay Deutschland den Krieg, in letzter Minute sozusagen.

Und nun, am 13.11.1942, kommt eine Neuigkeit, zwar zaghaft nebenbei erwähnt, aber auf deren Entwicklung man sich gefasst machen kann:

„Ob Ihr mit Sofie zusammengeraten seid? Hat sie Euch von Therese berichtet, einem dünnen, gescheiten Mädchen, mit dem man mich öfters zusammen sieht? Ich habe inzwischen hier meinen Aufenthalt erst mal bis Februar 1944 verlängert, es wird aber aller Voraussicht nach noch länger werden. Denn wie soll man jetzt herüberkommen? Dass Ihr mich erwartet habt, tut mir ja leid, wir durften aber nicht. Ich lebe auch ganz zufrieden vor mich hin und habe mich innerlich auf ein längeres Hierbleiben eingestellt. Öfters während des Winters bin ich mit Bekannten auf ihre Estancia hinausgefahren (Thereses natürlich!), um dort so in die Gegend zu reiten."

Edgar hatte zwar hin und wieder von weiblichen Bekanntschaften berichtet, nie aber so lässig und dann doch so intensiv wie in diesem Falle mit Therese. Man scheint fast zu verstehen, dass sein Entschluss zu bleiben einen triftigen Grund besitzt: Seine wachsende Liebe zu dieser Einheimischen. Eine *„Estancia"* ist übrigens ein Landsitz. Er wird ihn noch öfters erwähnen.

Ein halbes Jahr später, am 20. Juni 1943, wird Edgar gesprächiger über seine geheimnisvolle Beziehung:

„Jeden Nachmittag gehe ich mit Terese und ihrem Zwergschäferhund Wolf am Strande spazieren. Da meine Anstalt etwas kleiner geworden ist, habe ich nachmittags noch mehr Zeit als sonst und führe so ein recht beschauliches Dasein. Eure Glück- und Segenwünsche haben uns natürlich sehr gerührt! Allem

Anschein nach passen wir sehr gut zusammen, sind gleich groß und gleich schmal, nur viel zu schlau ist sie für mich, bloß meine neuneinhalb Jahre mehr Lebenserfahrung können mich da retten. Ein Bild will ich nicht auf die gefährliche Reise schicken, damit es nicht ertrinkt. Die größte Sorge ihrer Eltern ist, dass sie meine werte Familie nicht kennen. Sie sind scheußlich vornehm, und Beruf und Charakter gelten hier nichts, nur die Herkunft. Aber sie sind geduldig, und wir verstehen uns sehr gut sonst. Wir gehen ziemlich oft zusammen aus. Neulich war eine italienische Operntruppe hier, auch in ein paar Konzerten waren wir gemeinsam. Wenn es nichts Besseres gibt, ziehen wir auch ins Kino. Die Filme sind allerdings gewöhnlich Blech. Nur die argentinischen sind oft vorzüglich. Festlichkeiten gibt es sonst kaum, auch für die Estancia fehlt das Benzin. Neulich allerdings waren wir auf einem großen Ball in sehr noblem Haus und haben meinen Frack eingeweiht. Ich musste natürlich an Elfriedchen denken bei den Kerzen, Orchideen und dem Sekt. Gesundheitlich geht es mir denn auch vorzüglich, während alle Kollegen schon ihre Alterserscheinungen haben. Allerdings bin ich der jüngste. Nur einige graue Härchen melden sich, zu Teres Entsetzen.
Die letzten Tage hat es fast unaufhörlich geregnet. Zu Hause zu sitzen habe ich natürlich wenig Lust, die Pension ist auch nicht mehr so neu wie früher, als die amüsanten Junggesellen da waren. Am liebsten zöge ich woanders hin, aber Ihr wisst, die Absicht habe ich schon lange, und nie ist etwas daraus geworden. Es ist ja auch so bequem, da Teres Palast dem meinem gerade gegenüberliegt. So können wir uns immer belauern, ich brauche nur hinüber zu springen, und kann manchmal die halbe Nacht ihrem Pfeifen zuhören, wenn ihr wieder mal das Hundevieh weggelaufen ist. Das liebt nämlich wie alles hier seine Freiheit, anders als unser vorsichtiger alter Rolf. Aber es kommt immer getreulich wieder anmarschiert, wenn auch erst am nächsten Tage. Gott sei Dank, denn ganz ohne Begleitung dürften wir ja nicht spazieren gehen, es ist so schon shocking genug. Die Nachbarschaft hat auch noch den Vorzug, dass mir ihre acht jüngeren Geschwister in den Nachmittagsschlaf hineinspektakeln. Ihr seht, der Aufenthalt ist ein Hochgenuss.

Verdunkelung haben wir auch beinahe hier, da in den Schaufenstern kein Licht mehr verbraucht werden darf. Wer unbedingt seine Schätze zeigen will, stellt eine Petroleumlampe hinein.
Dass es Euch noch so leidlich geht, ist beinahe verwunderlich, man liest auch nie von Eurer Gegend in der Zeitung. Anderswo muss es ja wüst zugehen. Die Leute hier denken natürlich, der Krieg sei bald zu Ende, und freuen sich darüber. Es wird aber noch einige Zeit dauern, und so bald werden wir uns nicht wiedersehen. Und Elfriedchen muss arbeiten? Hält sie es denn aus...?"

Allem Anschein nach hat sich Edgar mit Terese - nunmehr ein wenig spanischer ohne „h" geschrieben - verlobt, denn sie haben ja die Glückwünsche aus Braunschweig erhalten. Ob wohl Edgar mit der Einschätzung ihrer beider Charaktere recht behalten wird?

Bei festlichen Gelegenheiten muss er stets an seine hedonistische Schwester denken, die er nicht in die Arbeitswelt eingeordnet akzeptieren kann. Wieder liegt er mit seiner Annahme über die Dauer des Krieges richtig.

Kaum ein halbes Jahr später, am 28. November 1943, kommt die Fortsetzung des Liebesromans:

„Es lässt sich nicht länger verheimlichen, am 13.12. wird geheiratet, und dann geht es auf Reisen, an den Ozean wahrscheinlich, obwohl das Wetter ziemlich kalt ist. Aber wir haben ja viel Zeit. Bei näherem Zusehen ist die Heiraterei gar nicht so schlimm, wir haben es ganz gemütlich genommen. Auch hat die Schwiegermutter weitaus am meisten gearbeitet, sie ist andauernd herumgelaufen, hat alles Brauchbare eingekauft und vor allen Dingen die Geschenke verteilt, so dass jeder, der in Frage kommt, etwas Vernünftiges schenkt. Tere war ganz gerührt über Elfriedes Freudenausbrüche. Ich natürlich auch! Mit der Absicht, mir die richtige Frau zu begutachten, ist es ja nun aus technischen Gründen nichts geworden, aber es ist auch nicht nötig, sie würde ihr schon gut gefallen."

Die Heiratsabsichten waren im vorherigen Briefwechsel nicht gerade deutlich zur Sprache gekommen und müsste die Familie doch arg überrascht haben. Wird es wirklich zu einer Freundschaft zwischen Elfriede und Terese kommen, zwei Frauen, die den gleichen Mann lieben? Mit der Verteilung der Geschenke, meint Edgar, dass den einzelnen Gästen ein Vorschlag für bestimmte in einem Haushalt benötigte Gegenstände gemacht wird.

Terese, die eigentlich Maria Teresa heißt, wendet sich am 9. Dezember direkt an Elfriede:

„Ihr Bruder redet so oft von Ihnen und erzählt so viele Märchen aus seiner Kindheit, dass ich Sie wunderbar zu kennen glaube. Sie scheinen ihn sehr verwöhnt zu haben!
Nun, ich hoffe, dass wir uns alle bald glücklich in Braunschweig versammeln und auch das „gute Essen von der Mutter" versuchen. Edgar hält es für das beste der Welt und fürchtet sich sehr vor meiner künftigen Kocherei."

Aus Maria Teresas Schreiben tönt ein leichter Sarkasmus durch, den wir auch in künftigen Schreiben antreffen werden. Was die Kochkunst anbelangt, so hatte Tere absolut keine Erfahrung darin, aufgewachsen in einem Haus mit mehreren Dienstboten und Köchin.

Aber zum Heiraten muss erst mal eine Hürde überwunden werden: Die Reinheit des Blutes, das Ariertum, muss von beiden Beteiligten unter Beweis gestellt werden, damit Edgars Heirat vor den deutschen Behörden anerkannt ist. Es existierten der Kleine und der Große Ariernachweis; bei ersterem musste die Reinheit bis ins Jahr 1800 durch sieben Geburts- oder Taufurkunden des Probanden selber, der Eltern und der vier Großeltern sowie durch Vorlage der Heiratsurkunden der Eltern und Großeltern bestätigt sein. Im Allgemeinen wirkten in Deutschland die Kirchen bei dieser Beweisführung mit, da sie stets die Rolle von Ämtern inne gehabt hatten, doch überprüften die Standesämter die jeweiligen Blätter und versahen sie mit ihrem Stempel. Im Falle Edgars tat dies die Stadt Braunschweig. Beim Großen Ariernachweis galten die gleichen Bestimmungen, allerdings waren die Angaben bis ins Jahr 1750 zu erbringen. Er wurde für SS-Angehörige ab Führer oder Führeranwärter benötigt. Edgars Ahnenpass bis ins Jahr 1746 liegt vor. Der Ahnenpass besteht im Ganzen aus 48 Seiten, die nicht alle ausgefüllt sind. Dem Deckblatt folgen 10 Seiten mit Erläuterungen zum Rassegrundsatz, zum Begriff der arischen

Abstammung, zu den Bestimmungen, zur Ahnenaufstellung und zur Beschaffung der Urkunden. Der ehemalige Bundeskanzler Helmut Schmidt erwähnt in seinem Bericht über seine Vermählung mit Loki 1942, dass auch er als Offizier dieses Dokument erbringen sollte. Ihn ergriff die Angst, da sein verschollener Großvater väterlicherseits wohl Jude war. Als er aber seinem Vorgesetzten Loki vorstellte, war dieser von ihr angetan und ging der Sache mit dem Ahnenpass nicht mehr nach. So löste sich sein Problem in Luft aus. (s. Helmut Schmidt und Loki Schmidt, „*Kindheit und Jugend unter Hitler*", Berlin 2012, S. 254)

Natürlich waren den Uruguayern diese Bestimmungen vollkommen fremd und einer Patrizierfamilie wie der Teres mussten sie unverschämt vorkommen. Sie war durch und durch katholisch, dünkte sich über jeden Verdacht erhaben. Dennoch hat sie die Beweise erbracht, damit dem Zustandekommen der Ehe nichts im Wege stand.

Am 2. März 1944, von der Hochzeitsreise an der uruguayischen Küste zurückgekehrt, schreibt nun wieder Edgar besorgt in die Heimat:

„*Wir erfuhren von Eurem Gruß, der letzten Sonntag übermittelt wurde und freuen uns so sehr, dass Ihr alle munter seid. Mehr kann man ja im Augenblick nicht verlangen. Wie mögt Ihr nur die schweren Momente überstehen? Man liest hier alle paar Tage von Braunschweig. Ich nehme also an, dass von der alten Bude am Steintorwall nicht mehr viel übrig ist... Inzwischen ist nun auch die letzte Verbindung über Argentinien abgerissen. Ich hatte also unrecht, über die Rotkreuzbriefe zu jammern. Ihr werdet zu ihnen greifen müssen. Wenn Ihr niemand in der Schweiz oder sonst wo auftreiben könnt... Dass Elfriede an meine Bücher denkt, finde ich rührend, aber kümmert Euch ja nicht darum, es kommt auf sie am wenigsten an, wo so viel krachen geht. Der Schwamm im Hause wirkt jetzt fast lächerlich. Ist er denn entfernt? Ich frage, und vielleicht ist gar nichts mehr da. Vor allen Dingen sucht mir nichts zu verbergen, und Ihr könnt auch sehr offen schreiben, ich habe z.B. aus Hamburg erschütternde Briefe gelesen, die ohne weiteres* durchgegangen sind. So etwas habt Ihr mir zwar hoffentlich nicht zu berichten."

Die "Bude", die er auch schon mal "Palast" genannt hat, ist das väterliche Haus mit über 500 qm Wohnfläche, in dem er aufgewachsen ist, und in dem nun seine Mutter und Elfriede einen Teil bewohnen. Später wird sich herausstellen, dass, abgesehen von einer kleinen Beschädigung am Dach, das Wohnhaus samt Bewohnern unversehrt bleibt. Mit dem gesandten Gruß meint Edgar wohl einen über Rundfunk übermittelten.

Immer dürftiger wird die Kommunikation:

„9.Mai 1944
Meine liebe Mutti,
wie geht es Euch denn da drüben? Man liest hier den Namen Brunswick reichlich oft in den Zeitungen, und von Dir hoffe ich stark, dass Du einigermaßen ruhig bei den Verwandten auf dem Lande sitzt. Und was macht unsere Fabrikarbeiterin Elfriede? Man hat hier doch gar keine richtige Vorstellung, wie es drüben zugeht. Ich rechne darauf, wieder einmal einen Gruß zu bekommen wie im Februar. Verschiedene Rotkreuzbriefe sind angelangt, aber sehr alt; ich selbst schreibe keine, da ja die Luftpost immer noch geht."

Die Verbindung reißt aber komplett ab, wie der nächste Brief beweist, den Edgar praktisch ein Jahr nach Kriegsende an die Verwandtschaft im Braunschweiger Umland schickt:

„*Liebe Köchinger,*
ich hoffe, Ihr seid alle munter beieinander und habt alles gut überstanden... Ich bin in Sorge um Mutti und Elfriede, von denen ich seit März vorigen Jahres nichts mehr gehört habe. Da der Postverkehr mit dem Ausland seit April wieder eröffnet ist, warte ich natürlich sehr auf eine Nachricht, habe auch selbst Anfang April an beide geschrieben, ohne aber Antwort zu erhalten... Wir wohnen hier sehr schön in einem Vorort nahe am Meer in herrlicher Luft, und was im Vergleich mit drüben jetzt sicher das Wichtigste ist, wir haben zu essen. Man nennt unser Land immer wieder ein Paradies, und mit Recht. Zwar sind einzelne Artikel auch schwer zu bekommen, wie Eier, Mehl, Zucker usw., aber doch meist nur kurze Zeit, dann hat es sich wieder eingerenkt. Drüben muss es dagegen nach den Berichten ja furchtbar sein. Wenn ich irgendwie etwas schicken kann, gebt es mir doch an, natürlich

auch was! Im Augenblick kann man ja noch nicht an einzelne senden, nur allgemein übers Rote Kreuz. Wie sich meine Zukunft hier entwickeln wird, ist mir noch sehr unklar, die Schule existiert seit zwei Monaten nicht mehr..."

In diesem Brief ist angedeutet, was die nächsten Jahre lang Edgars Aufgabe werden soll: die Versorgung seiner engsten Verwandten in der alten Heimat mit Lebensmitteln und Kleidung von Uruguay aus.

Eine enge Beziehung,
die zwischen Mutter und Tochter

Briefe zwischen Elfriede und ihrer Mutter Emma sind vorhanden, aber hauptsächlich aus den Kriegsjahren oder aus der Zeit kurz davor. So zum Beispiel einer vom 3.10.38:
„Unsere Gedanken kreisen nur um den einen Punkt, wird es Krieg geben oder werden sich die Völker beruhigen? Gott sei Dank, wir können wieder froh in die Zukunft schauen. Ist es nicht wunderbar, im Rundfunk den Einzug von Hitler im Sudetendeutschen Land mitzuerleben! Die Arbeit ruht in den Händen, und kaum kann man der Tränen sich erwehren. Es packt einen ordentlich!"
Geschrieben am Rande des Zweiten Weltkrieges von einer Frau, der der Erste schon viel Leid zugefügt hatte: Der älteste Sohn bekommt einen Lungenschuss, von dem er sich nicht mehr richtig erholen wird, und der Ehemann stirbt ebenfalls an den Folgen einer im Krieg zugezogenen Krankheit. Und dann ist jetzt dieser Hitler mit seinen Nationalsozialisten, von denen der zweite Sohn, Gerold, begeistert ist, während ihr jüngster, Edgar, stets gegen die Faschisten wettert. Schwierig für eine 67-Jährige, die richtige Entscheidung zu treffen, ob sie zu dem Emporkömmling namens Hitler halten soll oder nicht. In Bezug auf den erwähnten Einmarsch steht sie mit ihrer Reaktion sicherlich nicht alleine da: Die deutsche Bevölkerung ist zweifelsohne ebenso begeistert wie sie selber, die gerührt das Strickzeug auf den Schoß fallen lässt.
Einige Monate später, Mitte Februar 1939, berichtet sie der Tochter von erstaunlichen Ereignissen in Braunschweig:
„Du wirst recht froh sein, dass Du jetzt, während der Verdunkelung, nicht hier bist. Es ist direkt unheimlich draußen; keine Hand vor Augen sieht man; ich war ordentlich froh, dass das Konzert gestern Abend abgesagt war."
Noch kein Krieg, dennoch die ersten Vorboten in Form von Verdunklungsmaßnahmen! Die Briefe schreibt Mutti entweder von Wildbad im Schwarzwald aus, wo sie wiederholt für

mehrere Wochen einen Kuraufenthalt macht, oder aus Karlsruhe, wo sie ihren Sohn Gerold mit seiner Frau Marlene und deren Kinder ebenfalls etliche Wochen lang besucht. Sonst schreibt sie von Braunschweig aus an Elfriede, die ihrerseits dem Bruder in Karlsruhe einen Besuch abstattet oder auch mal weiter weg zu einer Freundin in die Schweiz fährt. Der Briefwechsel ist sehr regelmäßig, intensiv und ausgedehnt. Erstaunlich selten erwähnt die alternde Mutter ihr Nesthäkchen, Edgar, der im Juli 1939 nach Montevideo gezogen ist. Der Schmerz über seine Auswanderung mag so groß sein, dass sie seine Existenz vielleicht lieber vergisst, als dass sie sich über den Verlust ihres Benjamins grämt. Sein Drang in die weite Welt, erst mal nur zum Studium nach München, dann ins Ausland, nach Wien, und schließlich nach Heidelberg, hat sie schon zu viele Tränen gekostet. Offensichtlich verdrängt sie ihre Mutterliebe und kommentiert am 18.8.39 seine Ankunft in Uruguay lakonisch:

„Hoffentlich gefällt es Edgar nun gut in Montevideo, er hat sich sicher schon ein bisschen umgesehen. Ich war so froh, als die Nachricht von seiner Ankunft kam. Wenn nur bald weitere Nachricht kommt!"

Mehr Zeilen, mehr Gedanken, mehr Gefühle widmet und äußert sie nicht in einem immerhin zwei Seiten langen Brief. Kein Schrei der Verzweiflung, kein Wehklagen über den Undankbaren, dem es in der Heimat zu eng wurde. Aber wie es um ihre Gefühle steht, wissen alle ihre Kinder und Edgar am besten, wie er in seinen rührend um die Muttergefühle bekümmerten Briefen aus der Studentenzeit bewiesen hat. Fast verärgert klingt sie über ihn:

„Edgars Brief ist nun auch glücklich geschrieben, ich bin ordentlich froh, dass er nun endlich fertig ist."

Eine Last scheint von ihren Schultern gefallen zu sein, als wäre nun eine Pflicht erledigt, weiter nichts. Im Mai 42 hingegen wird sie sich während eines Aufenthalts in Wildbad große Hoffnungen machen, dass Edgar heimkehrt wie so viele andere Deutsche, die Uruguay verlassen mussten.

„Ob er wohl bald vor der Tür steht?", fragt sie sich erwartungsvoll. Er kommt aber doch nicht, wodurch die

Enttäuschung sehr groß ist:

"Da hast Du wirklich recht; diese Aufregung über Edgar hätten wir uns ersparen können. Aber man glaubte doch wirklich, dass er unbedingt dabei sein müsste. Als Gerold am Dienstagabend bei mir anrief, war mein erstes Wort: Ist Edgar da? Denn ich ging mit dem Gedanken zu Bett und stand damit auf, er müsste auf jeden Fall mitkommen. Die Enttäuschung war sehr groß, aber wer weiß, wozu es gut ist."

Wo sollte er dabei sein? Im Krieg? Sah die Familie ihn als Abtrünnigen an, als eine Art Fahnenflüchtigen, der seine Vaterlandspflichten vernachlässigte? Da war er wohl in Uruguay besser aufgehoben! Aber nicht genug mit dem Anruf Gerolds, auch die Kurgäste sprechen sie auf das Thema an:

"Als ich dann ins Esszimmer kam, wurde ich gleich empfangen mit den Worten, dass die Deutschen in Frankfurt angekommen wären. Alle wünschten mir, mein Sohn möge dabei sein. Na, nun ist es anders gekommen."

Sind alle von der Propaganda dermaßen beeinflusst, dass sie die Meinung vertreten müssen, jeder junge Mann habe dem Vaterlande zu dienen? Kann Patriotismus stärker sein als Mutterliebe, als der Erhaltungstrieb? Aber auch am 1. Juni 1942 lässt sie der Gedanke nicht los:

"Ich muss so viel an Edgar denken, wie ihm wohl zu Mute war, als die Deutschen die Heimreise antraten und er zurück bleiben musste. Ich werde den Gedanken gar nicht los. Armer Junge!"

Ihm war doch sicherlich sehr wohl zu Mute, dass er auf diese Weise dem Kriegsschauplatz fernbleiben konnte! Einmal an die Front geschickt, hätte für die Mutter der Leidensweg erst recht begonnen. Im gleichen Brief erwähnt sie nämlich ein furchtbares Ereignis:

"Ist es nicht scheußlich, wie die Flieger in Köln gewütet haben?"

Lohnte es sich in einer solchen Zeit nicht eher auf das kurze Wiedersehen des verlorenen Sohnes zu verzichten?

Der Krieg breitet sich immer weiter aus, aber zumindest im April 1940 geht das Leben noch seinen normalen Lauf; man denkt wohl noch nicht an Bombeneinschläge, im Gegenteil:

„*Mittwoch kommen dann die Maler... Donnerstagmittag waren die Maler fertig; die Decke ist schön weiß geworden.*"

In dieser euphorischen Zeit des Blitzkrieges werden noch Renovierungsarbeiten durchgeführt, obwohl die Versorgung der Bevölkerung mit Lebensmitteln schon nicht mehr reibungslos funktioniert:

„*Gestern erst konnte ich Kekse backen, weil immer die Butter dazu fehlte.*"

Auch ein Jahr später ist die Lage nicht besser:

„*Gestern hätte ich dir einen Topfkuchen gebacken, aber dazu langte das Fett nicht.*"

Für manche Menschen, deren Leben ohnehin durch bestimmte Umstände erschwert ist, treten wirklich gravierende Schwierigkeiten auf:

„*Hete fährt nun morgen schon nach Pyrmont, denn zu Hause will es mit der Diät nicht so recht klappen, es ist ja auch schwer, alles richtig zu bekommen in jetziger Zeit. Sie sagt, dass sie der Sache nicht mehr gewachsen sei.*"

Der Alltag gestaltet sich immer komplizierter:

„*Auch Frau M. von nebenan hat mir mal Gemüse und Tomaten mitgebracht, weil ich nicht mehr stehen konnte. Sie meinte, wenn einer warte, wäre es genug.*"

Mutti ist inzwischen 70! Kein Wunder, dass das ewige Schlangenstehen ihre Kräfte übersteigt. Im Juli 1941 wird dieses neuartige Brauchtum eingeschränkt.

„*Die Leute dürfen sich draußen nicht mehr anstellen.*"

Was wohl zur Folge hat, dass die Menschen mehrmals kommen müssen oder dass sie zumindest im Sommer eine andere Lösung ausfindig machen:

„*Der Rasen ist bei Gerold wohl von der Bildfläche verschwunden? Denn sonst hätte er doch das viele Gemüse nicht unterbringen können.*"

Man wird zum Selbstversorger. Und ständig die Sorge ums Essen:

„*Kannst Du jetzt Obst für Dich kaufen?*"

Oder:

„*Auch mit den Brotmarken ist Pech, ich sehe Euch richtig vor den Bäckerläden stehen und die Sachen bewundern und dann „keine Marken" haben."*

Ihr muss es vorkommen wie ein Déjà-vu! Denn sie hat Ähnliches bereits im Ersten Weltkrieg erlebt. Genauso wie der Schriftsteller Victor Klemperer, der am 22. September 1941 bemerkt:

„Ich arbeite eben zum Curriculum (seine Lebenserinnerungen von 1818 – 1918) das Jahr 1917 durch: steigende Ähnlichkeit mit dem Heute." (V. Klemperer, *„Ich will Zeugnis ablegen bis zum letzten"*, Berlin 1996, S. 672) Denn *„ich aß zu Haus Brot, das nie reicht, und Kartoffelsalat, heute zum drittenmal."* (ebd. S. 673) Und dabei kann er noch von Glück reden: *„In den Zeitungen ist Kartoffelschälverbot für die Restaurants angekündigt..."* (ebd. S. 673)

Mal kann Emma über besondere Errungenschaften berichten:

„Habe heute sogar einen Hering bekommen!"

Wenn die Versorgung der Menschen nicht gelingt, dann die der Tiere noch weniger:

„Hast Du die Hundekarte für Hundekuchen gefunden?"

Und ein anderes Mal zum gleichen Thema:

„Ob ich hier Hundekuchen bekomme, ist natürlich fraglich, denn Else sagt, überall stünde, Hundekuchen ausverkauft."

Schwierige Zeiten für Vierbeiner! Wenn es kein Tierfutter gibt, was bekommt dann Muttis Rolf?

„Ich wollte schon immer fragen, ob Ihr da auch ohne Deine Karte genug Kartoffeln habt? Mit einer Karte allein käme ich nicht aus, denn Rolf braucht zu viel. Er hat immer Hunger, den Kuchen von Brand mag er nicht, nur die Happen, trotzdem er so dünn geworden ist, hat er doch keine Ahnung, wie schwierig es ist, ihn jetzt im Kriege durchzufüttern. Er wird wirklich alt und strupperig."

Ein Hund mit Prinzipien, der sich auch nicht unter besonderen Umständen sein Menü einfach umkrempeln lässt! Der Vogelwelt geht es nicht besser:

„Maibel und dem Bullen geht es auch schlecht, kein Glanz, und keine Sonnenblumenkerne sind mehr zu haben; nun ist guter Rat teuer." (29.9.42)

Jede Kleinigkeit kann zu einem enormen Wertgegenstand heranwachsen:

„*Den Außenkarton und den kleinen Blechkasten, worin die Kekse lagen, musst Du wieder mitbringen oder zurückschicken. Du glaubst gar nicht, was für eine Last ich gehabt habe, um so ein Ding zu bekommen. Ja, so ist es heute!*"

Auch simplere Dinge sind manchmal schwer erhältlich:

„*Meine Wintersachen konnte ich aus Wildbad nicht abschicken, es gab keinen Karton und auch kein Papier. Ich werde es wahrscheinlich von hier nachholen.*"(Juni 1942)

Dafür klappen andere Angelegenheiten zeitweise gut:

„*Die letzte Zeitung habe ich vom 9., also die Dienstagausgabe, am Donnerstagfrüh noch in Wildbad bekommen. Seitdem ist Schluss. Kommt sie seit Mittwoch zum St.? Du brauchst sie nicht mehr zu schicken, ich höre ja hier alles im Radio.*"

Die Nachsendungen der gewohnten Braunschweiger Tageszeitung kann trotz der Erschwernisse im Krieg ziemlich reibungslos durchgeführt werden. Auch scheint der Verlag nicht Muttis Schwierigkeiten bei der Papierbesorgung zu erleiden. Das Schreiben ist nämlich keine Leichtigkeit:

„*Mit Briefpapier warst Du an der Reihe, für 20g habe ich bekommen.*"

Das Briefeschreiben als solches war also keine Selbstverständlichkeit!

Auch andere zermürbende Gewohnheiten gesellen sich zur Nahrungssuche:

„*Im Keller waren wir noch nicht wieder. Gott sei Dank!*"

Also eine Zeitlang Ruhe, kein Alarm, denn „*die Flieger sind nicht wieder da gewesen.*"

Dennoch hat Mutti aber ihre Vorsichtsmaßnahmen getroffen:

„*Den großen Koffer habe ich voll Sachen eingepackt, ich kann ihn dann immer mit runter nehmen, wenn Alarm ist. In den letzten Nächten war alles ruhig.*" (10.9.42)

Mutti hält die wichtigsten Habseligkeiten parat, falls ihr Haus doch zerstört wird. Es erinnert mich an Menschen in einer anderen fatalen Lage: Während einer länger anhaltenden

Periode von Erdbeben wie Istanbul sie im August 1999 erlebt hat, auch da hielten die Leute sich ein Köfferchen mit Dokumenten usw. zur Hand, für den Fall, dass sie wegen eines Bebens schleunigst ihre Behausung verlassen mussten und vielleicht nicht in diese zurückkehren würden.

Mutti kann aber auch ins andere Extrem umschlagen, d. h. in Begeisterung und Verblendung ausbrechen:

„Ich ging nachmittags ins Kino, „Der Weg ins Freie"; hauptsächlich wollte ich die Wochenschau sehen; es ist kaum zu glauben, was unsere Soldaten leisten, jeder einzelne ist ein Held."

Da hat die Wochenschau die gewollte Wirkung erzielt! Die Zuschauerin ist beeindruckt und voller Bewunderung. Gratulation an den Regisseur! Aber wie es den Helden wirklich ergehen kann, entgeht der Frau Kurgast in Wildbad nicht so leicht:

'"Man sieht viele Soldaten; sie sind in den großen Hotels, die als Lazarett eingerichtet sind, untergebracht."

Die andere Seite der Medaille!

Manchmal, vor allem bei guten Beziehungen, kann man sich erstaunlichen Genüssen hingeben, so geschildert am 12.5.42:

„Wir haben jeden Tag viel Spargel gegessen, ich habe ihn immer geschält, war sehr zart und schön. Gerold bekommt ihn ja; in der Markthalle ist wenig zu holen."

Gerold hat eine gewisse Position bei den Nazis inne, die sich auch durch Annehmlichkeiten bemerkbar macht.

Im Kurhaus in Wildbad hingegen herrscht Ordnung:

„Eben hat die Leiterin die Lebensmittelkarten geholt; sie muss noch haben die Eierkarte, Zucker-, Marmeladen- und Seifenkarte. Was noch da ist, schicke bitte mit. Was fehlt, bei der nächsten Verteilung. Hoffentlich hast du die Eier noch nicht geholt. Die Milch musst Du bei unserem Milchmann eintragen lassen."

Das Leben scheint sich nur noch um Karten und der Versorgung mit Lebensmitteln zu drehen:

„Hast Du für die alte Fettkarte und Nährmittelkarte gut eingekauft?"

Es ist ein ewiges Hin und Her:
„Die Milchkarte schicke ich Dir zurück, weil ich sie hier nicht brauche. Heute Morgen war ich auf dem Rathaus und habe meine Butterkarte für Reisemarken umgetauscht, und somit wäre wohl alles in Ordnung. Seife hat die Leiterin nur 100 g abgeschnitten, Zucker aber 900 g, das ist schade, aber nicht zu ändern."

Die Menschen sind beschäftigt, nicht nur physisch durch die ständigen Laufereien, sondern auch psychisch. Ihre Gedanken drehen sich nur noch um die Essensbeschaffung. Übrigens hat Zucker für Mutti einen hohen Stellenwert, denn sie benötigt ihn zum Einmachen des Gartenobstes des Braunschweiger Gartens. Und weiter geht es um das gleiche Thema:

„Hast Du auf die Fettkarten schon Öl bekommen? Ich möchte Dir meine jetzige auch schicken, damit Du es für mich holst. Das wird doch sicher gehen, denn ich bin doch bei Essig eingetragen. Für die Maikarte hast Du doch sicher geholt, nicht wahr?" (Essig ist wohl der Name des Lebensmittelgeschäfts.)

Die Lebensmittelkarten fordern von der Bevölkerung eine organisatorische Höchstleistung ab, vor allem wenn sie wie Mutti auf Reisen ist! In diesem Sinne:

„Gerold sagte, diese Woche müsse ich noch hier bleiben, wenn es dann nicht anders ginge, sollte ich Montag fahren. Ich wollte dann ein Telegramm schicken, dass Du die Lebensmittelkarten nicht mehr nach hier schicken solltest, sondern sie bei Essig eintragen lassen."

Unglaublich, ein Telegramm verschicken wegen dieser Karten! Es geht ja immerhin um das tägliche Brot! Und das gleiche Thema weiter:

„Alles, was sonst auf die Karte zu haben ist, kaufe bei Essig ein, Kaffee ist nicht nötig. Für die Fettkarte lass Dir 100 g Reisebuttermarken auch bei Essig geben. Dann bekommst Du Öl 66g. Dazu brauchst Du ja diese Karte. Dann bei St. nimmst Du 62,5 g Speck geräuchert, weil sich das besser hält, als wenn Du Schmalz holst. Diese beiden Karten habe ich hier unterschlagen, sie haben es, glaube ich, nicht so nötig wie ich. Wenn (die Schwiegertochter) Marlene noch fragen sollte, dann habe ich sie eben in Wildbad abgegeben."

Kleine Schummeleien sogar innerhalb der Verwandtschaft, nur um es sich zu Hause ein bisschen besser schmecken zu lassen. Nicht verwunderlich, wenn man die Mengen betrachtet, die man zugeteilt bekam. Die deutsche Bevölkerung hungert! Victor Klemperer berichtet am 20. September 1941:
„Wir ließen uns vorgestern nach Jahren einmal wiegen. Eva (seine Ehefrau) in leichter Kleidung 56 Kilogramm, drei weniger als im Kohlrübenwinter 1917 – ihr gutes Gewicht war 70 Kilogramm. Ich immer noch 67 Kilogramm – es waren früher 75."
(s. V. Klemperer, ebd., S. 671)
Dann schreibt Emma ein paar Tage später, am 5.7.42:
„Marlene hatte schon große Sorge der Butter wegen, trotzdem hier genug war, aber ich wollte auch nicht vorher meine Marken abgeben. Gerold hatte damals in München 160 g von meinen Reisemarken verbraucht, und Marlene konnte es gar nicht fassen, dass man in so kurzer Zeit so viel Butter verbrauchen konnte. Ich habe dann die fehlenden 65 g zugetan, und damit war für 14 Tage ein halbes Pfund voll und der Fall erledigt."
Bei diesen geringen zugeteilten Mengen, immerhin für drei Erwachsene und ein Kind!, da muss man ja das Haushalten lernen, beziehungsweise zum Überlebenskünstler mutieren! Und diese Kunst, die sich allerdings manchmal am Rande der Legalität bewegen muss, pflegt Mutti erfolgreich:
„Auch hoffe ich, trotz des Verbots, etwas Erbsen von K. zu bekommen." (24.6.42)
Und siehe da, wenige Tage später berichtet sie:
„Seit 6 Uhr früh bin ich bei den Erbsen, bin noch nicht ganz fertig. Aber es ist 4 Uhr..."
Um den ganzen Tag mit Erbsen beschäftigt zu sein, muss Mutti ja tatsächlich Unmengen des verbotenen Gemüses zugesteckt bekommen haben! Und nun schafft sie brav Vorräte für den kargen Winter. Aber auch an Marmeladen und Gelees wird es ihr nicht fehlen:
„Leider ist nun der Zucker restlos alle(durch das Einkochen von Birnen usw.), es ist sehr betrüblich, denn ich sollte noch einen Kürbis von K. haben, aber ohne Zucker ist es so eine Sache."

Oder am 11.11.42 die Klage über das Fehlen eines äußerst einfachen Gemüses:

"Hier ist wieder große Zwiebelnot, vor 8 Tagen habe ich ein halbes Pfund auf beide Karten bekommen. Wahrscheinlich geht es wieder so weiter im Winter."

Auf jeden Fall erzeugt diese ewige Mangelsituation neben der beschriebenen Gerissenheit auch das Gegenteil, nämlich den Verlust des Gefühls von Würde. So schreibt Mutti an die in Berlin weilende Elfriede:

"Ob es wohl sehr unbescheiden ist, wenn ich frage, ob Hans (Elfriedes Ex-Ehemann) *wohl ein bisschen Öl für uns hat. Es ist nur so wenig, was man auf Karten bekommt und nicht viel damit zu machen."*

Ob Hans über mehr verfügt als die beiden alleinstehenden Frauen? Man kann ja nie wissen, ob der andere nicht gute Bezugsquellen besitzt. Also versucht man es aus der Verzweiflung heraus, wobei ihre Haltung schon an Bettelei grenzt.

Aber die ganze Einkauferei auf Karten beginnt ja schon einen Schritt davor:

"Ich nehme an, dass die Lebensmittelkartend Mitte der Woche geholt werden müssen."

Auch das noch: Zusätzlich ein Weg aufs Amt zur Besorgung der Karten, damit man die Berechtigung auf die Lebensmittel überhaupt erwirbt! In einem anderen Brief die genauere Angabe über den Ort, an dem man die Karten holt:

"Du musst nach der Schule gehen und meine Fettkarte in Reisemarken umtauschen. Hier wollen sie es nicht machen, weil es die Bestimmungen nicht zulassen."

Und wie steht es mit Genussmitteln?

"Ich habe versucht, eine Flasche Wein oder Ähnliches zu bekommen, aber vergebens. Bei J. hingen überall Plakate „Wein usw. nicht vorrätig."

Zumindest nichts Lebensnotwendiges! Ebenso wenig wie das Folgende:

"Habe versucht Sauerwürze und Kapern zu bekommen, war aber nicht zu machen. Wenn er also gut ist, bringe ruhig was mit, auch Kapern, 10 Röhren, wenn es geht, sonst weniger.

Zitronenersatz bringe nach Gutdünken." (8.10.42)
Und das Naschwerk?
„*Süßigkeiten habe ich hier* (in Karlsruhe) *natürlich nicht bekommen, ich wusste es ja auch nicht, dass wir welche (Karten?) haben sollten, hier ist nur für Kinder ausgegeben. Ich bin aber trotzdem nach Most* (das Geschäft) *gegangen, und da wurde mir gesagt, dass ich nur da was bekäme, wo ich zu Hause sei. Also ist hier nichts zu machen."*

Die 70-jährige Dame lässt sich nicht schnell aus der Fassung bringen! In ihrer kämpferischen Natur gibt sie nicht ohne weiteres auf. Nur so besteht in dieser schwierigen Zeit eine Chance aufs Überleben. Andere Leute versuchen es auf ihre Weise:

„*Die Polizei tröstete sie* (eine Freundin, bei der eingebrochen worden war) *damit, dass es in ihrer näheren Umgehung der 14. Kellereinbruch sei, außerdem noch unzählige andere."*

Hunger und Verzweiflung treiben sicherlich viele Menschen zum Stehlen, die einzige Möglichkeit der Selbstversorgung, die ihnen vielleicht verbleibt. Es ist aber äußerst schwierig die einfachsten, normalsten Gelüste zu befriedigen:

„*Heute ist blauer Himmel und Sonnenschein, vielleicht gehe ich nun endlich einmal in den Botanischen Garten, sonst wird es Winter und man ist nicht dazu gekommen. Ich muss aber erst noch bei Frau Schilling nachsehen, ob ich mit irgendetwas an der Reihe bin. Neulich war ich mit Obst dran und weil sie Weintrauben hatte, wollte ich natürlich gerne welche haben, aber nein, für einzelne Leute könnte sie keine abgeben, erst wenn sie mehr hätte."* (29.9.42)

Weintrauben als Luxusgut! Ein einfacher Spaziergang muss aufgeschoben werden, weil man vielleicht sein Anrecht auf eine vermeintliche leckere Zutat für die eintönigen Menüs verpassen könnte!

Weitere Schwierigkeiten gibt es auf dem Wohnungsmarkt. Als ein Mieter aus Muttis Hause auszieht, denkt sie an die Möglichkeit, dass Elfriede, die selber in einer gemieteten fremden Wohnung in Braunschweig untergebracht ist, in das elterliche Wohnhaus zurückzieht:

„*Nun besteht wieder eine Möglichkeit, dass Du durch List und Tücke vielleicht in unser Haus kommen kannst. Man müsste auf dem Wohnungsamt sagen, dass ich alt und Du sehr viel krank wärst, und wir deshalb aufeinander angewiesen seien. Das Wohnungsamt wird mir sicher am liebsten eine kinderreiche Familie zuweisen wollen. Aber dagegen wehren wir uns.*" (15.9.42)

Viel hat Mutti dennoch nicht ausrichten können, denn Elfriede wird erst nach einem Bombenangriff auf das von ihr bewohnte Gebäude zu Mutti ziehen, aber nicht, wie diese es sich vorgestellt hatte, in eine eigene Wohnung, nein, sie werden Muttis Wohnräume teilen müssen! Am 29.5.43 dann mal ein Bericht ganz anderer Natur:

„*Hast Du denn von dem Erdbeben hier gelesen? Es war in der Nacht vom Donnerstag zum Freitag; es ist ein merkwürdiges Gefühl, wenn es so zu schütteln anfängt, man wurde richtig im Bett bewegt und dazu grollte es laut, als wenn alles Mögliche umfiel. Es waren hintereinander drei arge Stöße. In der letzten Nacht waren wieder einige Stöße, aber gelinder. Wo der Herd hier in der Nähe ist, soll alles Mögliche passiert sein; Häuser müssen verschiedene geräumt werden, wie es in der Zeitung hier steht. Ich glaubte im ersten Augenblick, es fielen Bomben. Merkwürdig, was man alles so erleben kann. Anfang Mai war es auch schon gewesen, es stand damals auch in unserer Zeitung.*"

Zu den Schrecken des Krieges gesellt sich eine Naturkatastrophe, als wollte die Erde zeigen, sie sei mit den Geschehnissen auf ihrer Oberfläche nicht einverstanden! Dieses Erdbeben vom 28. Mai 1943 hatte sein Epizentrum im Raum Albstadt mit einer Intensität von 5,6. Die gleiche Region erlebte sowohl 1911 wie 1978 Beben; ersteres war von Braunschweig bis in die Toskana spürbar gewesen! Also kein Wunder, dass Emma einen Schrecken bekommt!

Einige Annehmlichkeiten des Lebens stehen den Menschen dennoch zur Verfügung:

„*Deine Karte für die Konzerte habe ich gleich Anfang September abgeholt.*" (10.9.42)

Elfriede besucht eifrig die musikalischen Veranstaltungen, die einen wichtigen Bestandteil ihres Lebens darstellen. Andrerseits übt Marlene ununterbrochen ihren Beruf als Sängerin an der Karlsruher Oper aus, ein weiterer Beweis für die Kontinuität des Kulturbetriebes in Deutschland während des Krieges. Der Anschein eines halbwegs normalen Lebens soll erhalten bleiben.

Auch einige andere Wonnen verbleiben dem Menschen weiterhin, und zwar jene, die ihn seit eh und je erfreut haben:

„Wie meistens lag sie (Muttis erste Enkelin Erika) *mit ihrem Köpfchen am Fußende, ich habe sie dann wieder richtig hingelegt, sie schläft aber ruhig weiter dabei. Süß!"*

Der immerwährende Kreislauf der Natur wird glücklicherweise durch den Krieg nicht zerstört, und der Mensch kann sich an den simpelsten Ereignissen, wie an jenem eines heranwachsenden Wesens, ergötzen. Die menschlichen Gefühle und Regungen bestehen demnach weiter:

„Ich möchte Gerold doch auch gern nach der vielen Arbeit, die er gehabt hat, ein bisschen pflegen."

Mutter bleibt Mutter, die sich ebenfalls um den anderen Sohn Sorgen macht:

„Zeit wäre es doch nun, dass mal ein Rotkreuzbrief von Edgar hier ankäme. Es wäre doch gut, wenn man wüsste, dass er endlich mal eine Nachricht von uns bekommen hätte. Hoffen wir also das Beste!" (8.10.42)

Die Kommunikation über den Ozean ist in diesen Kriegsjahren sehr dürftig geworden.

Aber ebenso macht sich umgekehrt die auf Reisen befindliche Tochter offensichtlich Gedanken über ihre in Braunschweig allein gelassene Mutter, woraufhin diese ihr antwortet:

„Warum machst Du Dir immer Sorge um mich; wenn ich Dir doch schreibe, dass es mir gut geht, kannst Du doch ganz beruhigt sein."

Rührendes Beziehungskarussell zwischen den Familienmitgliedern, das beweist, dass auch das unmenschlichste Regime die fest bestehenden gefühlsgeladenen Bande nicht zerstören kann! Die Krönung hiervon bildet der von der 83-jährigen Mutti an Elfriede geschriebene Brief vom 23.7.54:

„Hast Du schon zugenommen? Schläfst Du morgens auch lange und vergisst mittags das Hinlegen nicht? Komm ja nicht unerholt nach Haus, sonst schicke ich Dich gleich wieder fort."

Und ein paar Tage später im gleichen Tenor:

„Schläfst Du auch jeden Nachmittag 2 Stunden? Ich will es doch sehr hoffen."

Mutti ist um ihre 56-jährige Tochter, die in der Schweiz einige Wochen Urlaub verbringt, genauso besorgt als wäre sie noch ein Kind oder ein Teenager. Eine Beziehung, die von innigster Herzlichkeit zeugt.

Eine pikante Bekanntschaft

Am Anfang stand eine traurige Zeitungsannonce:
"Unser lieber Sohn, H. K., Feldwebel und Offiziersanwärter in einem Fallschirmjäger-Regiment, fiel beim Angriff auf Chania (Kreta) an der Spitze seiner Kameraden. - In stolzer Trauer:
H. K. im Namen aller Verwandten
Königsberg (Pr.), 23.Juni 1941"

Diese Todesanzeige veranlasste Elfriede ein Beileidschreiben an den stolzen Vater dieses Helden zu schicken, ohne wohlbemerkt weder mit ihm noch mit dem Gefallenen bekannt zu sein. Sehr prompt, genau 11 Tage nach dem Todesfall, erhält sie ein Dankesschreiben des Autors der Anzeige, der sich so kurz nach dem Verlust seines Sohnes Zeit für eine völlig unbekannte Person nimmt:

„Königsberg/Pr./ 5.7.41
Sehr verehrtes gnädiges Fräulein!

Für Ihre warmherzige Anteilnahme am Heldentod meines Sohnes H. sage ich Ihnen meinen innig gefühlten Dank!
Ich möchte Sie herzlich bitten, mir Ihren Namen einmal deutlich zu schreiben, damit ich mich an Sie auch recht erinnern kann.
Mit herzlichem Gruß
Ihr sehr ergebener
H.K."

Wieso schreibt Elfriede an einen Unbekannten? Einen Heldentod erlitten in der damaligen Zeit Unzählige. An wem lag ihr Interesse? Offensichtlich an der Bekanntschaft des Lebenden. Den eleganten Türöffner hat sie gefunden und nun lässt sie nicht locker, die Korrespondenz läuft jetzt erst richtig an. Sie besitzt nämlich eine echte Brücke zu H. K.: Es ist die Musik. Sie als Musikliebhaberin und er als „Musikschriftleiter". Als solcher wird er in seinem Artikel in der *„Preussischen Zeitung Königsberg"* bezeichnet. Elfriede las ebenda seine Schrift *„Bayreuth für Soldaten und Rüstungsarbeiter"* vom 14.7.41. K. berichtet ganz im Sinne der Nazipropaganda über die Aufführung von Wagners

„*Fliegenden Holländer*" innerhalb der Bayreuther Festspiele. Wahrscheinlich war Elfriede genauso wie K. und die Nazis von seiner Begeisterung für des Führers Leistungen mitgerissen. Den heutigen Leser stört hingegen nicht nur diese leidenschaftliche Hingabe für die Parolen der Nazis, sondern K.s flacher, bedeutungsloser Stil:

„*... Die Tausenden, die unter dem Zeichen des Sonnenrades der NS-Gemeinschaft „Kraft durch Freude" aus achtundzwanzig Gauen hier zusammenströmen, sind Gäste des Führers. Es sind Soldaten, Verwundete und Genesende, es sind Arbeitsdienstmänner und es sind schaffende Männer und Frauen aus den Rüstungsbetrieben, die hier angerührt werden vom Genius Richard Wagners und ihm ihre Huldigung darbringen.*
Der Nationalsozialismus verwirklicht mit dieser im Kriege einzig dastehenden Einrichtung aber auch den alten Wunsch Richard Wagners, dass das Werk Bayreuths nicht nur denen zugänglich sein solle, die bezahlen können, sondern dass die Festspiele unentgeltlich seien, damit das Festspielhaus nur als Weihetempel einer wahrhaft kunstbegeisterten Gemeinde diene. Und so werden in diesem Sommer - Gott sei Dank! - die Hunderten von Luxuslimousinen mit ihren smarten Amerikanerinnen und eleganten Globetrottern fehlen, die sonst den „Grünen Hügel" und die herrliche fränkische Provinzstadt überschwemmten. So wird endlich der große Gedanke des Meisters von Bayreuth in der Zeit des größten Schicksalskampfes des Deutschen Volkes in die Tat umgesetzt.
Die alte Markgrafenstadt prangt im vollen Flaggenschmuck. Die Sonne vergoldet die sauberen, überall festlich geschmückten Straßen - es ist ein Festspielwetter wie damals, 1933, als der Führer die Festspiele im Zeichen der jungen nationalsozialistischen Revolution eröffnete und ihnen damit für alle Zeit den Stempel: Deutsch, nur deutsch aufdrückte.
.... Wie einst Richard Wagner allen Anfeindungen zum Trotz sein großes Werk schuf, bis es auf dem Hügel von Bayreuth seine Vollendung und Krönung erfuhr, so meistert auch das deutsche Volk heute sein Geschick und hämmert sich im Gewitter der Schlachten sein neues Reich.
... Reichorganisationsleiter Dr. Ley war persönlich nach Bayreuth

gekommen, um sich in einer von hohem Idealismus getragenen Rede zur Sendung der Kriegsfestspiele zu bekennen. Er umriss den gegenwärtigen Kampf, der sich nun allein noch zwischen zwei Weltanschauungen, der der Zersetzung und der der Erhaltung und Erhebung abspiele und dessen Gegenpole der jüdische Materialismus und der deutsche Idealismus sind. In diesem Zusammenhang nannte er Adolf Hitler den größten Künstler aller Zeiten und schloss seine mit dem ihm eigenen mitreißenden Temperament vorgetragenen Ausführungen mit dem begeisterten Dank an den Führer und an die Verwirklicher der Bayreuther Festspielidee, wie sie sich heute darstellt...
In ihr (der Aufführung des „Fliegenden Holländer") gipfelte der Kulturwille des deutschen Volkes durch seine berufensten Interpreten.
... Die Gäste des Führers, die Soldaten und Arbeiter des Krieges nahmen das Geschenk mit Staunen und heißem Dank hin. Am Schluss war jedem Einzelnen das unverwischbare Erlebnis auf die Stirn geschrieben und der Dank löste sich noch vor dem Hause in lauten Zurufen: „Wir danken!", als Reichsorganisationsleiter Dr. Ley mit seinem Stabe das Festspielhaus verließ.
Der Geist von Bayreuth, der in so wunderbarer Weise Bevölkerung und Gäste vereint, wird nun für viele Tausende in den kommenden Wochen Segen und Erbauung spenden. Seiner wird auch der Gau Ostpreußen am Anfang des August tief teilhaftig werden."

Wie kommt Elfriede an eine preußische Zeitung, da sie doch im entfernten Braunschweig wohnt? Sie verfolgt offensichtlich eine zielgerichtete Taktik, mit der sie K.s Handeln einkreist. Einmal ist der Tod des Sohnes Anlass für einen Brief oder eine höfliche Karte, beim zweiten Mal schlachtet sie einen Zeitungsartikel mit dem Thema Musik aus, um einen Vorwand zu finden, K.s Aufmerksamkeit auf sich zu lenken. Dies gelingt ihr durchaus, denn es liegt ein Antwortbrief K.s vom 24.7.41 aus Seefeld in Tirol vor:

„Hochverehrte gnädige Frau!
Recht herzlichen Dank für Ihren lieben Brief! Ich bin sehr glücklich darüber, dass Sie sich in so freimütiger Weise geäußert haben - dafür muss ich Ihnen besonders danken - ich liebe Menschen, die die Konvention beiseitelassen, wenn es angebracht

ist.
Mir ist es so, als wären wir zwei alte Bekannte; natürlich weiß ich jetzt sehr genau, wer Sie sind! Ich habe viele, viele Jahre Ihre Gestalt und Persönlichkeit in mich aufgenommen und ich bedaure es unendlich, dass ich nicht den Vorzug haben konnte, Ihnen, wenn Sie es erlaubt hätten, ein wenig näher zu treten. Aber ich habe mit einem warmen Gefühl Ihre Gegenwart bei meinem Abschiedsnachmittag und auch vorher wahrgenommen. Wie oft habe ich mir im Theater, im Konzert gedacht: wer ist diese Frau? Verzeihen Sie, wenn ich auch ganz freimütig über diese seltsamen, losen und doch so verbindenden seelischen Zusammenhänge spreche!
Nach den furchtbaren Schicksalen, die uns während der letzten sechzehn Monate heimsuchten, ist es so wohltuend, einen neuen Menschen zu erkennen, der so ohne Vorbehalt wie Sie zu einem tritt!
Ich möchte Ihnen gerne viel sagen, denn ich glaube, Sie verstünden Vieles.
Ich möchte von Königsberg erzählen, von allem, was mich von der Bühne weg trieb - von meiner Frau, von unseren Hoffnungen, die nun fast nur noch auf einem Strohhalm schwimmen.
Wir bleiben noch eine Woche hier; dann muss ich nach Salzburg - dort bin ich vom 2. bis 8. August bei den Festspielen. Meine Frau muss leider nach Königsberg zurück. Eine zweite Karte für alle großen Veranstaltungen vom 2.-8. verfällt. Können Sie diese nicht benützen? Wenn ja, dann senden Sie an mich eine Depesche: Innsbruck, bahnpostlagernd (oder noch Seefeld bis 31.7.).
Ich würde mich unendlich freuen, Sie so unvermutet und aus schönem Anlass wiederzusehen. Freilich muss ich in Salzburg viel arbeiten.
Ich war auch 8 Tage zur Berichterstattung in Bayreuth.
Bitte grüßen Sie herzlichst M. M. und ihren Gatten!
Ich begrüße Sie - wie in alter Freundschaft - Ihr H. K."

Der Unbekannte entpuppt sich als alter Bekannter, zumindest vom Sehen. Also war er früher Schauspieler oder Sänger gewesen, wohl am Braunschweiger Theater, denn sonst hätte ihn Elfriede kaum so oft zu Gesicht bekommen. Ihr Abonnement hat sie sowohl für Bühne wie für Konzerte jahrzehntelang aufrechterhalten. Ihr Platz war bestimmt in der ersten Reihe, denn es gehörte sich für sie so. Nur dort und in ihrer Beharrlichkeit hat sie auf den Künstler Eindruck machen können. Ihre Kleidung, Hüte und Pelze haben ihre Auffälligkeit noch unterstrichen. Nein, sie war vorne im Parkett bestimmt nicht zu übersehen. Dazu dann ihr begeisterter Applaus am Schluss jeder Aufführung. Er erinnert sich eindeutig. Auch sie hat mit Sicherheit seine Blicke bei dem erwähnten Abschiedsnachmittag gespürt.

Nun haben sich beide endlich gefunden. Aber wen erwähnt er da? Seine Frau. Es war ja anzunehmen, dass er eine besaß, wenn auch ein Sohn vorhanden war. Und offensichtlich lebt er mit ihr zusammen, denn sie verweilen gemeinsam in Seefeld.

Wieso schreibt eigentlich Elfriede an einen verheirateten Mann? Warum drängt sie sich wie ein Keil zwischen ihr unbekannte Ehepartner? Fühlt sie keinen Respekt mehr vor der Ehe, da sie von ihrem Gatten betrogen und verlassen wurde? Hat sie alle Konventionen über Bord geworfen und ist an einem Punkt angelangt, wo sie auch ihren Anteil am Lebensgenuss haben will? Zugestehen muss man ihn ihr schon, aber nicht auf Kosten des Zerwürfnisses anderer.

H. K. lässt nicht lange auf eine tätige Reaktion warten: Schon in diesem seinen ersten Brief an die bewunderte Unbekannte lädt er sie praktisch zu einem Stelldichein in Salzburg ein. Der Hinweis darauf, dass seine Frau nicht anwesend sein wird, klingt sehr eindeutig.

Es ist durchaus denkbar, dass Elfriede dieses versuchungsvolle Angebot angenommen hat, musste dann aber eine enttäuschende Überraschung erleben. Der zweite Brief K.s vom 10.1.42, in Königsberg verfasst:

„Meine liebe, hochverehrte Frau Elfriede!
Nun ist Ihr Brief da - auf einmal sehe ich vor mir, was ich erwartet, gefürchtet habe! Nein, Sie sollen nicht klein von mir denken. Ich will sagen, was war und was ist: Ich hatte noch nie im Leben einen solchen Brief bekommen wie den Ihren im Juli in Seefeld. Ich fühlte mich so unmittelbar berührt, ja ergründet, dass ich das Zusammensein mit Ihnen ersehnte. Ich fühlte mich geliebt und wusste, dass ich wieder lieben würde. Darum aber gerade wollte ich in Salzburg nicht mit Ihnen zusammenkommen. Meine damalige

Depesche war Lüge - aus einer Not heraus. Wie habe ich darunter gelitten! Wie ein weher Schatten ging Ihr Bild, das in mir so unbegreiflich lebendig ist, stets in Salzburg neben mir her. Aber ich fürchtete mich vor dem Gewinnen und Verlieren; ich war noch so erschüttert von allem Schweren, das auf mir lastete: zerrissen, einsamkeitsbedürftig und leidend unter der Einsamkeit.
Dies alles ist schwer zu sagen, vielleicht noch schwerer zu verstehen. Ich konnte und wollte damals nicht mehr. Ich glaubte, durch eine rohe Härte gegen mich und gegen Sie alles von mir abschütteln zu können und wollte lieber das Bewusstsein, dass Sie schlecht von mir denken, als dass wir beide zusammen glücklich würden.
Aber es hilft ja nichts gegen das Schicksal. Denn im Grunde haben Sie mich ja auch aus meinen Zeilen erkannt und wissen genau wie ich selbst, dass unsere beiden Wesen zusammengehören.
Und nun sträube ich mich auch nicht mehr und sage Ihnen, dass ich mich die vielen Monate lang nach Ihnen gesehnt habe und Sie nie aus meinen Gedanken verloren habe, dass ich jetzt wünsche, dass wir einmal zusammen kämen.
Ich kann nur ganz aphoristisch all das Ungeheuerliche schildern, was in mir vorgeht, denn ich bin soeben im Dienst und hundert Manuskripte warten auf mich. Aber ich musste auf diesen Brief - es ist das schönste Zeugnis eines Menschen, das ich je erhielt - sofort antworten.
Ich werde Sie nun nie mehr belügen - vergeben Sie die erste Lüge aus Angst! Sagen Sie mir nun aber auch ebenso offen, ob Sie mir auch jetzt noch zugetan sind - ich wäre unendlich glücklich darüber - eine Frau wie Sie es sind, zu besitzen, muss unsagbar schön sein!
Ich bin furchtbar erschrocken über die Nachricht von Ihrem zweiten Unfall! Mein Gott, vielleicht wäre es nicht geschehen, wenn Sie am 1.8. nach Salzburg gekommen wären!
Ich grüße Sie mit den innigsten Wünschen für Ihre Gesundheit!
Ihr H. K."

Es gab also kein Treffen in Salzburg, keine Liebesaffäre! Es ist anzunehmen, dass Elfriede zugesagt hatte. Auf jeden Fall hat K. einen Rückzieher gemacht. Diese Absage hat Elfriede dennoch nicht davon abhalten können, nochmals die Initiative zu ergreifen und sich brieflich unaufgefordert an ihn zu wenden. Ist sie so verzweifelt einsam, dass sie sich einem Mann in die Arme werfen muss, der sie sitzen gelassen hat? Wo bleibt das Ehrgefühl dieser Dame?

Andrerseits was sind das für Gefühlswallungen in einem erwachsenen Mann, der bereits zumindest von einem harten Schicksalsschlag getroffen worden ist in Form des Verlustes seines Sohnes? Wie ein Primaner dünkt er sich verliebt in eine Frau, mit der er noch nie gesprochen hat, die er zwar physisch kennt, durch deren Briefe er jedoch kaum ihre Psyche ergründet haben mag. Er lässt sich blenden von seinen eigenen Vorstellungen und den Fantasiebildern, die er sich selber aufgrund wunderbar verfasster Briefe schuf, die uns nicht vorliegen.

Als Letztes verbleibt nur noch ein Telegramm aus Königsberg vom 24.1.42:

"Glücklich und dankbar erwidere ich alle Liebe mit innigen Wünschen und Sonntagsgruß. Dein H."

Hier wird geduzt! Und von Liebe ist die Rede! Haben sie sich womöglich getroffen? Höchstwahrscheinlich. Aber viel mehr ist aus dieser Beziehung nicht geworden. Wie ein Rausch ist sie verflogen. Aus dem Nichts entstanden und dahin wieder verschwunden. Das Erzwungene sollte nicht sein. Elfriede kehrte zurück in ihre Einsamkeit, in ihre Suche nach einem lohnenden Partner, den es für sie nicht in bleibender Form geben sollte.

Elfriede, die Arbeiterin und mehr!

Der 2. Weltkrieg wütete schon vier Jahre lang in Deutschland, als sich eine schicke Dame mit gepflegten Fingernägeln in den Dienst einer unwirtlichen, lauten Fabrik stellte. Wahrscheinlich in dem Bewusstsein für das Vaterland das Richtige zu tun, begab sich Elfriede tagtäglich, oft auch nach einer unter Bombenalarm verbrachten Nacht, an ihre Arbeitsstätte, sie, die noch nie in Lohn gestanden hatte, geschweige denn als Fabrikarbeiterin.

Es stellt sich nun die Frage, ob Elfriede freiwillig die Arbeit angenommen hat oder ob sie dazu aufgefordert worden ist. Obwohl ja Hitler von Anfang an seine Einstellung gegen die Frauenarbeit kundgetan und die Frau als Gebärende und Hüterin des Heims gepriesen hatte, ging die Industrie- und Rüstungsproduktion ohne ihren Einsatz nicht weiter. Die Nazis mussten ihre Politik in Bezug auf die Frau vollständig revidieren, wodurch sie sich eigentlich vor der eigenen Bevölkerung blamierten. Die Frau bis zum Alter von 45 Jahren wurde praktisch zum Arbeiten gezwungen, vor allem, wenn sie schon einmal berufstätig gewesen war, nicht Elfriedes Fall, oder wenn sie kinderlos war wie Elfriede. Sie gehörte aber wohl kaum zu Görings 1942 erwähnten „Arbeitspferden", sondern zu den „Rassepferden", die man nicht am Pflug einspannen sollte, da sie sich nur schneller als Arbeitspferde verbrauchen, ein Bild, das für die elegante Gesellschaftsdame Elfriede wie zugeschnitten erscheint. Außerdem bestanden damals Möglichkeiten, dem Arbeitsdienst mittels Beziehungen auszuweichen. Andrerseits können sowohl die Indoktrination wie der Druck durch die Nazis so stark gewesen sein, dass sich Elfriede in ihrem Ehrgeiz und ihrer Liebe zu ihrer Nation dazu verpflichtet gefühlt hat, ihr auf diese Weise beizustehen und einen Dienst zu erweisen.

Wie es nun auch immer zu ihrem Arbeitseinsatz gekommen sein mag, über diese Zeit hat sie später nichts erzählt. Sie schwieg über ihre Heldentat, obwohl sie ihr Bruder Edgar sehr dafür zu loben pflegte. Er meinte übrigens auch, dass die anstrengende Tätigkeit am Fließband bestimmt der Grund für ihren in späteren Jahren ruinierten Rücken sein musste.

Ob Edgar aber über ihren anderen heldenhaften Einsatz Bescheid wusste? Hatte er eine Ahnung davon, dass die Fabrik Schauplatz ihres sozialen Betätigungsdranges gewesen war?

Bei der Fabrik handelte es sich um die Firma Heinrich Büssing, die schon seit 1873 in Braunschweig bestand und im Eisenbahnsignalbau sowie in der Produktion von Motorlastwagen und Motoromnibussen und später in der von Flugzeugmotoren Weltrang erreichte. Sowohl im Ersten wie im Zweiten Weltkrieg stellte sie sich vollständig auf die Lieferung von Militärbedarf um. In der Zeit zwischen 1940 und 1943 stieg die Zahl der Arbeitskräfte um 30%, obwohl die deutschen Männer doch an der Kriegsfront beschäftigt waren. Woher stammte also der Anstieg? Einerseits durch die erhöhte Einstellung von Frauen, zu deren Schar Elfriede zählte, und andrerseits durch die von Ausländern, zu denen auch Kriegsgefangene gehörten. 1944 bestand die Belegschaft zu 49% aus ausländischen Arbeitern. Zuerst wurden Polen eingestellt, später auch Russen und Italiener, ab September 1944 auch Juden aus dem KZ in Auschwitz.

Zu Elfriedes Arbeitskollegen dort zählten also u. a. auch Italiener, aber keine Gastarbeiter, obwohl sich ab 1940 viele als solche in Deutschland verdingten, denn das Reich ermangelte aufgrund des Krieges an Arbeitskräften. Es handelte sich hier um italienische Kriegsgefangene, weil die ehemaligen Verbündeten Deutschlands während dieses Zweiten Weltkrieges es nach dem 24.7.43 nicht mehr sein sollten. Da erklärte sich nämlich der faschistische Große Rat in Italien gegen Hitlers Freund Mussolini, der seinerseits gegen den Willen dieses Rats, des Königs, des Vatikans und der Industrie am 10.6.1940 auf deutscher Seite in den Krieg eingetreten war. Es folgten Mussolinis Verhaftung und seine Gefangennahme. Nach Auflösung der faschistischen Partei schlossen die Italiener am 3.9.1943 einen Waffenstillstand mit den Alliierten. Deutsche Einheiten waren danach schnell zur Hand, um die nunmehr feindlichen italienischen Divisionen zu entwaffnen: 18 in Norditalien, 38 in Frankreich und jene auf dem Balkan. All diejenigen italienischen Soldaten, die nicht in die Reihen des deutschen Heeres übertraten und somit zur neuen Regierung des „Verräters" Badoglio hielten, wurden nach Deutschland abtransportiert. Sie erhielten den westlichen Kriegsgefangenenstatus, der an und für sich gute Behandlung bedeutet hätte. Als Kriegsgefangene durften sie aber laut der Genfer Konvention von 1926 nicht zum Arbeitsdienst herangezogen werden. Da das Reich aber die Euphorie des Blitzkriegs schon lange hinter sich gelassen hatte und nunmehr nach der Niederlage von Stalingrad in die Phase des Abnutzungskrieges gelangt war, hatte es Arbeitskräfte bitter nötig und umging die erwähnte internationale Bestimmung, indem es die Gefangenen in Italienische Militärinternierte umtaufte, woraus die Bezeichnung "IMIs" entstand. Rund eine halbe Million Italiener landeten so in Arbeitslagern. Im Sommer 1944 waren im Ganzen 7,8 Millionen ausländische Arbeitskräfte in Deutschland tätig, davon 5,7 Millionen Zivilarbeiter und 2 Millionen Kriegsgefangene.

Ihre Zahl entspricht 30% aller in der gesamten Wirtschaft des Reiches beschäftigten Arbeiter. Willkommene Arbeitskräfte also in einem Lande, wo sich die arbeitsfähigen Männer im Kriegseinsatz befanden. Bereits bei den Kriegsvorbereitungen hatte man erkannt, dass sich das Reich drei Problemen gegenüber sehen würde: Devisen, einige Rohstoffe und Arbeitskräfte. Die beiden ersten sollten sich durch die Vorräte in den eroberten Ländern erübrigen, bei den Arbeitnehmern hingegen stand man vor Hindernissen ideologischer Natur. Es passte nicht ins Konzept der Nazis, Menschen minderwertiger Rassen nach Deutschland zu bringen. Außerdem bestand bei den zu Hause alleine gebliebenen Frauen die Gefahr der Verunreinigung ihres arischen Blutes durch den Geschlechtsverkehr mit den Fremdarbeitern. Da man aber auch den Einsatz der deutschen Frauen als Arbeitskräfte seit Jahren in der Propaganda strikt abgelehnt hatte, entschied man sich für das geringere Übel, d. h. für die Einstellung der Ausländer. Vor allem nach der Niederlage in Russland wurde klar, dass der Arbeitskräftemangel von Dauer sein würde. Die Lage auf dem Arbeitsmarkt verschärfte sich nochmals nach dem Scheitern der Rekrutierungsmaßnahmen 1944 in Italien, sodass man sich erst dann endlich gezwungen sah, die Kräfte der bereits im Lande befindlichen Arbeiter durch Leistungsernährung zu steigern oder zumindest zu erhalten.

So kam es, dass einige IMIs auch in Braunschweig in den Arbeitsdienst gelangten. Im Laufe ihres Arbeitseinsatzes bei der Firma Büssing lernte dann die 45-jährige Elfriede den 21-jährigen Rolando kennen. Zwischen ihnen entstand eine Freundschaft, die bis Kriegsende andauern sollte. Die von ihm erhaltenen, auf Italienisch geschriebenen Briefe erscheinen beim ersten Lesen wie Liebesbekenntnisse. Wenn man dann den Altersunterschied der beiden in Betracht zieht, nebst der Lebensumstände beider, aber vor allem seiner, entsteht ein anderer Eindruck.

Seine Briefe tragen leider kein Datum, die Anrede ist kurz und karg, wahrscheinlich aus Angst vor dem Entdeckt werden. Der Kontakt zu Ausländern war verboten und es drohten hohe Strafen für nichtige Angelegenheiten, wie die Darreichung von Zigaretten, die dem Deutschen ein bis zwei Monate Haft einbringen konnten. Bei Geschlechtsverkehr erhielt der Ausländer die Todesstrafe, meist durch Erhängen an einem Baum vor der versammelten Dorfgemeinschaft zwecks Abschreckung, während die Frau mit einer Strafe von bis zu zweieinhalb Jahren Konzentrationslager rechnen konnte. Unter der Bevölkerung war das Denunziantentum stark verbreitet, sodass bei den leichtesten Vergehen äußerste Wachsamkeit angebracht war.

Nach dieser Devise handelten die beiden Briefeschreiber. Oft lautet die Unterschrift nur R., die Anrede: „carissima signorina E.". Dabei sind seine Briefe lang. Man merkt ihm an, was es für ihn bedeutet, an jemanden schreiben zu können, der sich in der Fremde für ihn interessiert. Das italienische Blut wallt in seinen Adern und dementsprechend überschwänglich wirkt sein Stil.

Sein Lebensbericht vom 1.1.44, der einzige datierte Brief:
„*Sehr geehrte und geschätzte E.,*
heute bin ich früh aufgestanden, denn das neue Jahr und die Unmenge Erinnerungen in meinem Kopf lassen mich nicht schlafen. Es handelt sich ja nur um schöne Dinge, die man schwer vergisst. Ich sagte also, dass ich früh aufgestanden bin, anschließend Wasser erwärmt habe, um meine Wäsche zu waschen, die wenige und ärmliche, die ich besitze. Inmitten der Stille meiner

Kameraden, umgeben von ihrem Schlaf fing ich dann an, an Sie zu denken und zu schreiben. Ich habe Ihnen versprochen, von mir zu erzählen:
Wie Sie sich vorstellen können, verlief mein Leben vor 1943 wie das von der Mehrzahl junger Leute auf dieser Welt, denen nichts fehlt. Ich habe das Glück, junge Eltern zu haben, mein Vater ist 41 und meine Mutter gerade 39 Jahre alt. So können Sie sich gut vorstellen, dass Frieden, Liebe und Freude immerzu in unserer Familie herrschten. Wir sind sechs Kinder, von denen ich der älteste bin.
Wir stammen alle aus Livorno, genauer aus Castiglioncello, wo ich mit meiner Familie in einem Häuschen am Meer den größten Teil meines glücklichen Lebens verbracht habe. Dort habe ich die Grundschule und danach das wissenschaftliche Gymnasium absolviert. Mit 18 begann ich dann voller Hoffnungen und Ambitionen mein Studium an der Uni. Die Technik hatte mich immer interessiert, genauso wie das Bauwesen, die Architektur und technisches Zeichnen, sodass ich selbstverständlich an der Uni die Ausbildung zum Ingenieur wählte. Die ersten drei Jahre habe ich erfolgreich hinter mich gebracht, und dann beschloss ich, Soldat zu werden. Wie Sie sehen, ist mein Leben ein ganz gewöhnliches gewesen. Immerhin zeichnete es sich durch die reichliche Liebe meiner Eltern und Freunde aus. Ich bekam immer, was ich mir ersehnte, ich hatte Freude am Leben und habe es in Hülle und Fülle genossen. Vielleicht zu sehr! Ich behalte immer noch wunderschöne Erinnerungen an diese Tage. Wie oft war ich nicht Schilaufen in den Bergen; Schnee und Eis waren damals willkommen und geliebt, so sehr wie ich sie heute hasse!
Also verlief mein Leben glücklich trotz der widrigen Umstände der verworrenen letzten Zeit. Ich war dennoch nicht zufrieden, etwas zerfraß mich innerlich. Ich wollte nicht sein wie die meisten meiner Freunde um mich herum, die unberührt blieben von den großen Ereignissen, und sogar versuchten, ihnen auszuweichen. Also wurde ich voller Enthusiasmus Anfang 1943 Soldat.
Sie müssen wissen, dass wir in Italien unter dem faschistischen Regime einen so hohen Grad von Korruption erreicht hatten, dass jeder Mann, ob jung oder alt, sehr einfach den Kriegsdienst vermeiden konnte, indem er einem hohen politischen Beamten eine

bestimmte Geldsumme oder ein sonstiges Geschenk zukommen ließ. Viele junge Leute bedienten sich dieser Methode und auch meine fürsorglichen Eltern versuchten, mich von meinem Vorhaben abzuhalten.
Bedenken Sie bitte, dass ich stets Pazifist und Antifaschist gewesen bin! Also sprach alles dafür, dass ich blieb. Meine feurige Jugend, meine Abenteuerlust, mein persönlicher Ehrgeiz und die Aussicht auf ein neues Leben (wobei ich mich jetzt nach dem alten zurücksehne!) trieben mich dennoch fort.
Und wohin verschlug es mich als Soldat? Gar nicht weit weg, nach Florenz, eine bezaubernde Stadt, in der mich alle zehn Tage meine Eltern besuchten. Freunde hatte ich dort auch. Aber auch dieses Leben langweilte mich. Ich wollte exotische Länder und andere Menschen kennen lernen. All jenes, was ich auf dem auf der Schulbank aufgeschlagenen Atlas geträumt hatte, kehrte in meine Gedanken zurück und ließ mich nicht in Frieden. Ich erfuhr, dass ein Schiff in Übersee stechen würde, verzichtete in meiner Garnison auf eine Beförderung und verließ als einfacher Soldat mein Vaterland in Richtung Unbekanntes.
Nun, was Abenteuer anbelangt, habe ich seit jenem Tage genügend erlebt. Mein Durst ist nun für immer gestillt. Acht Tage lang waren wir durch ganz Italien unterwegs, bis wir endlich, nachdem wir den englischen Bombern in Bologna entronnen waren, in Bari ankamen. Allein die Kreuzfahrt, die nun begann, hatte nichts mit meinen Träumen als junger Bursche gemein! Null Komfort, kein Himmel noch blaues Meer zu sehen, weder Eleganz noch Ruhe herrschten auf unserem Schiff. Wir fuhren des Nachts los, die Lichter aufgrund der U-Boote vollkommen ausgeschaltet, ohne Essen, ohne zu rauchen, eine ganze Nacht und einen Tag lang. Wenn ich an meine Kindheitslektüre zurückdachte, so sah ich in meiner damaligen Situation nur Parallelen zum Dasein auf einem Sklavenschiff! Wir erreichten bald darauf Durazzo in Albanien. (Albanien war bereits am 7.4.1939 durch italienische Truppen besetzt worden. Die Hafenstadt Durazzo sollte der Ausgangspunkt für Italiens Griechenlandfeldzug werden, der am 28.Oktober 1940 begann. Die Erweiterung des Kriegsschauplatzes auf den Balkan wurde von Hitler nicht wohlwollend betrachtet und sollte schließlich auch zur Katastrophe führen.) *Wie erleichtert war ich,*

als meine Füße wieder festen Boden betraten! Ich befand mich in der Fremde, im Orient! Der erste Monat war herrlich, obwohl wir ein hartes, unbequemes Leben führten, obendrein gefährlich und dennoch faszinierend. Meine Träume waren endlich Wirklichkeit geworden. Ich kann mich entsinnen, dass ich Briefe voller Enthusiasmus und Freude nach Hause schickte. Ich war rundum glücklich. Obwohl die Antworten von zu Hause lange Zeit brauchten und ich obendrein manchmal ohne Gehalt dasaß.
Solange unser Aufenthalt in Durazzo währte, war alles in Ordnung, da diese Stadt ziemlich modern und anziehend ist, zugleich orientalisch und komfortabel. Die Enttäuschung setzte wieder ein, als wir nach ca. einem Monat ins Landesinnere nach Elbasan entsandt wurden. Die Rebellen dieser Gegend zeigten ihr wahres Gesicht als Straßenbanditen und Wegelagerer. So verschwanden viele Träume meiner Jugend und ich reifte somit zum Mann heran, d. h. begann das Leben so zu sehen, wie es wirklich ist. Mit dem Waffenstillstand sollte sich mein Leben noch einmal vollständig verändern.
Jetzt unterbreche ich meinen Bericht, denn, glauben Sie mir, es ist sehr mühsam mit dem Buch auf den Knien und fast ohne Licht zu schreiben. Entschuldigen Sie mich?
Ich möchte aber noch auf Ihre Frage antworten, ob ich mich als Junge oder als Mann fühle. Im Grunde genommen fühle ich mich noch ziemlich als Junge, und wenn Sie mich „mon petit Rolando" nennen, kommt es mir vor, als würde mich meine Mutter „Rolandino" nennen. Und das gefällt mir sehr.
Einen lieben Gruß
R."

Es taucht kein Brief auf, in dem Roland seine Lebensgeschichte fortführt. Aber durch die historischen Gegebenheiten können wir sie, wie oben bereits erwähnt, rekonstruieren, d. h., dass er selber in Albanien sofort nach der Verhaftung Mussolinis in Italien in deutsche Gefangenschaft gerät. Zwar wurde allgemein den italienischen Soldaten die Rückkehr in die Heimat in Aussicht gestellt, die deutsche Führung zog es aber dennoch vor, sie in Gefangenschaft zu nehmen, im ganzen etwa 725.000 Männer, ungefähr die Hälfte der in Italien, Russland, Südostfrankreich und auf dem Balkan kämpfenden Italiener. Vor allem auf der griechischen Insel Kefalonia widersetzten sich die italienischen Soldaten der Gefangennahme, sodass hier schließlich an die 5.000 Männer erschossen wurden. Das Massaker von Kefalonia ging somit als eines der schlimmsten in die Weltgeschichte ein. Rolands Bataillon gehörte offensichtlich nicht zu jenen, die sich aufgelehnt haben.

Aus Rolands Bericht ist zu entnehmen, dass er keineswegs ein Faschist ist und dass es die Lektüre von Romanen in seiner Jugend war, die ihn zum Entschluss brachte, Soldat zu werden. Wie leichtsinnig hat er sich in die Irre führen lassen! Welch fataler Fehler zu denken, man könne ein Fantasiewerk ohne seine Schattenseiten nachleben! Roland beschreibt auch letztere, so wie er sie während seines Aufenthalts in Braunschweig erlebt hat:

„Liebes Fräulein,
ich sage Ihnen sogleich, dass es mich sehr verwundert hat, dass Sie der Meinung sind, ich wolle Ihnen nicht mehr schreiben und dass ich etwas gegen Sie hätte. Sie müssen aber wissen, dass, wenn mir die Zeit zur Verfügung stünde, ich sie zum Ausruhen und zum Schreiben nutzen würde. Ich glaube, dass diese Dinge, abgesehen vom Essen, die einzigen angenehm meines Lebens sind: Diesen wilden Dämon, den Hunger, bewältigen zu können, den ich nie kennen gelernt hatte (Ihnen und Herrn B. bin ich unendlichen Dank dafür schuldig, dass ich ihn bekämpfen, aber dennoch leider nicht vollkommen besiegen kann!!) (mit Herrn B. meint Roland den Meister B., zu dem er ein gutes Verhältnis hat, wie aus anderen Briefen hervorgeht, den er sogar als einen Vater betrachtet), *meine müden Beine nach einer langen Sechstagewoche auszuruhen und schließlich, das Angenehmste von allem: An die geliebten Menschen denken und selbstverständlich Briefe schreiben.
Ich bitte Sie, verscheuchen Sie diese schrecklichen Gedanken und Zweifel darüber, dass ich nicht mehr an Sie schreiben wollte; dass ich etwas gegen Sie haben könnte, ist noch lächerlicher. Was könnte ich für Sie anderes empfinden als eine riesige Freundschaft und Achtung!
Sie wissen ja bereits oder werden es ohnehin verstehen, dass ich das Schreiben unterlasse, weil ich kraftlos bin, erschöpft, der Schlaf mich am Abend überfällt und mir die Augen schließt, noch mit dem Stift in der Hand.*

Jetzt übermannt mich schon der Schlaf, aber in einigen wenigen Stunden werde ich Sie wiedersehen...
Roland"

Hier findet sich ein Schlüssel zur Beziehung zwischen diesen beiden zwei vollkommen entgegengesetzten Lagern zugehörigen Menschen: Der Hunger. Natürlich ist es nicht sein Privileg, Hunger zu verspüren. Auch die deutsche Bevölkerung wird von diesem Gespenst verfolgt. Der Pro-Kopf-Verbrauch an Kalorien sinkt von 2435 in den Jahren 1939/40 auf 1980 in der Zeit 1943/44. Es gibt Fälle von Männern und Frauen, die in den Fabriken als Folge von Unterernährung ohnmächtig umfallen. Die Rationierung der Lebensmittel hatte schon kurz vor Kriegsausbruch stattgefunden und gestaltete sich in Form von Lebensmittelkarten für die verschiedenen Produkte (Brot, Eier, Fett,...). Auch Elfriede ist von diesen Kürzungen betroffen. Dennoch gelingt es ihr zur Helferin dieses abgemagerten, abgearbeiteten, attraktiven, andersartigen Gefangenen zu werden. Sie versorgt ihn, soweit sie es ermöglichen kann, mit Lebensmitteln. Aus anderen Briefen wird klar, was er braucht: Kartoffeln oder Mohrrüben. Es handelt sich um die Mangelware überhaupt im Kriege. Die gesamte Bevölkerung ist davon betroffen, sodass die Brotrationen zeitweise aufgestockt werden als Ausgleich für die verminderte Kartoffelzuteilung. Auf dem Schwarzmarkt konnte man sich einiges „besorgen", obwohl diese Tat unter Strafe gesetzt war. Dennoch hielt sich die Bevölkerung ziemlich offen an die Methode des „Organisierens", die von den Nazis einfach toleriert werden musste. Elfriede aber hatte es durch ihre verwandtschaftlichen Beziehungen zu Bauern in der Braunschweiger Umgebung einfacher, sodass sie wahrscheinlich auf diesem Wege Roland versorgen konnte.

Rolands Hunger muss so gewaltig gewesen sein, dass er den Mut fasst, von Elfriede große Opfer zu verlangen:

„*Also diese ist meine einzige Bitte: Sie wissen ja bereits, dass wir sehr wenig zu essen erhalten, aber ich versichere Ihnen, dass dank der täglichen Essensgaben, die mir sowohl Sie wie Herr B. und einige Ihrer Freundinnen bringen, sich der Hunger an den Arbeitstagen in Grenzen hält, er aber samstags und sonntags unerträglich wird. Bitte sagen Sie mir offen: Bis zum heutigen Tage haben Sie mir alles, worum ich Sie gebeten habe, gebracht, ich fürchte aber, dass Folgendes zu viel verlangt sein wird, und ich möchte Ihnen nicht ständig lästig werden, aber wenn es Ihnen möglich ist, möchte ich Sie um zehn oder zwölf Kartoffeln wöchentlich bitten, wodurch Sie mir ersparen würden, meine Bitte immer wieder voller Verlegenheit wiederholen zu müssen."*

Offensichtlich bekommt Roland die verlangte Zuteilung, die ihm eine große Freude bereitet. Ganz einfache Dinge erhalten eine große Bedeutung in seinem tristen Alltag:

„Wieder ein ziemlich glücklicher Sonntag! Ein kurzes Bad in der Früh, mittags eine gute Kartoffelsuppe und eine köstliche, wirklich köstliche Tasse Milch am Abend; drei Sachen, die mich zusammen mit dem erholsamen Schlaf von Samstagnacht glücklich gemacht haben. Wenn ich Ihre guten Zigaretten hinzurechne, so verdanke ich mein materielles Wohlbefinden völlig Ihnen. Ich brauche nicht zu betonen, dass ich auch mein geistiges Wohlgefühl gänzlich Ihnen verdanke."

Roland, der Lebenskünstler, der es gelernt hat, das Beste aus seiner Situation zu machen, und sich mit einem minimalen Wohlstand zufriedenzugeben. Dieser hagere, auf den Fotos stets von ganzem Herzen fröhlich lächelnde Jüngling mit charakterstarker Nase, nicht schlecht aussehend, aber sicherlich durch die Ausstrahlung seiner positiven Einstellung zum Leben anziehend wirkende junge Mann passt sehr gut zu der ebenfalls optimistischen, lebensfrohen und ständig fröhlichen Elfriede. Zwei, die es verstehen, ihre unglückliche Lage zu überspielen.

Roland scheint auf allen Gebieten in Abhängigkeit von Elfriede zu geraten. Ihre Gefälligkeiten beschränken sich nicht auf Lebensmittel alleine; seine äußerst höflich formulierten Bitten beziehen sich zwischendurch auch auf Seife beziehungsweise Garn und Nadel, um seine auseinanderfallende Wäsche zusammenzuflicken. Die Seife bestand oft aus Sand, was das Waschen zur Qual werden ließ, und außerdem war der Reinigungseffekt sehr gering, sodass anschließend ein grauer Schimmer die Wäsche zierte.

Also ist es von seiner Seite aus gesehen nur eine Art

Ausnutzung ihrer Güte gewesen? Wohl kaum. Wie sie zueinander in Beziehung geraten sind, ist nicht mehr nachvollziehbar, aber seine Achtung und sein Respekt Elfriede gegenüber treten eindeutig zum Vorschein. Sie nimmt offensichtlich die Rolle einer Mutter für ihn ein, sie ist seine Fee, die er vielleicht in einer anderen Situation überhaupt nicht wahrgenommen hätte. Wie viele Elfriedes gab es in der Kriegszeit oder auch danach? Bestimmt unzählige, aber Elfriede steht hier exemplarisch für die vielen anderen.

Im folgenden Brief wird deutlich, wie kindhaft Roland noch ist und andrerseits was für ein schönes Verhältnis er zu seinen Eltern hat. Es ist gleichzeitig eine Beschreibung der herzlichen italienischen Gewohnheiten:

„*Sehr geehrtes Fräulein,*
der heutige Brief ist für mich eine süße Kindheitserinnerung, eine angenehme Familientradition. Ich weiß nicht, ob es auch hier Usus ist, dass die Kinder am Weihnachtstage einen Brief an ihre Eltern schreiben, in dem sie ihnen beteuern, dass sie die allerliebsten Kinder sein werden, ebenso wie was für eine große Liebe sie für sie empfinden, wie es alle Kinder dieser Welt zu betonen pflegen.
Ich bin nun nicht mehr ein Kind, und ich schreibe auch seit Jahren nicht mehr diese Weihnachtsbriefe, aber da dieses Weihnachten das erste ist, das ich fern von den Meinigen verbringe – somit müssen Sie auch meine Tränen von neulich entschuldigen (ich weiß nicht, ob Sie sie bemerkt haben), die mir runterflossen, als ich mich an diese Angewohnheit erinnerte – so bin ich davon überzeugt, dass Sie Verständnis für meine Seelenlage haben werden. Dies sind Erinnerungen, die mir in meiner jetzigen Lage aus dem Herzen entspringen.
Dieses Jahr wird mir kein fröhliches Weihnachten bringen, denn ich werde das Hungergefühl bekämpfen müssen (dank Ihrer und Herrn B.s Hilfe werde ich es besiegen!) und werde den Tag mit Wäschewaschen und Nähen verbringen. Aber die farblosen, gleichmäßigen Tage erschrecken mich nicht mehr, ich habe schon zu viele davon erlebt. Angst spüre ich hingegen vor der Traurigkeit, der Nostalgie, dem Heimweh und dem Fehlen der geliebten Menschen. Ich werde natürlich an meine ferne Heimat denken, aber ein Gedanke wird mir Trost spenden: Auch hier gibt es

Menschen, die mich gern haben und die alles Erdenkliche tun, um mir zu helfen und mich zu trösten, als wäre ich deren Sohn oder deren Bruder. Ich werde nicht traurig sein, denn ich werde die Gegenwart dieser Liebe empfinden! Ich werde nicht alleine sein! Deswegen wollte ich Ihnen schreiben, deswegen wollte ich die süße Tradition der Weihnachtsbriefe wieder aufgreifen, denn an diesem Weihnachten nehmen Sie den Platz ein, den in den vergangenen Jahren meine Eltern und meine Geschwister einzunehmen pflegten. Ich kann Ihnen versprechen, brav zu sein oder das sonstige, das ich damals zu versprechen pflegte. Ich möchte nur Ihnen und Herrn B. mitteilen, dass ich Sie niemals vergessen werde. Ich wünsche Ihnen ein frohes Fest und möchte Sie darum bitten, an diesem Tage ein wenig an Ihren Freund zu denken, der immer an Sie denken wird. Roland"

Mitgefühl als einzigen Weihnachtswunsch! Sich in die Gedankenwelt der zwei in Braunschweig geliebten Menschen aufgenommen zu wissen als billigen Ersatz für die ferne Familie! Welch spärlich gedeckter Gabentisch und doch so voller Bedeutung für ihn in dieser Situation!

Ein anderes Mal beschreibt Roland fast tagebuchartig den Ablauf einer Woche:

*„Mein liebes Fräulein:
ich sitze auf meinem Bett inmitten meiner Kameraden, die entweder schlafen oder sich unterhalten, alle erschöpft, und ich noch mehr als sie: sogar heute haben wir gearbeitet, und zwar den ganzen Tag lang. An und für sich müsste ich traurig sein, aber nein, ich bin es nicht. Ich will Ihnen von dieser Woche berichten:
Am Sonntag habe ich bis um eins in der Fabrik gearbeitet und anschließend ohne zu essen bis um sechs am Schuttplatz in der Stadt.
Am Montag gab es Bombenalarm, aber der Zufall ergab, dass ich samt 15 anderen nicht in den Bunker gelangen konnte und wir die Bombardierung praktisch im Freien erlebt haben. Es waren schreckliche Momente. Kaum waren sie vorbei, so eilten wir den Feuerwehrmännern zur Hilfe, und wir haben freiwillig mit ihnen die Flammen gelöscht, während sich alle anderen noch im Bunker aufhielten. Wir erhielten sowohl von zivilen wie militärischen Persönlichkeiten, die uns bei unserem Einsatz beobachtet hatten,*

reichlich Lob. Und die Belohnung? 200 Italiener, wir 16 inbegriffen, blieben am gleichen Abend zur Arbeit am Schuttplatz zurück, während die anderen nach Hause oder ins Lager gingen. (Roland lebt in einem der 20.000 inzwischen in Deutschland errichteten Arbeiterlager. In allen Städten gab es welche, alle deutlich sichtbar vor den Augen der Bevölkerung!)
Am Dienstag wartete ich vergeblich auf Sie. Dumme Gedanken brachen sich Bahn.
Am Mittwoch wurde mein Freund nach Fallingbostel geschickt. Als ich mich von ihm verabschiedete, spürte ich einen Knoten im Hals. Ich glaube, ich habe einen meiner besten Freunde verloren. Ich erhielt eine Nachricht von Ihnen und am Abend übermannten mich Traurigkeit und Einsamkeit.
Am Donnerstag Arbeit ohne Ende. Ich konnte mich nicht in meine Ecke verkriechen, denn fortwährend erschien jemand, um mich zur Arbeit zu treiben. Ich war müde, müde, müde. Dann habe ich Ausschau nach Ihnen gehalten.
Am Freitag: Die Freude, Sie wieder zu sehen, war unbeschreiblich.
Samstag: Harter Arbeitstag.
Sonntag: Wir hatten damit gerechnet, einen freien Tag verdient zu haben. Mitnichten! Wir haben den ganzen Tag gearbeitet. Nein, ich bin nicht traurig. Neben mir werden nostalgische Lieder aus meiner geliebten Heimat gesungen, die mich in einen glücklichen Rausch versetzen. Stellen Sie sich vor: Die haben den ganzen Tag geschuftet, sie haben einen Teller Kohl gegessen, und trotzdem singen sie und alle fühlen sich mitgerissen und bewegt.
Und jetzt werde ich mich schlafen legen in dem sicheren Gefühl, dass ich Sie morgen sehen werde und dass die nächste Woche glücklicher sein wird als die vergangene.
Ich habe mich über die französischen und italienischen Zeitschriften sehr gefreut und hoffe, dass Sie mir wieder welche besorgen werden, wenn Sie welche finden.
Inzwischen haben die anderen aufgehört zu singen und schlafen langsam ein, um sich ein paar Stunden zu erholen.
Bewahren Sie noch meine Briefe auf? Ich würde die Ihrigen auch gerne behalten, aber das ist zu gefährlich.
R.“

Zweifelsohne führt Roland kein lustiges Leben und

dennoch verliert er nicht den Lebenswillen und die Lebensfreude. Elfriede hilft ihm dabei, einfach durch ihr freundliches Wesen sowie mit materiellen bzw. intellektuellen Dingen, wie die ausländischen Zeitschriften. Untereinander geben sich die Italiener Kraft mit den einfachsten Methoden, mit den menschlichen Urkräften, dem Gesang, in anderen Augenblicken mit Berichten aus der fernen Heimat. Dies fördert den Zusammenhalt und das Zugehörigkeitsempfinden, Säulen ihrer Identität in der Diaspora.

Unklar bleiben Elfriedes Gefühle Roland gegenüber. Hat sie, eine geschiedene Mittvierzigerin, sich in diesen temperamentvollen Jüngling verliebt? Wieso hat sie Angst von ihm vergessen und nicht mehr beachtet zu werden? Wer braucht letztendlich wen? Haben sie die Rollen vertauscht? Gefühlsmäßig hängt er, der Einsame, von seiner Familie und Freunden abgetrennte, eindeutig an ihr. Er müsste den Kontakt mit ihr doch nötiger haben als sie, die immerhin in ihrem sozialen Netz, in ihrer Heimatstadt weiterhin gut aufgehoben ist. Oder ist es nur weibliche Eitelkeit? Muss in ihren Augen dieser vollkommen auf sich gestellte, praktisch nackt vor ihr erscheinende Mann, nicht ihrem verblühenden weiblichen Charme erliegen? Möchte sie tatsächlich von ihm als Mutter betrachtet werden, wenn sie ihn liebkosend „*mon petit Roland*" nennt? Durch seine mehrmaligen Beschwichtigungen in verschiedenen Briefen muss dies angezweifelt werden:

„*Mein geehrtes Fräulein E.,*
in Ihrem Brief erwähnen Sie sehr ernste Dinge. Zuallererst die Sache mit den russischen Mädchen: Ich möchte Sie bitten, mich zu verstehen und ihr keinen großen Wert beizumessen. Es ist ja nicht so, wie Sie es meinen, dass ich jung bin und somit dass es logisch sei, eine Freundin zu suchen... Oh, ich bitte Sie, es ist nicht so. Zwar bin ich in diesem Gefängnis sehr tief unten angelangt, aber noch nicht zu dem Punkt, eine Bolschewikin zu heiraten!! Stattdessen müssen Sie etwas anderes bedenken: Seit neun Monaten sind wir Gefangene! (Und ich spreche im Plural, denn ich bin nicht der einzige, der sich mit den Mädchen unterhält.) Es ist äußerst angenehm, ihnen über unser entferntes Zuhause, unser Land und unserem bürgerlichen Leben zu erzählen. (Erinnern Sie sich, wie oft und wie viel ich Ihnen davon berichtet habe?) Von der

Zeit, als wir noch nicht K.G. (Kriegsgefangene) *waren, in der wir noch einen Namen und nicht eine Nummer trugen, von etlichen kleinen und großen Dingen mit ihnen zu sprechen. Glauben Sie mir, in diesen Augenblicken sind die Russinnen unsere besten Freundinnen. Sie sind die einzigen, die uns verstehen. Nach Feierabend mit ihnen reden und singen zu können, bereitet uns eine große Freude.*
Dies ist alles, und es steckt sonst nichts dahinter, nichts Hässliches und nichts Mysteriöses! Aber Vorsicht! Man könnte Ihnen ja etwas anderes berichten, und das ist bereits geschehen, wie ich aus Ihrem Brief entnehme. Schenken Sie diesen Berichten keinen Glauben!
Für uns sind sie Kameradinnen, und wenn sie sich mit uns unterhalten, sind sie ganz anders, als wie sie sich in der Fabrik oder sonst wo verhalten. Sie müssten es sehen, wie sie ihre Augen verdrehen, wenn wir ihnen Briefe oder Fotos oder andere Kleinigkeiten aus Italien zeigen, wenn wir ihnen von unserem Land mit dem blauen Himmel und der immer präsenten Sonne oder von unseren Gewohnheiten erzählen, die sich doch so sehr von den ihrigen unterscheiden. Die eine oder andere wird bevorzugt, aber alle sind sowohl mir wie den anderen gegenüber gut und lieb. - Nun ist dieses Kapitel abgeschlossen. Es liegt an Ihnen, mir zu glauben!
Sie fragen mich, warum ich nicht wie versprochen weiter über meine Vergangenheit berichte. Ich muss Ihnen sagen, dass diese nun für mich in weiter Entfernung liegt. Ich habe es satt, an Zuhause zu denken..., nur Sie verbleiben in meinen Gedanken!
Ich bin jetzt, im Übrigen genauso wie die meisten meiner Kameraden, in eine Phase von Apathie und Gleichgültigkeit geraten, die typisch ist für Gefangene. Schmerzhaft an ihr ist, dass man die Erinnerung an geschätzte und geliebte Dinge verliert, was andererseits angenehm ist, da man sich nunmehr an den kleinen Vergnügungen dieses neuen Lebens erfreuen kann und jene vergisst, die man jetzt besser nicht kennen sollte. Unser neues Motto lautet: Die Vergangenheit ist verloren, eine Zukunft gibt es nicht, nur die Gegenwart zählt.
Übrigens habe ich wieder ein Paket von Zuhause erhalten, ein Paket, das lange unterwegs war, sodass es halb zerstört angekommen ist. Ich war überglücklich, denn es enthielt eine neue

Soldatenuniform sowie einige Fotos. Ich musste aber feststellen, dass meine Schwester, ebenso wie meine Kusine, sehr gewachsen ist, sodass ich sie kaum noch erkannt habe.
Sehen Sie, wie ich recht damit habe, dass es angebrachter ist, nicht an die Familie zu denken, denn unsere Erinnerung ist kristallisiert geblieben mit Tatsachen, die sich inzwischen geändert haben und nicht mehr mit der Wirklichkeit übereinstimmen.
Dies wird wohl eh das letzte Paket sein, das ich erhalten habe, denn Sie wissen ja noch besser als ich, was sich in diesen Tagen in meinem Lande ereignet.
Ich glaube und bin sogar ganz sicher, dass N. mir alles bringt, was Sie ihm für mich überreichen. Ich bedanke mich noch einmal recht herzlich bei Ihnen.
Und abschließend... bitte ich Sie, nicht an mir zu zweifeln! R."

Elfriede ist eifersüchtig! Sie ist gekränkt! Kann man es einem jungen Mann verdenken, dass er ein wenig Zerstreuung in seinem düsteren Dasein sucht? Kann man ihm gar einen Vorwurf daraus machen? Was erlaubt sich diese Dame, sich in die Vergnügungen dieses Jünglings einzumischen! Welche Wahl oder Auswahl hat er denn? Er freundet sich notgedrungen mit einer 45-Jährigen an, dann findet er Jüngere, die aber leider Russinnen sind. Diese Volksgruppe bildete den größten Anteil an ausländischen Arbeitnehmerinnen zu dieser Zeit in Deutschland. Sie kamen teilweise freiwillig, die meisten von ihnen waren aber durch Fritz Sauckel, dem Generalbevollmächtigten für den Arbeitseinsatz, zwangsrekrutiert worden. Alle Fremdarbeiter genossen nicht die gleiche Behandlung. Die Nazis teilten sie nach rassischen Kriterien ein, wobei die Russen an letzter Stelle noch hinter den Polen rangierten. Sie galten als Untermenschen, während die Westarbeiter die höchste Rangstellung innehatten. Wie die Juden ihren Stern, so trugen diese Arbeiter ein Stoffetikett zur äußeren Kenntlichmachung, die Polen ein „P", die Ostarbeiter, also die sowjetischen Arbeitskräfte, ein „OST". Die Ausländer waren nach Nationalitäten eingeteilt, um eine Solidarisierung unter ihnen zu unterbinden. Die Behandlung war unterschiedlich: Während Westarbeiter Laken erhielten, mussten Ostarbeiter auf Stroh und direkt unter einer Decke schlafen. Auch das Essen war verschieden. Wahrscheinlich meint die durch die Nazipropaganda beeinflusste Elfriede, die Russinnen, die verpönten Kommunistinnen, seien kein Umgang für ihren Schützling. In Elfriedes Augen gehört es sich wohl auch nicht, mit der abartigen marxistischen Ideologie in Kontakt zu treten. Elfriede denkt sich wohl, dass diese engere Bekanntschaft oder gar Freundschaft Roland u. a. zum schlechten Ruf eines Kommunisten verhelfen könnte. Dies wäre dann eventuell das Ende ihrer Beziehung zu Roland, da Elfriede auch auf ihren eigenen Leumund achten musste.

Auf jeden Fall braucht Roland eindeutig mehr als nur brieflichen Kontakt. Er genießt es zu erzählen, zu lachen, wohl auch zu schäkern. Er ist ein junger lebensfreudiger Mann, der auch die Härte seines Alltags zu vergessen sucht, die er sehr prägnant im folgenden Brief beschreibt:

„Liebstes Fräulein,
bevor Sie beginnen diesen Brief zu lesen, möchte ich Sie bitten, mir zu verzeihen und mich zu verstehen; ja, meine bösen Worte zu verzeihen sowie meine Wut zu verstehen. Ich bin wütend und enttäuscht über die Verachtung, die Ihre Freundinnen und Kollegen in der Fabrik für uns Italiener empfinden. Selbstverständlich zähle ich weder Sie noch Ihre Freundin zu dieser Gruppe, denn sie waren beide gut zu uns. Ich möchte Ihnen nun kurz das Leben schildern, das wir führen, und Sie mögen Ihre Schlüsse daraus ziehen.
Wir werden um 4 Uhr morgens geweckt, nachdem wir uns schlecht unter der ärmlichen Decke ausgeruht haben (die seit sechs Monaten nicht gewechselt worden ist!), wir waschen uns schnell und ziehen uns an, um uns draußen zu versammeln. Ob Regen, Schnee oder Kälte, diese äußeren Umstände zählen überhaupt nicht: Wir müssen uns in die Reihe stellen, werden wiederholt gezählt, und wenn sich die lange Kolonne endlich in Bewegung setzt, sind wir alle bereits vollkommen durchfroren. Wir marschieren drei lange Kilometer unter dem Geschrei und Anpfiff der Soldaten. Wir müssen schnell, geordnet und lautlos in der Reihe marschieren. Wenn wir in der Fabrik angelangt sind, werden wir natürlich nochmals gezählt und frieren abermals. Deswegen versuchen wir uns vor der Arbeit ein wenig am Ofen aufzuwärmen, was Ihre Freundinnen mit Missfallen beobachten.
Wir arbeiten mit leerem Magen und unsere jungen Glieder, die

zwar stark sein müssten, sind dünn und schwach. Und die Stunden vergehen einfach nicht, wenn der Hunger einen quält. Endlich ist es Essenszeit. Man begibt sich fröhlich und voller Erwartung in den Speisesaal, und was findet man vor? Kohl und Rüben, Rüben und Kohl, nie eine Kartoffel. (Mit dieser abwechslungsarmen Ernährung stehen die Italiener in dieser Zeit nicht alleine da. Ein Berliner Ministerialbeamter berichtet im Sommer 1943 nach einem Besuch verschiedener Ostarbeiterlager in Berlin: *„Trotz der den Ostarbeitern offiziell zustehenden Rationen ist einwandfrei festgestellt worden, dass die Ernährung in den Lagern folgendermaßen aussieht: Morgens einen halben Liter Kohlrübensuppe. Mittags, im Betrieb, einen Liter Kohlrübensuppe. Abends einen Liter Kohlrübensuppe."* (Zitiert nach Ulrich Herbert, „*Arbeit, Volkstum, Weltanschauung*", Frankfurt 1995, S. 12. Es war also allgemein bekannt, dass die Kriegsgefangenen keine ausreichende Ernährung bekamen, was eine negative Auswirkung auf die Arbeitsleistung zur Folge hatte. Die Italiener, die noch als Verbündete als Gastarbeitnehmer in der deutschen Gesellschaft gut platziert gewesen waren, sind seit September 1943 zu Feinden geworden und erhalten dieselbe miserable Behandlung wie die sowjetischen Gefangenen. Ihr Gesundheitszustand verschlechtert sich somit zusehends. Bei Krupp in Rheinhausen fiel ein Viertel der IMIs im März 1944 wegen Schwäche und Krankheit aus dem Arbeitsprozess aus. Im letzten Kriegsjahr ist die Sterblichkeitsrate unter den Sowjets und den IMIs die höchste, obwohl letztere im Juli 1944 ins zivile Arbeitsverhältnis überführt werden, welches Verpflegungszulagen zur Erhöhung der Arbeitsleistung mit sich bringt. Die Zulagen wurden aber nur ausgegeben, wenn eine Leistungssteigerung erzielt worden war, zu der es aber bei den sehr Schwachen wohl nie kommen konnte, abgesehen von der verbreiteten Tatsache, dass Nahrungsmittel von den Lagervorstehern einfach verschoben statt ausgeteilt wurden.) *Wir verlangen ja kein exquisites Mahl, nur eins, das den Hunger stillt! Und dies ist ein Schrei der Natur! Sie werden uns nie sagen hören, dass das Essen abscheulich sei, nur dass es nicht reicht! Wir kehren also obendrein mit noch größerem Hunger zur Arbeit zurück. Wie sollten wir Energie und Leidenschaft in unsere Arbeit einsetzen, wenn uns kaum die Kräfte verbleiben, uns aufrecht zu*

halten?
Nun zum Abend: Sie alle beeilen sich, ihre Karten zu stempeln, um sich schnell auf den Nachhauseweg zu machen. Wir hingegen lassen uns Zeit, denn wir wissen, dass wir noch ca. 45 Minuten unten warten müssen, um gezählt und kontrolliert zu werden. Dann geht es los, aber die Wächter schreien uns nicht mehr so an und lassen uns ein wenig in Ruhe. Die Zivilbevölkerung hingegen amüsiert sich über uns und beschimpft uns mit hässlichen Bezeichnungen, wie „Verräter", „Badoglio" („Badoglio" war ein verbreiteter Schimpfname für die Italiener, denn er ist der Name des italienischen Ministerpräsidenten, der im September 1943 den Übergang Italiens zu den Alliierten vollzogen hatte. Kein Wunder, dass die italienischen Gefangenen als Verräter bezeichnet werden, denn Badoglio hat sofort nach seiner Machtübernahme als Nachfolger Mussolinis Verhandlungen mit den Alliierten in Hinblick auf eine bedingungslose Kapitulation aufgenommen. Deutschland ahnte diesen Verrat, die Abkehr Italiens von seinem Verbündeten, in Anbetracht eines immer unsicherer werdenden Sieges der Achse Berlin/Rom. In der Verhandlungszeit von 14 Tagen in den verschiedensten Städten, wie Rom, Madrid, Lissabon, Quebec, Algier, Palermo und nochmals Rom, wurde Deutschland von seinem Partner Italien offen belogen. Demnach klingt es wenig verwunderlich, dass der Hass auf die abtrünnigen Italiener von Regierungsseite auch noch gefördert wurde. Durch den Arbeitseinsatz sollten sie umerzogen, ihr Verrat klargemacht werden. Im Merkblatt des Essener Arbeitsamtes steht: *„Von allen Personen, die mit dem Einsatz italienischer Militär/Internierter zu tun haben, ist mit allen Mitteln dafür zu sorgen, dass die Umstände des Zustandekommens und die besondere Verwerflichkeit der Durchführung des Verrats des Marschalls Badoglio von den Militär/Internierten erkannt werden. Die Verletzung jeder militärischen Ehre, der Zusammenbruch aller heiligsten Gesetze der Treue, des Anstandes, darüber hinausgehend der Verkauf italienischer Wehrkraft an den ehemaligen Feind, um gegen den ehemaligen Freund zu kämpfen, müssen gegebenenfalls mit den einfachsten und primitivsten Mitteln jedem einzelnen Militär/Internierten klargemacht werden."* (Zitiert nach K.-J. Siegfried, *„Das Leben der Zwangsarbeiter im Volkswagenwerk*

1939 bis 1945", Frankfurt a.M./ New York 1988, S. 119. Man bedenke auch, dass noch Ende 1942 die damals verbündeten Italiener laut eines Erlasses des Reichssicherheitshauptamtes in der Gruppe A für sich alleine betrachtet wurden, nach der die B mit Angehörigen germanischer Völker - Flamen, Dänen, Norweger, Holländer - folgte, danach die C mit Angehörigen nicht germanischer Völker und zuletzt die D, zu der die Polen, Ostarbeiter, Serben, Tschechen und Slowenen zählten.) *"Sogar die Mädchen schauen uns voller Verachtung an. Wir fühlen uns dabei sehr unwohl, und auch wenn wir den Kopf hochhalten wollen, senken wir ihn beschämt."*

Rolands Lage kann ihn zur Verzweiflung bringen und sagen lassen.

"Ich bin daran schuld, ein Soldat Badoglios zu sein, ein elender Gefangener, in verschlissener Kleidung, ein schmutziger, armer und hungriger Italiener."

Und dann wiederum.

"Ich bin ziemlich stolz darauf, ein Italiener zu sein, und noch mehr darauf, ein Soldat meines Königs und Badoglios zu sein."

Oder:

"Ich fühle mich in der langen Reihe, die ich mit meinen Kameraden bilde, vor den Wachsoldaten oder vor Ihren Mitbürgern nicht minderwertig, ich halte den Kopf hoch, denn ich habe nichts Böses angestellt."

Und dann fährt er fort:

"Wenn ich Sie aber sehe, dann bin ich kein Soldat mehr, dann schäme ich mich; mir kommt es vor, ich wäre ein Kind, schmutzig und schäbig, aus der Reihe herausgeholt und vor allen Augen ausgestellt. Dann erinnere ich mich, wer ich bin, oder besser gesagt, wer ich einmal gewesen bin, betrachte mich und schäme mich maßlos. Und dabei würde es mich riesig freuen, Sie zu grüßen, Sie nach Hause und in die Fabrik zu begleiten, morgens und abends, mit Ihnen offen zu sprechen, ohne zu befürchten, ein dummes Bild abzugeben mit meiner schmutzigen und zerrissenen Kleidung."

Armer, leidender Roland, hingerissen zwischen Selbstachtung und Verachtung seiner selbst! Erniedrigt durch die

Weltumstände, die historischen Gegebenheiten, in die er aus Naivität hineingeraten ist.

Aber sogar die Kriegsgefangenen anderer Nationen verachten die Italiener als Verräter, sodass es auch zu Handgreiflichkeiten unter ihnen kommen kann.

„Heute habe ich die Franzosen getroffen, mit denen ich mich am letzten Samstag geschlagen habe. Ich habe mit ihnen gesprochen, und, wissen Sie, ich verspüre keinen Groll gegen sie wegen dem, was sie mir angetan haben, aber nur wegen der bösen Worte über meine Heimat. Wissen Sie, wie schmerzhaft es ist, eine Beleidigung über das eigene Land hinnehmen zu müssen, dieses Land, das immer in meinen Gedanken und meinen Träumen vorhanden ist, in dem ich geboren und aufgewachsen bin, das Land, für das ich jetzt so viel Leid ertrage und das es jetzt mehr denn je nötig hat, von seinen Kindern verteidigt zu werden. Eine persönliche Beleidigung hätte mich nicht so sehr getroffen, das können Sie mir glauben.
Man sagt, dass Italien ein Land von Verrätern ist und die Italiener nur schmutzige, hungrige Vagabunden sind. Leider haben die Franzosen Recht. Sie sehen, dass wir für ein Nichts bereit sind, Seele und Körper zu verkaufen, aber sie kennen ja nicht unsere verzweifelte Situation und wozu der Hunger einen treiben kann."

All dies beichtet Roland Elfriede, die ja auch zu dem Schluss gelangen könnte, dass das Motiv für ihre Freundschaft in seiner Versorgung mit dem Lebensnotwendigen liegt. Umso lobenswerter ist in Anbetracht der Möglichkeit dieser Missdeutung seine Offenheit und Ehrlichkeit.

Es folgt der Bericht weiterer Qualen:

„In der Baracke angekommen, beginnt das Schlimmste. Nun sind es die ausgeruhten Soldaten, die in voller Frische sich damit amüsieren, uns zu quälen, die kein Mitleid empfinden für Menschen, die den ganzen Tag gearbeitet haben. Ich werde nie fähig sein zu beschreiben, was in dieser kurzen Zeit vor dem Zubettgehen geschieht, und Sie würden mir keinen Glauben schenken; somit unterlasse ich diese Beschreibung, auch um nicht den Eindruck zu erwecken, ich übertreibe. Auf jeden Fall essen wir den einen Suppenteller und das Stück Brot vollständig auf, ohne

dass ich Ihnen sagen könnte, ob es viel oder wenig ist, denn unser Hunger ist so gewaltig, dass wir alles in wenigen Augenblicken verschlungen haben, bevor nochmals Appell und Kontrollen dran sind und wir dann ins Bett fallen (es sei denn, es gibt Alarm!).
Ich wiederhole Ihnen, dass diese eine sehr einfache und optimistische Beschreibung unseres Lebens ist. Wenn man sich nämlich krank fühlt und um einen Arztbesuch bittet, schickt einen der Marschall mit der Bemerkung zurück, es sei eine Kleinigkeit. Wussten Sie, dass bereits 70 Italiener aus unserem Kommando nach Fallingbostel (ein sogenanntes Stalag, ein Stammlager für Kriegsgefangenenmannschaften, wobei die Kriegsgefangenen in Arbeitskommandos aufgeteilt wurden. Aber auch Kranke und Arbeitsunfähige hielten sich hier auf.) geschickt worden sind, weil sie erschöpft, am Ende ihrer Kräfte waren? Wussten Sie auch, dass es hier in der Baracke einige gibt, deren Beine aufgrund der mangelhaften Ernährung und des Vitaminmangels dermaßen geschwollen sind, dass sie Monstren gleichen? Und wussten Sie, dass bei Büssing allein von den unsrigen schon 12 gestorben sind? Und haben Ihre Freundinnen bedacht, dass, wenn wir traurig und nachdenklich ausschauen, es daher rührt, dass wir schon seit 7 ganzen Monaten keine Nachricht mehr von unseren geliebten Familien erhalten haben und dass bei uns zu Hause der Krieg wütet? Und auch wir, obwohl Verräter, Badoglios oder wie auch immer man uns nennen möge, auch wir sind Menschen mit einem Herzen, einer Seele und einer unermesslichen Traurigkeit!
Ich muss noch einmal wiederholen, dass ich von Ihnen das genaue Gegenteil denke und dass Sie zu den wenigen Personen gehören, wegen denen dieser Brief nicht hätte verfasst werden dürfen. Sie haben nämlich alles verstanden, ohne dass ich es Ihnen hätte sagen brauchen. Dass ich in einer guten Verfassung bin, verdanke ich allein Ihnen! So viele scheußliche Dinge würden nicht passieren, wenn in Deutschland alle so wären wie Sie!
Im Gegensatz zum Inhalt dieses Briefes muss ich Ihnen gestehen, dass ich mich ziemlich glücklich fühle, und das ist Ihr Verdienst! R."

Roland gewährt hier einen Einblick in seinen tristen Lageralltag, der auch den stärksten zu Depressionen treiben kann! Ganz deutlich wird er in einem anderen Schreiben:

„*Nach zwölfstündiger Arbeit in der Fabrik müssen wir nach unserer Rückkehr eine einstündige Schicht zum Aufräumen des Schutts und zur Aushebung von Schutzräumen einlegen. Und als wäre hiermit nicht genug, hat man uns diese Woche aus einem unerklärlichen Grund unsere Essensration mächtig gekürzt. Kein Wunder also, dass es erst sieben Uhr ist, meine Augen aber vor Müdigkeit zu fallen! Hinzu kommt die sonntägliche Arbeit zum Schuttabtragen, ein Privileg nur für Italiener.* (Ein Beweis dafür, dass diese Volksgruppe besonders schikaniert wurde.) *Wenn Sie wüssten, wie viele Schläge ich diese Woche bekommen habe... und immer für Dinge, an denen ich überhaupt nicht schuld war! Ich kann gar nicht beschreiben, wie erschöpfend diese Arbeitszeiten sind und wie sie mich entmutigen. Ich hätte gerne gewusst, ob die Arbeitseinteilung vorübergehend ist oder so bleiben wird. Es verbleibt einem jetzt keine Zeit mehr, um zu waschen oder andere Dinge zu verrichten, die den Sonntag, wenn nicht schön, so doch angenehm gestalteten.*"

Dann eine Ausnahmesituation, die diese abgearbeiteten, abgemagerten Menschen ihre letzten Energien kosten muss:

„*Heute sind 60 Kameraden angekommen, die nach der letzten Bombardierung kein Lager mehr haben, aber auch keine Decken und keine Schuhe. Wir haben sie aufgenommen in einem kleinen Raum, der mit 27 oder 28 Personen bis dahin bereits voll belegt war! Nicht genug hiermit. Heute haben wir bis 2 Uhr und am gestrigen Samstag, als schon alle Deutschen, Ausländer und Gefangenen weggegangen waren, in der Fabrik bis 6 Uhr gearbeitet. Wir haben große Eisenteile tragen und schwere Wagons schieben müssen. Glauben Sie mir, vor lauter Hunger und Müdigkeit konnte ich mich kaum aufrecht halten. Und dies passiert nur den Italienern!*"

Oder er gibt an:

„*Bis zum heutigen Tage haben wir von den schönen Verbesserungsmaßnahmen keine erhalten.*"

Immer wieder hatte man nämlich Leistungsrationen versprochen, die in den wenigsten Fällen ausgeteilt wurden. Sie sollen auch tatsächlich an die Betriebe geliefert worden sein, haben die Hände der Betreffenden aber nie erreicht, da sie bekanntlich von Vorstehern usw. zur eigenen Bereicherung an sich gerissen wurden. Mit gekonnter Ironie belächelt somit Roland seine Situation und behauptet:

„Hartes Brot schmeckt prima und kalte Suppe ist köstlich!"

Dieser junge Mann, der etwas auf sich hält, muss noch eine weitere Erniedrigung erdulden:

„Glauben Sie mir, ich vermeide es, Ihnen die Hand zu geben, aus Angst, dass Sie merken mögen, wie dreckig ich bin, und am liebsten spreche ich aus der Ferne mit Ihnen, damit Sie meine zerrissene Kleidung nicht näher beobachten können. Sie wissen ja, wie wenig Zeit uns für die Körperhygiene und fürs Wäschewaschen gelassen wird, und somit werden Sie mich bitte entschuldigen, wenn ich mit Bartwuchs erscheine."

Hier zeigt Roland, wie minderwertig er sich in Elfriedes Gegenwart fühlt, wie er sich unter den gegebenen Umständen für seine äußerliche Erscheinung schämt, wie viel Würde er noch behalten hat!

Aber seine Gefühle der Achtung für Elfriede haben sich zeitweise mit anderen vermischt:

„*Geehrtes Fräulein,*
heute komme ich ins Krankenhaus und hoffe, der Arzt möge mir sagen, was mir fehlt und ob ich nur Erholung brauche. Ich nehme an, der wahre Grund für meine Krankheit ist die Erschöpfung durch die langen Arbeitstage, sodass das Ausruhen mich wiederherstellen wird. Somit werde ich Sie einige Tage nicht sehen und dabei werde ich Ihre lieben Worte missen. Hier im Lager bin ich zwar von einigen lieben Freunden umgeben, Sie fehlen mir aber.
Seit dem bewussten Tag erhalte ich keine Post mehr und meine Einsamkeit nimmt täglich zu.
Am ersten Tag, an dem ich im Lager blieb, dachte ich, zwei, drei Tage würden ausreichen, um mich zu erholen. Stattdessen ist bei mir durch die physische Ermüdung ein leichtes Fieber aufgetreten, das sich sowohl tagsüber wie in der Nacht wiederholt und zurzeit noch anhält. Vor einigen Tagen begann ich einen Brief an Sie, den ich wegen eines Fieber- und Kopfwehanfalls unterbrechen musste. Ich habe ihn aufgehoben und nun schreib ich ihn ab: „Erst seit einigen Tagen sehe ich Sie nicht, und schon kommt es mir so vor,

als hätte ich Sie sehr lange nicht gesehen. Ich sehne mich nicht in die Fabrik zurück, aber diese Nervosität und Ungeduld, die ich während dieser lang gezogenen, leeren Tage empfinde, beruhen auf meinen inneren Drang, Sie wieder zu sehen und zu sprechen. In diesen Tagen vollziehe ich eine persönliche Reinigung und werde mich sowohl körperlich wie seelisch erholt haben. Ein zweites Mal hat man mir nun angeboten, als Dolmetscher im Lager zu bleiben und ein zweites Mal habe ich abgelehnt: Ich möchte Sie jeden Tag sehen!" - hier musste ich unterbrechen und mich hinlegen.
Allabendlich spreche ich mit meinem Freund Napoli und mit ein paar anderen Italienern. Ich überhäufe sie mit Fragen, bitte sie um Informationen über das Magazin Ela, alles nur in der Hoffnung, etwas von Ihnen zu hören. Mir kommt es so vor, als liebte ich die Fabrik, die ich ja bis gestern noch hasste. Warum? Nur Sie können darauf eine Antwort geben. Durch das, was ich von meinen Kameraden höre, erfahre ich, dass Sie wie eh und je liebenswürdig und zuvorkommend allen gegenüber sind. Sie sind die allerliebste und netteste Person für die Italiener in diesem von uns nicht gerade geliebten und geschätzten Lande. So haben wir Sie in unseren abendlichen Gesprächsrunden getauft. Mein Satz fand die Zustimmung all meiner Kameraden, die Sie kennen. Und ich war stolz darauf, der Italiener zu sein, der Sie als erster kennengelernt hat.
Denken Sie immer an mich? Ich trage Sie ständig in meiner Erinnerung, als wären Sie ständig bei mir. Neulich hatte ich in der Nacht bei den Fieberanfällen immer wieder die gleiche Vision: Ihr Gesicht! R."

Hat der fiebernde Roland nun den Sinn für die Realität verloren? Hier können wir ja noch in der Krankheit einen Grund oder eine Ausrede für seine Gefühlswallungen finden. Aber wir werden sehen, dass auch der gesunde Roland sehr starke Empfindungen für die ehemalige Mutterfigur Elfriede hat. Sind es nunmehr die Einsamkeit, die Traurigkeit, das Gefühl des Verlassenseins, der menschliche Drang nach Bindung und Zugehörigkeit, die sein Herz verwirren und ein Gefühl aufkommen lassen, das er unter normalen Umständen nie für eine 45-Jährige empfunden hätte?

Zweifelsohne trägt auch Elfriede Schuld an dieser

Leidenschaft, die sie, die Geschiedene, die vom Ehegatten Verlassene, schürt, auch sie auf der Suche nach Geborgenheit und Liebe.

„Sehr geehrtes Fräulein,
wieso sagen Sie, ich hätte Sie vergessen? Warum haben Sie Napoli diese scheußlichen Worte gesagt? Es war für mich sehr schmerzhaft, sie zu hören. Sie müssen wissen, dass man in diesen Tagen ziemlich nahe an meinem Elternhause kämpft und dass ich seit zwei Monaten keinen Brief mehr von dort erhalten habe, dass ich einsam bin... und nun wollen auch Sie mich verlassen! Ich bitte Sie, sagen Sie diese Dinge nicht noch einmal, schreiben Sie sie nicht und vor allem denken Sie sie nicht, auch wenn Ihre Freundinnen und andere Leute Sie schlecht beraten, glauben Sie ihnen nicht, ich flehe Sie an. Gerade jetzt habe ich Ihre Nähe so nötig!
Es ist so verwunderlich davon zu hören und zu lesen, dass bei meinen Familienangehörigen gekämpft wird; nachdem sie so viele glückliche Tage erlebt haben, ist ihr Gebiet nun zum Kriegsschauplatz geworden. Und keine Nachricht von ihnen! Nur Mut! Ich habe schon so viele beängstigende Momente erlebt, dass ich auch diesen überstehen werde.
Ich kann Ihnen kaum sagen, wie viel Freude mir Ihr Brief bereitet hat. Hier im Lager sind wir Ausländer von der Außenwelt abgeschlossen, was uns pessimistisch und traurig stimmt. Ihre Zeilen voll Zuneigung und Mut geben mir immer wieder neue Hoffnung. Und dann brauche ich lange, um Ihre Briefe zu beantworten, denn ich genieße es, sie wieder zu lesen.
Am Montag war ich für ein paar Stunden in der Fabrik, und Sie können sich nicht vorstellen, wie mir das Herz vor Aufregung und Erwartung, Sie zu sehen, schlug.
Mich rührt Ihr ständiges Interesse für mich, wodurch ich die Sicherheit gewinne, dass Sie nicht glauben, was über mich gesagt wird.
Sie lassen fragen, was ich bräuchte? Viele Ihrer Briefe, Mut, nette Worte und Bemerkungen, die Zuneigung und Hilfe, die Sie mir immer geboten haben, und die Sicherheit, dass Sie nie wieder an mir zweifeln werden!
Rolando"

Die Gefühlslage ist hier noch nicht klar. Kann man von Liebe sprechen? Auf jeden Fall werden Forderungen aneinander gestellt und der eine scheint den anderen zu brauchen. Es taucht die Frage auf, was von Rolando berichtet, was ihm angehängt wird. Ist er so schuldlos, wie er sich gibt? Ist es nur Neid der anderen, der sie dazu verführt, den durch Elfriede Verhätschelten anzuschwärzen?

Der Inhalt der Briefe hat sich gewandelt. Es handelt sich nicht mehr um Berichterstattungen, die eindeutig am Anfang der Beziehung dieser aus zwei verschiedenen Welten stammenden und in zwei verschiedenen Welten lebenden Menschen stehen, Roland muss nicht mehr seine Vergangenheit oder die für Elfriede fremde Gegenwart eines Gefangenen schildern, er kann ihr nun seine Gefühlswelt, seine Intimsphäre offenbaren.

Im nächsten Brief kommen die Gefühle schon ganz deutlich zum Ausdruck:

„*Geehrtes Fräulein,*
Sie werden sich wahrscheinlich wundern, dass ich nach unserem letzten Treffen noch einen Brief von Ihnen erwartete, einen Brief, in dem Sie mir schilderten, welche Wirkung unser Wiedersehen auf Sie gehabt hatte. Ich sage Ihnen ganz ehrlich, dass bei unserer Unterhaltung mein Herz ungeheuerlich pochte. Es sagte mir, dass ich immer bei Ihnen sein wollte, und dennoch hieß es mich im gleichen Augenblick wegzulaufen. Ein ganz komisches Gefühl. Und sagen Sie mir, wie Sie mich gefunden haben, wie immer oder habe ich mich verändert? Für mich sind Sie immer das liebe, gute Fräulein, das ich nie vergessen werde.
Und nun bitte ich Sie darum, mir zu schreiben, auch wenn ich nicht geschrieben habe oder Napoli oder sonst jemand nichts von mir berichten sollte, so schreiben Sie mir trotzdem schöne Briefe, denn sie machen mich so glücklich. Ich weiß, dass dies nicht gerecht ist, dass ich antworten muss, dass Sie meine Briefe auch mit Freuden erwarten; aber ich weiß, dass Sie mich verstehen werden, Sie, die immer so liebenswürdig zu mir gewesen sind.
Ich würde jetzt wieder gerne in der Fabrik arbeiten, man nimmt mich aber nicht mehr. Aber vielleicht werden wir freigelassen. Hier kursieren konträre Gerüchte, mehr oder weniger wahre, mehr oder weniger schöne. Man sagt, dass wir alle ab 1. September frei sind,

andere behaupten, die Jüngeren würden als Soldaten eingezogen, andere meinen, wir bleiben Gefangene, um eventuelle Racheakte zu verhindern. Der Nachrichtenstrom ebbt nicht ab, und man weiß nicht, wem man Glauben schenken soll. (Die von Roland erwähnten Gerüchte beziehen sich auf die tatsächlich am 20. Juli 1944 von Hitler mit Mussolini - inzwischen Staatschef der „Italienischen Sozialrepublik" - beschlossenen Überführung der IMIs in den Status der Zivilarbeiter. Als Bedingung wurde gesetzt, dass ein jeder sich mit seiner Unterschrift dazu verpflichten musste, bis Kriegsende in Deutschland zu arbeiten. Mittels des neuen Status erwartete man eine Erhöhung ihrer Arbeitsleistung, da diese auf 30 bis 60 % jener eines deutschen Arbeiters gesunken war. Die Überführung in den neuen Status entsprach dem Versuch aus dem Teufelskreis „schlechte Ernährung, geringe Leistung" zu entkommen. Verbessert werden sollten sowohl die Behandlung wie die Versorgung der neuen Zivilarbeiter, die nunmehr unter ziviler Aufsicht stehen würden. Inwieweit sich die Umwandlung tatsächlich auf ihre Lebensumstände ausgewirkt hat, ist von der Forschung nicht untersucht worden. Im Falle Rolands steht dennoch fest, dass die Sonntagsarbeit abgeschafft wurde und er sich nunmehr frei in der Stadt bewegen konnte, worüber er selber staunen sollte.) *Gleichzeitig stelle ich mir vor, was wohl zu Hause passiert sein kann. Wenn ich dann das Papier zum Schreiben in der Hand halte, weiß ich nicht, was ich berichten soll. Jedes Mal aber, wenn mein Name bei der Postverteilung nicht ausgerufen wird, weint mein Herz.*
Vor meinen Augen liegt das Foto meiner Mutter und meiner Schwester, das ich immer, wirklich immer, bei mir trage. Mein Schwesterchen erkenne ich gar nicht wieder; es war noch ein Mädchen gewesen, als ich es verließ, jetzt hingegen ist es ein Fräulein.
Ich gebe mich damit zufrieden, dass Sie zumindest einmal am Tag an mich denken, so wie ich immer an Sie denke.
R."

Dieses laut pochende Herz, ist es nicht ein Aufschrei der Liebe? Wo mag das ungleiche Paar sich getroffen haben? Aber der Rest des Briefes geht wieder in die gewöhnlichen Schilderungen über, sodass man den Anfang fast als einen Ausrutscher, eine versehentliche Gefühlsduselei betrachten kann. Der junge Mann hat sich bestimmt in seinen eigenen Gefühlen verirrt und weiß selber nicht mehr, was er empfindet, verwechselt Anerkennung mit Liebe.

Obwohl er auch im nächsten Brief seinen Gefühlen freien Lauf lässt und im Übrigen Elfriede immerfort mit *signorina*, Fräulein, anspricht, als wäre sie nie verheiratet gewesen:

„*Liebstes Fräulein,*
ich habe Ihren Brief noch nicht zerstören können und ich habe auch nicht den Mut dazu. Er befindet sich ständig bei mir und ich lese ihn immer wieder. Während ich ihn lese, spreche ich mit Ihnen und ich sehe Sie wieder vor mir wie damals, als wir im Magazin versuchten, ein paar Worte auszutauschen.
Und beim Lesen sehe ich Sie wieder, folge Ihnen im Geiste den ganzen Tag lang, jede Stunde,... wie Sie Ihr Haus verlassen, um in die Fabrik zu gelangen,... wie Sie an Ihrem Schrank stehen, in dem Sie Ihre Sachen deponieren,... und wie Sie zu arbeiten beginnen: Ich folge Ihnen stets und verlasse Sie nicht, wie Sie mich nicht verlassen haben.
Sie besitzen die Magie, meine Traurigkeit zu verflüchtigen; Sie sind die einzige, die es kann. Ich habe stets an Sie geglaubt und nur an Sie, und auch Sie müssen an mich glauben!
Nie werde ich Sie vergessen!
R."

Dieser Brief hört sich nun schon eher als der eines Liebenden an. Und wir werden im Folgenden sehen, dass Elfriede ihn mit bestimmten Fragen herausfordert:

„*Liebstes Fräulein E.,*
heute möchte ich Ihrem Wunsche entsprechend auf Ihre Frage antworten und alles aufklären, aber ich glaube eh, dass keine Zweifel bestehen.
„*Est-ce vrai que tu attends mes lettres?*" (Stimmt es, dass du meine Briefe erwartest?)
Ihre Briefe bedeuten für mich Stunden des Trostes und der Wärme, sie sind wie ein längeres Gespräch mit Ihnen, ohne dass jemand uns stören könnte wie in der Fabrik; außerdem fühle ich, wie ich Ihnen ja schon oft berichtet habe, dass ich nicht mehr ein armseliger, einsamer und vereinsamter Elender bin. Glauben Sie

mir: Ihre Briefe erwarte ich sehnsüchtig, und ich liebe sie so sehr, dass ich sie nicht missen möchte.
„Est-ce vrai que tu penses à moi avant de dormir?" (Stimmt es, dass du vor dem Einschlafen an mich denkst?) *Und ob! Ich lebe ja mein ganzes jetziges Leben nur in der Erwartung jener 10 herrlichen Minuten vor dem Einschlafen. Der ganze Tag besteht für mich ausschließlich aus Erschöpfung, die ich nur in Anbetracht jener 10 Minuten ertragen kann. Vor dem Einschlafen bin ich in der Tat kein Gefangener mehr: Ich versinke in meine Erinnerungen, nehme für kurze Zeit meine wirkliche Persönlichkeit, mein wahres Ich an, ich kehre gedanklich zurück zu den Menschen, die ich am meisten liebe, unter denen Sie sich natürlich befinden... und eine Stellung ersten Ranges einnehmen!*
Es handelt sich um Augenblicke des Rückblicks auf die Gegebenheiten des Tages, und immer wieder sehe ich Sie, versuche mich an Ihre Worte, Ihre Gebärden, kurzum an alles an Ihnen zu erinnern.
Und ich möchte Ihnen noch etwas sagen: Ich bin äußerst glücklich darüber, in Ihren Briefen zu lesen, dass ich der Grund für eine Veränderung in Ihrem Leben bin, dass ich Sie ein wenig glücklich gemacht habe, ich, der ständig Angst verspürt, Ihnen mit meinen ewigen Bitten um materielle Dinge zur Last zu fallen.
Wenn Sie nun aber glauben sollten, mein Verhalten Ihnen gegenüber sei unecht, so würde mir dieser Gedanke großen Schmerz bereiten, auch wenn Sie ihn nur im Entferntesten denken sollten.
In Ihrem letzten Brief scheinen Sie sich bei mir entschuldigen zu wollen, aber dies ist vollkommen unangebracht, denn keiner von uns beiden hat schlecht gehandelt, und die Gefahr, der wir ausgesetzt sind, ist für uns beide gleich groß. Ich weiß ehrlich nicht, was Ihnen passieren würde, wenn wir entdeckt würden, für mich wäre die physische Strafe gewaltig, aber glauben Sie mir, das, wovor ich am meisten zurückschrecke, ist nicht die mich betreffende strenge Bestrafung, sondern die unweigerliche Konsequenz für uns beide: Ich würde Sie sicherlich nicht mehr sehen dürfen!! Mein Gefängnis bestünde wieder nur aus Trübsal, aus unendlicher Leere. Für mich wäre es schrecklich! Diese Gedanken mahnen mich zur Vorsicht und zum Aufpassen, wenn wir

in der Fabrik sind. Sie haben mich sicherlich verstanden.
Ach, wenn Sie wüssten, wie oft ich davon geträumt habe, bei Ihnen zu Hause zu sein, mich mit Ihnen unterhalten zu können, ohne die Angst zu verspüren, gesehen oder belauscht zu werden, bürgerlich korrekt gekleidet, sauber und... nicht in Begleitung des Geists des Hungers! Wie gerne würde ich mich einfach gemütlich mit Ihnen über alle möglichen Dinge unterhalten. Handelt es sich um einen Traum oder kann es wirklich geschehen?
Jetzt möchte ich Sie noch um etwas bitten: Waschpulver für meine Wäsche und ein Vorhängeschloss, um meinen Schrank abschließen zu können. Ich weiß, dass dies sehr schwierig ist, aber es ist für mich sehr wichtig, denn im Lager verschwinden ständig Sachen.
Und nun werde ich mich daran machen, meine (oder besser gesagt Ihre!) Kartoffeln zu schälen, die eine große Wohltat für meinen kargen Sonntag darstellen.
R."

Dieser Inhalt bezieht sich ganz deutlich auf ein enges Verhältnis zwischen beiden, wobei ihnen bewusst ist, dass ihr Spiel große Gefahren in sich birgt. Was wäre mit Elfriede geschehen? Auf jeden Fall wäre es nicht angenehm gewesen, in einem kleinen Städtchen als Geliebte eines Gefangenen, eines Verräters, wie sich ja Roland des Öfteren bezeichnet sieht, gebrandmarkt zu werden.

Eindeutig wird in diesem Brief, dass Elfriede auf Französisch schreibt, in korrektem Französisch wohlgemerkt, d. h. andrerseits dass Roland diese Sprache auch sehr gut beherrscht, sie aber wiederum über genügend Italienischkenntnisse verfügt, um seine auf Italienisch verfassten Briefe zu verstehen. Ein interessantes Verständigungsmuster.

Die Fragen, die sie ihm stellt, nicht nebenbei mündlich, sondern hartnäckig schriftlich, kann nur jemand äußern, der in einem intimen Verhältnis zu dem Befragten steht. Sonst wären sie reine Provokation. Man kann nicht einen Fremden fragen, ob er an einen vor dem Einschlafen denkt. Dieses fragen Liebende. Ebenso steht es mit der Frage nach der Sehnsucht nach ihren Briefen. Die Zeilen eines geliebten Menschen werden voller Erwartung herbeigewünscht.

Aber was wird aus dieser Liebe? Eines Tages geht Roland. Er ist frei und kehrt in seine Heimat zurück. Solch ein Mensch, der so eine intensive Beziehung zu einer Frau entwickelt hat, kann sie unmöglich schlagartig abbrechen. Wo sind aber seine Briefe aus Italien, in denen er sein glückliches Wiedersehen mit seiner Familie schildert? Es gibt sie nicht. Hätte Elfriede sie nicht zu denen aus der Braunschweiger Gefangenschaft gelegt? Oder haben sie sich gestritten, bevor er das Land verlassen hat? Oder ist er womöglich vor dem glücklichen Augenblick der Befreiung umgekommen? Fragen, die nicht zu beantworten sind, denn auch die Forschung hat diese letzten Monate des Krieges vernachlässigt. Wie Ulrich Herbert in seinem Werk „*Fremdarbeiter*", Bonn 1999, S. 416, angibt, ist „*die Geschichte des „Ausländereinsatzes"... spät und nur zögerlich zum Gegenstand wissenschaftlicher Forschung und öffentlichen Interesses geworden."* Und dann hat sie sich in erster Linie mit dem Völkermord an den Juden befasst, ab den 80-ger Jahren dann mit den Zwangsarbeitern im Allgemeinen in Bezug auf eine Entschädigungsmöglichkeit durch die deutsche Industrie.

In der Literatur wird andrerseits immer wieder darauf hingewiesen, dass die Behandlung der Italienischen Militärinternierten je nach Arbeitsplatz unterschiedlich war, d. h. konkret von den deutschen Vorgesetzten und Mitarbeitern abhing. Roland hat das Glück bei Büssing mindestens zwei ihm gut gesinnte Personen gefunden zu haben, seinen Meister, Herrn B., und Elfriede. Sein Abschiedsschreiben an beide ist vorhanden.

„*In mein geliebtes Italien werde ich die Erinnerung an zwei geliebte Menschen mitnehmen und ich werde überglücklich sein, meiner Mutter und meinem Vater mitzuteilen, was Sie für mich getan haben, ich wäre aber noch glücklicher, wenn ich Sie persönlich meinen Eltern vorstellen könnte."*

Welch edle Person, dieser Roland! Und wie italienisch in seiner Denkweise, die von ihm geliebten Menschen zueinander führen zu wollen. Es wird im gleichen Brief klar, warum er diese beiden Deutschen so außerordentlich schätzt.

„*Ab dem Tag, wo meine Kompanie gefangen genommen wurde, begann für mich ein Leidensweg. Alles war gegen mich, nie hat mir eine liebenswürdige und gnädige Hand geholfen, kein Mensch irgendeiner Nation, und, wie Sie bereits wissen, haben wir viele Länder durchquert, keiner hat Mitleid mit mir gehabt. Es kam*

kein Tag, der besser als der vorherige gewesen wäre, nie eine gute Nachricht, nie eine barmherzige Geste, nie eine Hoffnung, nie ein Trost. Ich habe Hunger und Kälte neben so vielen Erniedrigungen erlitten, dass ich an solch einem Punkt der Verzweiflung angelangt war, dass ich nicht mehr an Gott glaubte und jegliche Hoffnung aufgegeben hatte. In solch einem Zustand kam ich zu Büssing, und ich war mir sicher, dass alles noch schlimmer enden würde. Hier fand ich Herrn B. und dann Sie, und wahrlich, ich konnte es nicht glauben, dass Sie so gut waren.
Ich konnte nicht verstehen, wie Menschen mir so zugetan sein konnten, wo mich bis zu diesem Zeitpunkt und in eben diesem Lande alle nur schlecht behandelt hatten.
Ihre Liebenswürdigkeit mir gegenüber hat mir die Freude und die Hoffnung wiedergegeben, sodass ich Ihnen sogar eines Tages sagte: Ich glaube, ich habe einen Vater und eine Schwester gefunden.
Ich weiß nicht, wann dieser Krieg enden mag und ob ich mein Haus und meine Eltern wiedersehen werde, auf jeden Fall wird dieser nahe oder ferne Tag für mich sehr schön, aber auch sehr traurig sein, weil ich von Ihnen scheiden muss."

Eine Hommage, ein Monument an zwei Menschen, die Roland menschenwürdig behandelt haben zu einer Zeit und in einer Umgebung, wo dies keine Selbstverständlichkeit darstellte, schon gar nicht in Bezug auf einen Angehörigen eines Verräterlandes!

Sisto oder Liebe auf Italienisch

Der Krieg ist vorbei. Roland fort in seine Heimat. Elfriede alleine in ihrem Schmerz. Da ist aber noch ein anderer junger Italiener, ebenfalls ein Kriegsgefangener, vielleicht ein wenig älter und erfahrener als Roland, auf jeden Fall charakterlich völlig anders: Sisto heißt er.

Seine heißen Liebesbriefe lassen keinen Zweifel über die Art der Beziehung zu Elfriede aufkommen. In Friedenszeiten haben sie keine Repressalien von der Gestapo mehr zu befürchten.

Drei Fotos von Sisto hat Elfriede aufbewahrt, alle im Juni 1945 beschriftet, obwohl nur eins aus dieser Zeit stammen mag, da es einen abgemagerten Sisto zeigt, der ein Schild mit der Nummer 166971 hält. Wohl seine Gefangenennummer als IMI in Braunschweig. Der Text dazu - im Original auf Italienisch - lautet:

"Um unser leuchtendes Glück zu verewigen, wirst du stets diese liebe Erinnerung in Deinem Herzen tragen. Dein Sisto"

Ein zweites Foto zeigt ihn in italienischer Soldatenuniform und trägt folgenden Wortlaut:

"Mit seinem ganzen Herzen wird er immer, immer bei seiner so geliebten Elfriede sein. Dein Sisto."

Während es sich bei den vorherigen um eine Art Passfotos handelt, ist das dritte eines der ganzen Statur vor einer italienischen Bucht. Sisto braun gebrannt, fröhlich lachend, mit einer Pfeife im Mundwinkel. Der wahre Sisto, nicht der, der durch den Leidensweg des Krieges gehen musste. Der Lebemann, vielleicht der Don Juan, der das Feminine in jeder Frau zu gesteigerten Formen erwecken kann. Der Text diesmal nicht so euphorisch:

"Für die freundliche und äußerst liebe Frau als Erinnerung. Sisto"

Seine Briefe sind umso deutlicher. Am 13.6.1945 um 1 Uhr morgens schreibt Sisto (stets auf Italienisch) an:

"Meine sehr liebe Elfride (immer nur mit „i" geschrieben!),

... Ich weiß nicht, ob ich die Nächte unendlicher Liebe, die ich für Dich empfinde, so beschreiben kann, dass Du alle meine Gefühle

nachempfinden kannst... Ich bin dermaßen arm, aber unsere Liebe wird mir sicherlich behilflich sein, um Dir meine ganze Empfindung mitzuteilen... Nun gehe ich schlafen mit meinem Kopfe auf Deinem leuchtenden, großzügigen Herzen, nachdem ich einen langen Liebeskuss auf Deinen wollüstigen Mund gepresst habe."

Sisto scheint nicht viel mehr im Kopfe zu haben als Liebe. Im Gegensatz zu Roland schreibt er nur romantische Phrasen, ganz im Zeichen des Südländers, was auf Elfriede gerade anziehend gewirkt haben mag. Es ist bekannt, dass die italienischen Arbeiter während des Krieges in Deutschland keine Schwierigkeiten hatten, Beziehungen zu den Frauen herzustellen. Sie waren überrascht über deren Freizügigkeit, was sie nicht daran hinderte, sie zu genießen.

Bei Elfriede trifft er die Situation von so vielen anderen deutschen Frauen an: Einsamkeit, Verlassenheit. Nur könnte sie seine Mutter sein. Aber bei seinem Temperament kann Elfriede sich nicht bändigen. Zwei Tage später schreibt er:

„Mein so geliebter Schatz,
ich fühle mich derart einsam! Heute erscheint mir ohne Dich alles leer. Jede Minute dieses langen Tages habe ich an Dich gedacht! Ich habe sehr viel tun müssen, aber alles nur automatisch wie eine Maschine verrichtet... Ich wollte auf einen Sprung bei Dir vorbeikommen, weil ich solch eine Lust dazu verspürte, Dich lange an mein Herz zu drücken und Dich lange auf Deinen duftenden Mund zu küssen, um Deinen berauschenden Atem einzuatmen... Drei lange Tage bist Du weg! Für mich werden sie sehr traurig sein, ich werde sehnsüchtig die Stunden zählen, ohne die Hoffnung zu verspüren, Dich sehen zu können, Dich zu spüren und Dir einige Küsse zu stehlen, während Mutti mit irgendetwas beschäftigt ist. Wie schön es doch ist, bei Dir zu sein, die ganze Welt und das Böse zu vergessen: Es kommt mir vor, als lebte ich im Paradies, meinem eigenen, voll Freuden und voll Poesie. Zusammen mit Dir, der so Liebenswürdigen, Eleganten, Ausgeglichenen, Liebevollen! Wieviel Feinheit findet man doch in Deiner lieblichen Person. Wie schön wäre es doch, Deine Sprache richtig verstehen zu können, um in Worten zu hören, was ich in Deinen tiefen Augen lese, die Deine edle Seele widerspiegeln... Unsere Seelen vereinigen sich zu einer einzigen und harmonieren zu einer süßen melodischen Musik in

meinem Herzen. Ich bin so glücklich, Liebste! Und das verdanke ich Dir. Deine Bekanntschaft hat mir so gut getan nach den vielen harten Monaten der Gefangenschaft, als meine ganze Umgebung eine einzige Hölle war, wo es meistens sehr schwer, fast unmöglich war, etwas Gutes zu verrichten; denn das Elend ließ als erstes und vor allem anderen den Egoismus hervortreten und Taten verrichten, die eher von wilden Tieren als von Menschen stammen. Du, meine Elfride, bist mein erstes neues Licht gewesen nach der harten Zwischenzeit. Dafür bin ich Dir unendlich dankbar, mein Liebling.
Ich kann die Zeit nicht abwarten, bis diese drei Tage vorbei sind, um Dich wiederzusehen und die wunderschönen unvergesslichen Stunden in Deinem Paradies wieder zu erleben. Jetzt gehe ich schlafen in der Hoffnung, dass Du mir im Schlafe erscheinst, sodass ich Dir einige Küsse geben kann, die ich Dir ja während Deiner Abwesenheit nicht werde schenken können.
Ich drücke Dich lange an mein Herz und flüstere Dir die liebevollsten Wörter zu, die aus meinem verliebten Herzen strömen."

Sisto erkennt genauso wie schon Roland vor ihm das Feenhafte in Elfriedes Wesen. Sie hat beiden ein wenig Freude im kargen Dasein des Kriegsgefangenen gebracht, sie daran erinnert, dass das Leben auch noch Gutes und Genüsse birgt. Und Sistos Liebe und Gefühle klingen durchaus echt und glaubhaft. Elfriede kann sich ehrlich geliebt fühlen, auch im folgenden Brief vom 17.6.1945:

„Meine angebetete Liebste,
morgen werde ich Dich endlich wiedersehen können. Mir kommt es so vor, als hätte ich ein Jahrhundert lang gewartet, und ich muss auch noch die Nacht und einen Teil von morgen rumkriegen! ... Oh, meine Elfride, wie ich Dich liebe! Ich hätte nie gedacht, dass ich mich dermaßen verlieben könnte! Ja, denn ich hatte mir vorgenommen, geizig mit meinem Herzen umzugehen, um einen freien Kopf zu bewahren für meine künftige Arbeit. Aber es stimmt schon, dass man das Herz nicht befehligen kann... Es zerbricht mir das Herz, wenn ich daran denke, dass unsere Liebe zerrissen, verstümmelt wird durch unsere Trennung."

Auch Sisto gehört zu den IMIs, die nach Kriegsende nach

Italien zurückkehren müssen und es bestimmt auch sehnlichst wünschen. Eine vollkommen aussichtslose Liebe also, die kaum begonnen, schon wieder aufhören muss. Am 7. Juli 1945 ist es so weit:

„Meine geliebte Elfride,
heute Abend, als ich ins Lager zurückkehrte, fand ich den Rückkehrbefehl vor. Obendrein werde ich weggehen müssen, ohne Dich wiedergesehen zu haben... Ich bin wirklich sehr traurig. Ich möchte mich nicht von Dir trennen, denn ich liebe Dich wahnsinnig. Mein ganzes Herz ist bei Dir, für Dich. Hab immer Vertrauen in Deinen Sisto, denn ich werde Dich nie vergessen, auch nicht das Glück, das ich mit Dir erlebt habe. Es kann so nicht enden. Sobald wie möglich wirst Du meine Briefe erhalten, die Dir meine ganze Liebe mitteilen werden. Lass uns hoffen, dass die Zeit der Trennung schnell vorbei sein wird. Wenn wir wieder vereint sind, werden wir noch glücklicher sein, da wir mit meiner Arbeit auch noch ein angenehmes Auskommen haben werden... Die Trennung wird für Dich sehr schmerzhaft sein und deswegen mache ich mir große Sorgen..."

Liebesbeteuerungen, Pläne für die gemeinsame, friedliche Zukunft. Wird ein junger Mann, denn das ist Sisto bestimmt, seine Schwüre halten können? Im Juni 1946 offensichtlich der erste Brief aus Rom:

„Liebe Elfride,
ich bedanke mich herzlichst für Deine lieben Briefe... Das Leben in Italien gestaltet sich nicht sehr einfach, aber das Unentbehrliche hat mir nie gefehlt.
Ich teile Dir mit, dass ich geheiratet habe und dass Gott sei Dank alles gut geht. Ich weiß, dass Dich diese Nachricht traurig stimmen wird, Du wirst aber Verständnis für mein Handeln haben. Ich weiß, dass Dein gutes Herz mich verstehen wird.
Ich hoffe, dass sich das Leben bei Euch normalisiert hat und Dir und Mutti nichts zum Leben fehlt.
Ich habe an Edgar geschrieben, aber keine Antwort erhalten.
Ich hoffe, dass Dein Ehemann noch in der Lage ist, Dir zu helfen.
Grüße mir Mutti und empfange die herzlichsten Grüße zusammen mit der Anerkennung, die Dir die Italiener schuldig sind, die bei der Büssing-NAG gearbeitet haben."

Sisto hatte es eilig. Nicht einmal ein Jahr war seit seiner Rückkehr nach Italien vergangen, als er schon in den Stand der Ehe getreten war. Lange Zeit hat er geschwiegen, bis er Mut fasste und die kalte Dusche erteilte. Elfriede ist nun wieder endgültig für eine andere verlassen worden. Aber die Wertschätzung ist vorhanden. Ihre guten Taten während des Krieges nicht vergessen. Eine würdevolle Deutsche, die bewiesen hat, dass Deutsche auch ein Herz für Menschen haben können.

Was ist aber mit Edgar? Es ist Elfriedes Bruder, der seit 1939 in Montevideo lebt und zu dem der Kontakt seit Kriegsende abgerissen ist, denn Elfriedes Briefe erreichen ihn nicht. So versucht sie den Weg über Sisto, über Rom. Im nächsten Brief, von der britischen Zensur geöffnet, ebenso wie der vorliegende, mehr darüber.

Und der Ehemann? Hansemann. Er ist bei Kriegsende verstorben, was Sisto wohl nicht wusste. Seit über einem Jahr versucht Elfriede über einen Rechtsanwalt die Unterhaltszahlungen durch seine Witwe zu erwirken. Es wird mehrere Jahre dauern, bis sie sie erhält.

Elfriede wird Sistos Verhalten verstehen müssen. Was bleibt ihr anderes übrig? Vielleicht nur noch den Segen hinzugeben, oder?

Fast ein Jahr später, am 8. Mai 1947, das nächste Schreiben, ebenfalls von der Zensur kontrolliert:

„Es hat mich gefreut zu erfahren, dass Du endlich Neuigkeiten von Edgar erhalten hast... Es gibt wenig Brot, von Spaghetti ganz zu schweigen! Und wenn man sich erst irgendein Kleidungsstück kaufen muss, dann ist es aus, das sind horrende Preise...! Es bleibt uns nichts anderes übrig, als ohne große Illusionen zu vegetieren..."

Der Inhalt seiner Briefe hat sich gewandelt, sie sind sachlich, nüchtern, vorbei die Zeiten einer überschwänglichen Liebe. Die Situation in Italien sieht nicht besser aus als jene in Deutschland. Überall der Kampf ums nackte Überleben, ein Kampf, den auch Elfriede führt, manchmal ein wenig versüßt durch das Eintreffen von CARE-Paketen, die ihr ihr Bruder aus Montevideo nun schicken kann.

Die Neue Welt hilft der Alten

Über Paris hat Elfriede es im Juli 1946 endlich geschafft, sich mit ihrem Bruder Edgar brieflich in Verbindung zu setzen. Am 23. August erhält sie wieder Antwort aus Montevideo mit erfreulichen Neuigkeiten über Edgars inzwischen anderthalbjährigen Erstgeborenen. Tere berichtet in ihrem exzellenten Deutsch und der ihr eigenen Würze:

„Sie denken sicherlich manchmal, wie macht sich wohl der Edgar als Vater? Es ist erstaunlich aber wahr, er ist ganz toll verliebt in sein Kind, mehr noch als in seine famosen (sie meint wohl: kostbaren) Erstausgaben. Er wickelt ihn als Baby viel besser als ich und füttert ihn mit solcher Gewandtheit, dass ich ihm meistens diese schweren Beschäftigungen ganz überlasse... Trotz aller Schlauheit ärgert es uns festzustellen, dass der freche Kerl (Matthias, der Sohn, ist damit gemeint) mit Ausnahme einiger unwichtiger Wörter wie „Fritz", das Kaninchen, „Julia", das Dienstmädchen, und „heiß" nichts Vernünftiges reden will und nicht einmal Papa und Mama sagt... Im Garten klettert er am Zaun empor mit unglaublicher Geschicklichkeit oder zerstört ganz bewusst die Blumen, die Edgar mit so viel Müh und Liebe gepflanzt hat. Wenn er die Müllabfuhrmänner mit ihrem Wagen, der von 4 Maultieren gezogen wird, langsam vorbeifahren sieht, stampft er mit den Füßen und schreit und bettelt, bis ich ihn hinauslasse und er neben dem Fuhrmann Platz nehmen darf. Da strahlt er nun übers ganze Gesicht vor Freude, manövriert mit den Zügeln in der Hand herum, ruft „Ho, ho", auf Deutsch „Hü". Befindet er sich wegen schlechten Wetters im Haus, so läuft er andauernd zu Edgars Bücherschrank und holt triumphierend und voller Bosheit schmunzelnd ein kostbares Buch nach dem anderen heraus. Der Vati gibt ihm furchtbare Klapse, die ein gewöhnlicher Mensch nicht aushalten könnte, Matthias aber verzieht keine Miene und versucht immer wieder sein Ziel zu erreichen.
Nun, in diesem Brief wurde wohl genügend von dem kleinen Mann gesprochen. Bald wird von dem zweiten Sohn die Rede sein. Edgar wünscht sich zwar ein Mädchen."

Eine lebendige, lebhafte Beschreibung nicht nur eines temperamentvollen Kindes, sondern auch von der Hand einer Mutter mit stark ausgeprägter Persönlichkeit. Sie nimmt kein Blatt vor den Mund und erwähnt mit viel Respektlosigkeit Edgars große Leidenschaft, die sein Leben leitmotivisch begleiten wird: Er sammelt Bücher, genauer gesagt Erstausgaben, die in den Briefen der kommenden Jahre oft Erwähnung finden werden.

Neben dem Thema Familie und Kind/er durchzieht ein ganz anderes, ebenso ergötzliches die Briefe der Nachkriegsjahre: Die Sendung von Hilfspaketen nach Deutschland. Somit wird die neu gefundene Kommunikation durch tatkräftiges Handeln begleitet, wie Edgar noch im gleichen Brief deutlich macht:

„Am 20.8. habe ich über die Schweiz drei Pakete an Euch in Bewegung gesetzt, d. h. ich habe an die „Christliche Nothilfe", Zürich, Heimplatz 1, Geld geschickt, und Ihr bekommt dann die entsprechenden Pakete zugesandt."

Ab nun und über die nächsten Jahre wird Edgar in rührender Emsigkeit Hilfslieferungen an seine hungernde Familie in der kriegszerstörten Heimat senden. Diese Art von Sendungen aus dem Ausland hat bekanntlich dazu beigetragen, das Leid der deutschen Bevölkerung zu mindern und zu lindern.

Edgar scheut die Ausgaben nicht, obwohl er sich keiner guten finanziellen Lage rühmen kann. Am 14. Dezember 1946, inzwischen Vater eines zweiten Sohnes, beschreibt er sie:

„Ich schreibe so spät, weil ich gar keine Zeit übrig hatte. Von den beiden Kindern abgesehen, die die Eltern nicht zur Ruhe kommen lassen, hatte ich einige Privatstunden zur Vorbereitung auf die Prüfung an den hiesigen Schulen, und vor allen Dingen habe ich ja meinen außerordentlich wichtigen Posten als Angestellter in einem der unzähligen hiesigen Lotterieläden, in dem ich ungefähr ein Viertel verdiene von dem, was wir zum Leben brauchen, und was ich früher verdient habe. Aber es ist ganz lustig und ich lerne das Leben einmal von einer anderen Seite kennen. Ewig wird es ja nicht dauern. Ihr müsst wissen, dass hier jede Woche zweimal Ziehung ist und jedermann begeistert Lotterie spielt, anders als im alten Vaterlande. Fußball, Lotterie und Pferderennen, das sind die drei Dinge, die hier alle Herzen beschäftigen. Na ja, früher war es schöner. Ich möchte gerne

wissen, was für Aussichten drüben für meinen alten Beruf bestehen."

Edgar hat es auch nicht einfach. Der Krieg hat sich für ihn in der Form des Arbeitsplatzverlustes durch Schließung der deutschen Schule ausgewirkt. Eine durchaus erträgliche Lage, wenn man bedenkt, was ihm alles durch seine Abwesenheit am Kriegsschauplatz in Deutschland erspart blieb. Er beklagt sich auch keineswegs, und zwar nicht aus Rücksicht auf die Gefühle der zurückgebliebenen Verlierer, nein, er vermittelt den Eindruck von Zufriedenheit oder Ergebenheit in sein immerhin mildtätiges Schicksal. Dennoch spielt er mit dem Gedanken zurückzukehren. Man fragt sich, ob er eine wahre Vorstellung der Zerstörung und Verwüstung in der Heimat hat. Natürlich lebt er nicht im Zeitalter des Fernsehens, bekommt also nur vereinzelte Fotos in den Zeitungen zu sehen. Ist er zu optimistisch oder verspürt er das Verlangen, dem von ihm im Stich gelassenen Vaterland zumindest beim Wiederaufbau behilflich zu sein? Dazu wird es aber noch nicht kommen. Die transkontinentale Verbindung ist immer noch nicht zufriedenstellend. Am 27. Februar 1947 schreibt nämlich Edgar:

„Gestern erhielten wir Euren Weihnachtsbrief vom 16. November. Seit langem wieder ein Lebenszeichen von Euch. Es ist sehr seltsam, dass von mir nie Post ankommt, wo doch Bekannte von mir hier in dauernder Verbindung mit ihren Angehörigen stehen... Na, Ihr müsst mal herkommen. Wenn wieder geordnetere Verhältnisse herrschen, wollen wir mal ernstlich daran denken. Verschiedentlich fragte ich schon an, wie und womit und wovon Ihr eigentlich lebt. Schreibt mir einmal darüber. Dass das Haus noch steht, ist wirklich außerordentlich. Habt Ihr denn zu heizen? Ich schickte Euch bis jetzt vier Pakete, drei über die Schweiz, das letzte über die CARE, New York. Morgen sende ich wieder eins über die letztere Stelle ab. Hoffentlich ist inzwischen etwas davon angekommen. Wir stellen uns Euer Dasein so vor, als ob Ihr den ganzen Tag nur ans Essen denkt, und dazu noch die Kälte... Ich habe neulich zu Weihnachten ein hübsches Bildchen vom Altstadtmarkt aus dem Jahre 1842 gekauft. Ob wohl noch etwas davon übrig ist in Wirklichkeit? Ihr wundert Euch hoffentlich nicht darüber, dass man hier in Montevideo Ansichten von Braunschweig

bekommt? Es gibt hier mehrere gute Antiquitätengeschäfte, in denen man die schönsten Luxusgegenstände für sehr teures Geld kaufen kann. Ich hab noch mehrere andere deutsche Städtebilder erstanden und damit unser Treppenhaus ausgeschmückt. Genauer gesagt, ich habe sie eingetauscht gegen überflüssigen Kram, den man uns zur Hochzeit geschenkt hatte. Was sollen wir zum Beispiel mit 30 Mokkatassen, ein Dutzend ist noch übergenug usw. Sonst schwimmen wir nicht gerade im Überfluss, ich habe mir das ganze letzte Jahr nichts Vernünftiges geleistet..."

Hier spricht Edgar eine Einladung aus, die er in späteren Briefen wiederholen wird: Elfriede soll doch die glückliche Familie besuchen, das exotische Südamerika kennenlernen. Sie wird aber nie kommen, obwohl sie bis 1967 Gelegenheit dazu haben soll. Anfangs fehlen wahrscheinlich die finanziellen Mittel, später lässt sie die Gesundheit im Stich.

Edgars Frage nach der Art des Auskommens der beiden Damen, Elfriede und Mutter, ist berechtigt. Es ist die Zeit, in der Elfriede verzweifelt versucht, die Unterhaltszahlungen der Witwe ihres geschiedenen Ehemannes zu erwirken. Viel hierüber lässt sie nicht verlauten, denn Edgar wird nie einen Kommentar oder einen Ratschlag abgeben, wohl aus totaler Unkenntnis über ihre Schwierigkeiten. Am 17. März 1947 ist er immer noch nicht aufgeklärt und fragt:

„Schreibt doch einmal genau, was Ihr zu essen habt und wie es Euch überhaupt wirtschaftlich geht. Man hört hier so viel Verschiedenes, dass es doch nicht so einfach ist, sich ein Bild zu machen. Ihr könnt gar nicht genug über die Zustände drüben schreiben."

Und dann philosophiert er ein wenig:

„Den ganzen Februar saßen wir ohne Mädchen da. Die Schwiegermutter schickte uns auch des Öfteren eins von ihren vier oder fünf Mädchen, man weiß nie, wie viele sie gerade hat. Ihr werdet geringschätzig lächeln ob der Sorgen, die wir haben, aber es ist alles Gewohnheitssache im Leben."

Und zwischenzeitlich eine berufliche Veränderung:

„Inzwischen habe ich nun eine neue Stellung mit ein bisschen Korrespondenz in verschiedenen Sprachen, und lerne dabei ein wenig, wie es in einem kaufmännischen Betrieb zugeht.

Außerdem gebe ich in einer kaufmännischen Schule englischen Unterricht, wobei ich selbst am meisten lerne. Komischerweise habe ich mir ja immer gewünscht, stets etwas Neues zu erleben. Das geht jetzt prima in Erfüllung."

Aber so wahnsinnig interessant kann sein neuer Beruf gar nicht sein:

„Ich sitze im Geschäft und habe nichts zu tun, da das ganze Baugewerbe stillliegt und wir also nichts zu verkaufen haben. Die Bauarbeiter haben so oft Streik angefangen, dass jetzt die Baufirmen selbst erklärt haben, sie machten nicht mehr mit und alle Arbeiter entlassen haben. 40.000 Arbeiter sind ohne Arbeit, alle Neubauten liegen verlassen da."

Also auch im friedlichen Uruguay steht nicht alles zum Besten. Will Edgar vielleicht auch Elfriede ein wenig von den eigenen Sorgen ablenken? Er befindet sich gewiss auf einer Gratwanderung zwischen Trostspenden, Bemitleiden und Erheiterung bieten. Letztere vermittelt er durch die Berichte über seine Kinder:

„Schrieb ich schon, dass wir unsere Tierwelt sehr eingeschränkt haben? Alle Enten sind fort, es war zu viel Arbeit, und die beiden Kinder sind wichtiger. Auch ist das Futter sehr teuer, so dass das Ganze nicht recht lohnte. Vom Schmutz und Gestank ganz abgesehen. Wir haben nur noch ein paar Hühner, damit Matthias immer frische Eier hat, und seit einiger Zeit eine Ziege! Matthias liebt sie schrecklich, meine werte Frau auch, ich weniger, denn ich zittere für meine Pflanzen und habe deshalb verordnet, dass sie bei den Hühnern eingesperrt sein muss, wo sie nicht viel Unheil anrichten kann. Die beiden passen gut zusammen, denn das Zerstören liegt auch Matthias sehr. Äpfel, Weintrauben, alles, was in winzigen Mengen zum ersten Mal bei uns wächst, wird von ihm halbreif heruntergerissen, und die zwei Apfelsinen, die auf ihrem Bäumchen wachsen, sehen auch ihrem sicheren Untergang entgegen. Da kann man nichts machen."

Tere ist eine Tierliebhaberin, sie, der Spross einer reichen, hoch geehrten Kaufmannsfamilie in Montevideo, obwohl sie laut Edgars Aussage *„in ihrer vornehmen Familie ungefähr halb verhungert war."*

Ende März 1947 wieder Angaben zu Paketsendungen:

„Ich hoffe, dass inzwischen endlich einige Pakete eingetroffen sind. Es handelt sich um drei Pakete, eines Typ J, eines Typ K, eines Typ N über die Christliche Nothilfe. Drei Monate nach dem Datum der Versandanzeige können Nachforschungen nach dem Verbleib der Pakete eingeleitet werden. Am besten erkundigst Du Dich auch nach der Stelle, nach dem Depot, von dem aus die Pakete ausgeliefert werden. In jeder größeren Stadt Deutschlands scheint es ein solches Warenlager zu geben, und nach Möglichkeit werden die Pakete dem Empfänger ohne Vermittlung der Post zugestellt. Ich weiß von Leuten, die eigens in eine andere Stadt gefahren sind, um das Paket persönlich in Empfang zu nehmen. Desgleichen müsstest Du Dich nach der Auslieferungsstelle der CARE erkundigen. Von den fünf Paketen, die ich auf einmal bestellt habe, könnt Ihr jede Woche eins bekommen. Die CARE scheint aber auch die einzig sichere Stelle zu sein. Schade, dass ich erst verhältnismäßig spät davon gehört habe. Über die Schweiz soll es viel länger dauern. Wenngleich die Lebensmittel etwas besser sein sollen. Die Amerikaner schicken wohl hauptsächlich Konserven, dafür aber mehr als die Schweizer, und wie gesagt, vor allem schneller."

Für Elfriede beginnt nun neben ihrer Lauferei zum Anwalt wegen der Zahlung des ihr zustehenden Unterhalts auch jene zu den Hilfsorganisationen, zuzüglich der umständlichen Besorgungen der ihr auf Lebensmittelkarten zugebilligten Produkte. Auch ohne Arbeit ist sie so vollauf beschäftigt.

CARE ist „*die bald nach dem Krieg gegründete* „*Cooperative for American Remittance to Europe*" und bildete eine „*der wichtigsten privaten Hilfsorganisationen. Die ersten Carepakete wurden im Sommer 1946 verteilt. Anfangs stammten die Lebensmittel größtenteils aus den Depots der US-Armee, schon sehr schnell jedoch spendeten US-Bürger den Inhalt der Pakete, die dann über CARE an Privatadressen in Deutschland weitergeleitet wurden. Bis zum Januar 1947 kamen rund fünf Millionen Carepakete in Deutschland an. Hauptsächlich enthielten sie Büchsenfleisch, Fett in Dosen, Kekse, Marmelade, Kakao, Schokolade, Zigaretten.*" (s. A. Häusser, G. Maugg, „*Hungerwinter*", Berlin 2009, S. 127-128)

Und im nächsten Brief wieder das gleiche Thema:

„Ihr müsst die Pakete selbst von der Auslieferungsstelle abholen, nehmt Euch jemand mit, denn jedes Paket wiegt ca. 21 Pfund ohne Verpackung. Ihr könnt drei pro Monat erhalten, und ich werde weiter so schicken, dass Ihr Eure drei Pakete monatlich bekommt. Damit ist dann hoffentlich diese Frage endlich in Ordnung. Geld scheint Ihr auch nötig zu haben. Ich habe so oft danach gefragt und nie Antwort erhalten. Müsst Ihr für die Reparaturen bezahlen? Bekommt Ihr Mieteinnahmen? Schreibt darüber. Pflanzt Ihr denn ein bisschen Gemüse im Garten, damit Ihr etwas mehr zu futtern habt?"

Noch immer tappt Edgar im Dunkeln. Die zwei Frauen schaffen es nicht, ihm ihre genaue Lage zu schildern. Aus Scham, aus Kalkül, aus Unerfahrenheit? Edgar hat aber Recht mit der Annahme, dass die Deutschen nun weitgehend zu Selbstversorgern geworden sind: *„Parks, städtische Grünanlagen und Ruinengrundstücke wurden daraufhin als „Grabeland" an die Berliner Haushalte vergeben. Die Nutzer mussten sich verpflichten, alle Flächen für das Pflanzen von Gemüse und Hackfrüchten zu verwenden; überall entstanden neue Schrebergärten. Vor den Resten des Brandenburger Tores und um die Siegessäule herum säten, hackten und ernteten die Berliner... Milchkühe fanden ihr Futter vor der Universität Unter den Linden, Schafe und Ziegen weideten im Charlottenburger Schlosspark. Allerdings blieben die Ernteergebnisse weit hinter den Erwartungen zurück. Es fehlte an Saatgut, Gartengeräten und vielen großstädtischen Neu-Gärtnern auch an der nötigen Erfahrung"* (s. A. Häusser u. G. Maugg, ebd. S. 65 – 66).

Auf jeden Fall kann nun Edgar mit einem kleinen Erfolg aufwarten:

„Ich habe endlich eine ansprechende Arbeit gefunden, die von Dauer sein dürfte, als Korrespondent in den paar Sprachen, die ich radebreche. Wo könnt Ihr Euch wohl denken."

Wieso die beiden Damen aus dieser Andeutung entnehmen sollen, dass die Firma des Schwiegervaters gemeint ist, bleibt schleierhaft. Auf jeden Fall ist seine Stellung nun so gefestigt, dass er abgesehen von den Paketen auch noch etwas „Nützliches", wohl Geldscheine, den Briefen zufügen kann. Und dann noch die kurze Erwähnung einer weiblichen Person, die für Edgar in Deutschland von Bedeutung gewesen ist, und die auch in der näheren Zukunft für die Familie eine beachtliche Rolle spielen wird:

„Die Nachricht über Juliane hat mich natürlich sehr überrascht; schreib mir doch ihre Adresse, damit ich einmal hinschreiben kann."

Hat etwa seine ehemalige große Liebe geehelicht, so wie er selbst auch in der Zwischenzeit? Auf jeden Fall zeigt seine feurige lateinamerikanische Ehefrau bald ihre scharfen Zähne, wenn es um Verflossene geht:

„Tere bekommt übrigens immer einen kleinen Wutanfall, wenn Du von meinen alten Freundinnen berichtest. Es ist also wirklich besser, Du begräbst sie in Deinem Busen. U. a. ist sie neidisch, weil sie sich das Leben, wie es früher war und wohl jetzt noch mehr drüben in der Hinsicht ist, sehnsüchtig ausmalt, wo sie doch hier immer halb eingesperrt gelebt hat. Und jetzt hat sie auch nicht viel Abwechslung, sitzt immer zu Hause mit den Kindern."

Die stürmische Tere hat mit 20 Jahren die elterliche Klausur verlassen, um sich in die der Ehe mit dem Mutterdasein zu begeben. Kein Entrinnen aus der Enge!

Am 23. April 47 wieder die Erwähnung der Pakete:

„Ich sende jetzt drei Pakete, damit werdet Ihr Euch hoffentlich etwas aufpäppeln können."

Deutschland hat soeben den Hungerwinter 1946/47 hinter sich gelassen, der so schlimm war, dass *„die Bewohner Hamburgs täglich 770, Hannovers 740 und in Essen sogar nur 720 Kalorien"* erhielten. (s. A. Häusser u. G. Maugg, ebd. S. 50) Deutschland ist nicht imstande, genügend Nahrungsmittel für seine Bevölkerung anzubauen oder herzustellen, sodass es 1946 als weltweit zweitgrößter Importeur von Lebensmitteln dasteht. Der Schwarzmarkt, Tauschgeschäfte, Kompensationshandel und das Hamstern gehören zur Tagesordnung, was Lucius Clay veranlasst, in seinen Memoiren zu schreiben, dass *„ohne den schwarzen Markt rund zehn Prozent mehr Deutsche die unmittelbare Nachkriegszeit nicht überlebt hätten, sondern erfroren oder verhungert wären."* (s. ebd. S. 95) Lucius Clay kannte in seiner Funktion als Militärgouverneur der amerikanischen Besatzungszone von 1947-49 und vor allem als Initiator der

Berliner Luftbrücke 1948-49 die Lage der Bevölkerung zur Genüge! Nebst dem Hunger wirkte die Kälte vernichtend, woraufhin die Berliner Behörden sogar das Abholzen im Berliner Tierpark genehmigten! (vgl. ebd. S. 125) Um zu verhindern, dass die extrem schlechte Versorgungslage die deutsche Bevölkerung in die Arme des Bolschewismus drängte, entstand 1947 der Marshallplan mit seinem rettenden Aufbauplan (vgl. ebd. S. 187); nach der Währungsreform im Juni 1948 verschwand dann der Schwarzmarkt, und die Schaufenster füllten sich mit der versteckt gehaltenen Ware (vgl. ebd. S. 195).

Über sich selbst berichtet nun Edgar:
"Die kaufmännische Tätigkeit erfüllt mich nicht gerade mit Hochgefühlen, aber was will man machen."
Über Matthias wiederum:
"Er liebt die Ziege sehr, führt sie an der Leine herum, steigt auf sie drauf, wälzt sich mit ihr herum, sie passen gut zueinander. In fünf Monaten wird es kleine Zicklein geben, dann trinken wir Ziegenmilch. Irgendwelche Tiere muss es ja für Tere immer geben. Sie träumt von einer Kuh, aber da mache ich nicht mit. Mein Steckenpferd ist der Garten. Ich habe jetzt schönen Rasen gepflanzt. Ich habe so lange gewartet, weil ich viel Dünger von dem Federvieh brauchte, denn der Boden nahe am Meer ist reiner Sand. Im Juni werde ich noch einige Bäume pflanzen, die mit den Kindern zusammen wachsen können."
Und eine kleine Zugabe im Brief:
"Ich lege wieder etwas Zwirn ein."
Eine Mangelware in Deutschland? Im nächsten Schreiben wird es sich zur Abwechslung um Zimt handeln. Am 29.4.47 ist der zweite Sohn, der sechs Monate alte Martin, Kernpunkt der Berichterstattung:
"Tagsüber ist er immer noch im Garten, seine Beinchen sind dunkelbraun gebrannt von der Sonne. Sehr gerne liest er die Zeitung, es sieht komisch aus, wenn man von weitem nur ein großes Papierblatt aus dem Wagen herausgucken sieht."
Wieder ein belustigendes Bild, das die beiden Damen auf andere Gedanken bringen soll. Auf der anderen Seite die Beschäftigung mit ihren Sorgen:

"Dass Ihr nichts zum Anziehen habt, wundert mich fast, wenn ich an den Haufen alten Kram denke, den Mutti immer aufhob. Ich werde mal ein Stoffpaket schicken, das ist seit neuestem möglich."

Langsam beginnt in Deutschland der Aufbau, begleitet von kulturellen Veranstaltungen, in denen eine gediegene Erscheinung nicht fehl am Platz ist. Die schicke Elfriede erträgt wohl eher Hunger als Kleidermangel. Und hierfür zeigt Edgar Verständnis! Obwohl er sich auch im nächsten Brief noch nicht von seiner Verwunderung erholt hat:

"Ich dachte immer, an Sachen zum Anziehen littet Ihr keine Not, da mir immer Muttis gefüllte Schränke vor Augen standen. Aber es scheint, dass Ihr alle seit Urzeiten aufgehobenen Lumpen aufgebraucht habt. Erstaunlich, aber es ist wirklich schon eine Reihe von Jahren vergangen."

Ob diese Vermutung stimmt oder ob Elfriede in ihrer Eitelkeit, den Drang nach Neuem, Andersartigem nicht weiter bändigen kann?

Am 13.5.47 wieder Klage über ausbleibende Briefe, wobei es kaum an Elfriede liegen kann, da sie doch eine leidenschaftliche Schreiberin ist:

"Wieder einmal kam seit längerer Zeit keine Nachricht mehr von Euch. Es ist wirklich mehr als seltsam. Dabei habt Ihr viel mehr Interessantes zu erzählen als ich, bei Euch geschieht wenigstens immer etwas, wenn auch gewöhnlich nichts Erfreuliches."

Aber dafür kann Edgar wieder von den Abenteuern seiner Buben berichten:

"Matthias tobt wie wild von einer Ecke in die andere, zieht seinen vollbeladenen Wagen über den frisch gepflanzten Rasen, dass es einem graut, balgt sich mit seiner Ziege herum, die schon deutlich rund um den Bauch herum wird. Am meisten arbeitet er, wenn wir sonntags mal alle spazieren gehen, dann muss er unbedingt den Kinderwagen schieben, sonst ist er tiefbeleidigt. Sein Bruder freut das auch gewaltig, er lächelt in einem fort, wenn er den kleinen Sklaven so eifrig schieben sieht. Gewöhnlich geht es ganz ordentlich dabei zu, nur zuweilen wird der Matthias von der Lust übermannt, mal ordentlich los zu galoppieren, was Martin nur

recht ist, aber nicht lange geduldet werden kann."

Diese Berichte bringen in ihrer boshaften Natürlichkeit sicherlich ein paar Sonnenstrahlen in das düstere Haus in Braunschweig. Erleichterung müssen auch folgende Worte Edgars auf die beiden stolzen Damen bewirkt haben:

„Die Geldfrage ist unwichtig, noch habe ich etwas Kapital, und bis das alle ist, werde ich hoffentlich so viel einnehmen, wie wir brauchen. Darum also bekümmert Euch nicht!"

Der 35-jährige Edgar zeigt sich von seiner großzügigen Seite, ganz als Gentleman der alten Schule. Ihm geht es ja auch vergleichsweise gut. Das Thema kehrt dennoch des Öfteren wieder:

„Wegen der Wiedergutmachung braucht sie (Elfriede) sich nicht zu beunruhigen, das geht alles in den großen Eimer. Wenn nichts mehr da ist, paciencia."

Es wird nicht lange dauern, und Elfriede wird sich erkenntlich zeigen, Jahre hindurch, Jahrzehnte lang. Aber vorläufig macht sie Angebote, nicht zu verachtende Vorschläge:

„Dass Du mir den Erbschmuck zugedacht hast, finde ich sehr nett. Du weißt, dass ich ihn sehr schätze."

Tatsächlich stellt sie zuerst im Mai 1947, dann am 11.7.1948 ein handschriftliches Testament auf, in dem sie ihrem Bruder neben dem erwähnten Schmuck, auch das silberne Besteck, ihr Rosenthal-Porzellan, Perserteppiche nebst Topflappen (neu) und Trockentüchern (!) überlässt. Nur wird Edgar diese Kostbarkeiten nie erhalten, da die ältere Elfriede ihn schließlich um ein paar Jahre überleben wird. Dennoch ist dieses Testament für Edgar von großer Bedeutung, denn er fühlt sich seinen Schwiegereltern gegenüber als minderwertig:

„Zur weiteren Aufklärung mag dienen, dass ich vonseiten der feudalen Schwiegereltern nicht so gut gestellt bin, wie Ihr vermutlich annehmt. Eine Mitgift gibt es hierzulande nicht, die Frau bringt in die Ehe nur mit, was sie an Kleidern und Wäsche braucht. Die Möbel, Küchensachen, Bettwäsche usw. kauft alles der Mann. Günstiger für mich und natürlich ebenso für Tere war nur, dass wir anstatt von Schmucksachen, wie hier sonst üblich, als Hochzeitsgeschenk das Grundstück erhielten, auf dem wir jetzt wohnen. Das Haus wurde mit Geld von mir und Hypothek gekauft. Das Geschenk war natürlich sehr stattlich, und ich bedauerte

etwas, daß von meiner Familie aus dem gar nichts entgegengestellt werden konnte, um einigermaßen das Gleichgewicht zu halten. Es wäre daher schön, wenn man Tere irgendwann auch von drüben eine kleine Aufmerksamkeit erweisen könnte."

Die Schwiegereltern hatten übrigens noch acht weitere, jüngere Kinder zu versorgen! Aber wer war schon dieser zwar hochgebildete, aber in der uruguayischen Gesellschaft völlig unbekannte Deutsche, der ihre älteste Tochter betört hatte? Was hatte er schon zu bieten, er mit seinem Hochschulstudium und Doktortitel, Anhängsel, die in Montevideo in der Rangstellung sehr, aber sehr weit hinter einem Namen eingestuft wurden!

Aber das Leben geht weiter, ebenso Matthias' Streiche:

"Die einzige Apfelsine, die noch am Bäumchen war, hat er, nachdem er sie merkwürdig lang nicht beobachtet hatte, endlich doch noch vierzehn Tage vor der Reife herunter bekommen und als große Überraschung der Mutter gebracht. Wunderbar wird es werden, wenn ich bald einige neue Bäume und Reben pflanze. Er wird viel zu tun haben, um alles kleinzukriegen."

Galgenhumor in Anbetracht einer ausweglosen Situation. Schicksalsergeben berichtet Edgar einige Wochen später, nachdem er die Bäume tatsächlich gepflanzt hat:

"Matthias lässt sie bis jetzt in Ruhe, aber ich traue dem Frieden nicht."

Und dann:

*"Wenn ich in sein (*Matthias'*) Zimmer komme, ist er wie ein Blitz unter der Decke verschwunden und stellt sich tot. Halb kichernd, halb ängstlich lässt er sich dann hervorziehen, denn er weiß nie recht, ob es Haue gibt oder nicht. Wenn ich ihm meine Meinung sage, schläft er dann auch meist ein. Seine Mutter hat damit freilich keinen Erfolg, auf sie hört er nicht besonders. Eines Wochentages kam sie ins Zimmer, als ich schon weg war; er verschwand wie üblich, wagte sich nach einer Weile ganz vorsichtig wieder hervor, und als er merkte, dass nicht ich es war, sagte er erleichtert und ein bisschen verächtlich: Vater "bobo" (Dummkopf). Das hieß, er brauchte sich um mich nicht zu kümmern und konnte ruhig weiter toben."*

Nicht unbedingt ein Ruhmesblatt, vom Sohn als Dummkopf bezeichnet zu werden!

Am 5. August 1947 schreibt ein leicht schockierter Edgar:
"Kürzlich kam der Brief mit Eurem Familienbild an, Ihr seht ja alle reichlich verhungert aus! Mutti ist kaum zu finden, so winzig ist sie geworden."

Mutti war zwar klein von Statur, dafür aber stets sehr rundlich gewesen. Auf jeden Fall kommt Edgar nun auf neue Ideen, mit deren Hilfe die beiden Damen zu Geld kommen könnten, um beispielsweise Reparaturen am Haus durchzuführen:

"Wenn Ihr übrigens die Lage ausnutzen wollt, wo alles gekauft wird, was nach „Sachwert" aussieht, dann empfehle ich Euch dringend, wenigstens einige von den vielen Ölgemälden zu verkaufen. Ich meine, man müsste jetzt doch mehr dafür bekommen als je sonst zu erwarten wäre, weil die Leute, die es sich heute leisten können, einfach alles kaufen, wie man in Zeitungen von drüben liest, um sich vor der Entwertung zu schützen."

Mit der Entwertung meint Edgar wohl eher die bevorstehende Währungsreform. Aber auch ganz neue Perspektiven zeichnet er auf:

"Bitte schreibt mir, was Ihr außer den Wollsachen für Elfriede besonders braucht. U. a. auch, was für Artikel dort besonders hoch im Preise stehen. Zigaretten? Für den Fall, dass Ihr etwas zum Tauschen oder auch zum Verkaufen haben wollt. Ich glaube, das wäre sehr zu empfehlen."

Durch die Zeitungslektüre ist Edgar genauestens über die Gepflogenheiten im Hunger leidenden Deutschland informiert. Ab nun wird er eine Akzentverschiebung in der Zusammenstellung der gesandten Pakete vollziehen: Sie werden nicht mehr direkt auf die Bedürfnisse der zwei Frauen abgestimmt sein, sondern auch die Marktbedingungen ins Auge fassen. Und die Vorschläge macht er im vollen Bewusstsein der Existenz der Briefkontrollen:

"Ich sende Euch hiermit die erste Hälfte eines alten Briefes, den wir eingeschrieben geschickt hatten und der deshalb von der Zensur nicht geöffnet werden konnte."

Gegen die Tauschgeschäfte waren auch die britischen Besatzer machtlos. Obwohl die Zensur zeitweilig aufgehoben wird, findet sie im Frühjahr 1948 wieder Anwendung, zumindest für die Braunschweig verlassenden Briefe. Nun ein prächtiges Geburtstagsgeschenk:

„Da ich weiß, was für eine leidenschaftliche Raucherin Du leider bist, schickte ich Dir gestern, zollfrei und von der Militärregierung bewilligt, 300 Zigaretten aus Virginiatabak. Es ist eine Möglichkeit, die sich kürzlich ergeben hat. Eine Zigarette soll bei Euch zwischen 3 und 7 Mark kosten, wie man liest. Stimmt das?... Ich kann auch ein Paket von 3.000 Stück schicken; soviel Du willst... Kaffee soll 500 Mark kosten?... Soviel ich hier las, sind die offiziellen Preise drüben nicht viel gestiegen, damit eine Inflation vermieden werde. Fürchtet man diese Inflation trotzdem immer noch? Ebenso wie einen Krieg, von dem auch hier alles redet, an den ich aber absolut nicht glaube für die nächsten 10 bis 20 Jahre. Morgen werde ich ein Paket mit 4 1/2 kg Fett schicken, und bald auch eines mit 11 1/2 kg Mehl; es sind neue Care-Typen. Soll ich 50 kg Kartoffeln aus Holland schicken?"

Mit seiner Kriegseinschätzung liegt Edgar zwar falsch, weil das Jahrhundert bekanntlich ohne Weltkrieg ausgehen wird, dennoch macht dafür der Kalte Krieg den Ost-West-Fronten zu schaffen. Den Stellenwert von Zigaretten hat Edgar hingegen treffend erkannt, denn *„bezahlt wurde statt mit Geld meistens mit Zigaretten – der „Lucky-Strike-Währung"* (s. A. Häusser u. G. Maugg, ebd. S. 89).

Aber das Volk muss derweil sehen, wie es satt wird. Somit kommt es auch zu einer Sendung von 15 kg Fettheringen, die Tere wie folgt kommentiert:

„Letztere finde ich sehr komisch, ich hab noch nie Heringe gegessen und schon gar nicht in solchen Massen!"

Tere, obwohl am Meer aufgewachsen, hegte eine strikte Abneigung gegen den Verzehr von jeglicher Art von Fisch. Ob aber die beiden Damen diese Unmengen Heringe verspeisen konnten? Weiter berichtet Tere:

„All die Mitteilungen über Edgars Jugend oder besser gesagt Kindheit interessieren mich sehr. Er behauptet nämlich für sich immer alle guten Eigenschaften seiner Kinder, und den Rest überlässt er natürlich mir... Martin kriecht allerliebst, was Matthias in große Verblüffung setzt. Er lacht und klatscht und ruft uns freudestrahlend herbei, um das große Wunder der Natur zu betrachten... Unser Leben verläuft hier sehr einfach und friedlich (Edgars Zornausbrüche über meine Unordnung ausgenommen)...

Martin sitzt in seinem Laufstall und frisst eifrig Kekse und Matthias macht Gebirgstouren über Tische und Sessel. Die beiden lieben sich sehr, sie sind wie zwei junge Katzen, wenn sie sich umarmen und übereinander kugeln, sodass sie nicht mehr voneinander zu unterscheiden sind. Und dann zu hören, wie die beiden sich mit größtem Stimmaufwand unterhalten, ist ein besonderer Genuss...".

Tere äußert sich schon wieder negativ über ihren Gatten, immer mit einer Prise Ironie, wohin soll diese Einstellung aber führen? Denn Edgar hat echte Probleme mit seiner Ehefrau:

„*Mutti könnte uns mal ein paar Rezepte aufschreiben, besonders von Topfkuchen, Sahneschnitzel und ein oder zwei einfachen Puddings. Ich kämpfe seit unserer Hochzeit mit Tere darum, aber es wird nie etwas rechtes daraus. Ihr werdet sicher schon satt, wenn Ihr nur an solche Sachen denkt, könnt mir also dankbar sein, dass ich Euch Gelegenheit dazu gebe."*

Woher soll auch Tere - inmitten von Dienstboten, Köchinnen und Gouvernanten aufgewachsen - diese Gerichte im warmen Uruguay kennen? Hier pflegt man eher die italienische Küche. Dann sorgt wieder der kleine Held Matthias für Abwechslung:

„*Wenn Matthias mich oder die Nachbarn Unkraut ausreißen sieht, will er natürlich auch nicht zurückstehen und stürzt sich schleunigst auf die Hortensien, in der Meinung ein gutes Werk zu tun. Gewöhnlich macht er sich aber wirklich nützlich, schleppt den Eimer voll Unkraut weg usw."*

Gerade die Hortensien waren der ganze Stolz Edgars!

Dann die Schilderung eines häuslichen Mahls:

„*Das Essen ist eine besondere Aufgabe für alle Beteiligten, denn da befindet sich Martin gewöhnlich unter dem Tisch, richtet sich an Matthias' Stuhl auf und kitzelt ihn an den Beinen, sodass er vor Lachen nicht essen kann. Es fehlt nicht viel und das ganze Tischtuch mit allem, was drauf steht, fliegt herunter."*

Eine Szene, die durchaus den Vergleich zum Struwwelpeter standhält! Am 9. Oktober 1947 dann die Erwähnung von *Asunya* Paketen mit jeweils 10 kg Öl und Butter. Und die Befürchtung bezüglich des bevorstehenden kalten Winters:

„*Habt Ihr denn Kohlen? Nach Wien kann man welche*

schicken, aber in andere Gegenden anscheinend nicht."

Aber so langsam bekommt Edgar heraus, wie die Tauschwerte in Deutschland liegen:

„Ein Perserteppich, der das Zwanzigfache von früher kostet, wäre also mit 20-30 kg Kaffee bequem zu kaufen. Das Wasser läuft mir im Munde zusammen."

Ab jetzt wird er noch aktiver; das Tauschgeschäft über den Ozean hinweg blüht! Vor allem Kaffee stellt sich als geeignet heraus, so dass zeitweilig sogar eine Sperre für dieses Genussmittel verhängt wird. Dennoch finden auch 4 1/2 kg Nudeln, 45 kg Mehl, 5 kg Zucker, 4 1/2 kg Schweineschmalz, Käse und Speck ihren Weg nach Braunschweig. Und dann eine Frage:

„Wisst Ihr, wie getrocknete Kartoffeln schmecken? Die werden sehr angepriesen, sind ähnlich wie getrocknetes Obst, schwellen im Wasser wieder an. Ich weiß nicht recht, was ich davon halten soll. Ein Kilo davon soll gleich zehn Kilo frischen sein. Schreibt nur ehrlich, wie Ihr mit den einzelnen Paketen zufrieden seid. Es gibt jetzt genug Auswahl, da alle Welt auf den Trichter kommt, dass damit leicht Geld zu verdienen ist."

Die Beschreibung der getrockneten Kartoffeln klingt zwar nicht appetitlich, ist aber keine andere als die der Kloßmasse, eine uralte Technik, die schon die Inkas beherrschten. Am 3. Dezember 1947 endlich mal Abwechslung, die Schilderung einer Hochzeit, die von Teres ältesten Bruder:

„Der Kardinalnuntius hielt eine halbstündige Predigt voller Propaganda. Als großen Knalleffekt verlas er ein langes Glückwunschtelegramm aus der päpstlichen Kanzlei, wobei alles in Ehrfurcht erschauerte. Nicht umsonst ist meine werte Schwiegermutter die Präsidentin der Actio catolica des Landes und damit das Haupt der katholischen Laienwelt weiblicherseits, sie kommt gleich hinter dem Erzbischof. Schade, dass ausgerechnet sie eine solche Ketzerin ausbrüten musste wie meine teure Frau; das liegt ihr schwer auf der Seele. Ein Trost nur, dass die anderen acht umso braver sind... Nicht einmal Blumen werden in der Kirche gestreut, obwohl Matthias sich dazu glänzend geeignet hätte. Und von Tanzen ist gar keine Rede. Trotz allem, was man sich so unter der Lebhaftigkeit der Hiesigen vorstellt, wenn man sie nicht kennt, zum Amüsieren haben sie wenig Eignung mit auf die Welt

gebracht."

Enttäuschender Bericht, abgesehen von den guten Verbindungen zum Papst. Da klingt die Beschreibung des Weihnachtsfestes 1947 interessanter:

„Wir haben Heiligabend bei den Schwiegereltern verlebt, eine Unmenge von kleinen weiß gekleideten Kindern strömt da immer aus der ganzen Familie zusammen. Als nach Absingung deutscher Weihnachtslieder die Geschenke verteilt wurden, und Matthias' Auge auf ein hübsches Auto zum Selbstfahren fiel, da konnte er zuerst nicht fassen, dass es wirklich für ihn sein sollte, und ließ erst alle anderen Kinder drin fahren und schob sie mit herum, bis wir ihm endlich klarmachten, dass es wirklich für ihn sein sollte. Dann sah man natürlich nur noch ihn drin sitzen! Der Höhepunkt des Abends aber war ein anderes Auto, nämlich ein richtiger kleiner Fiat Topolino, der Teres beiden ältesten ledigen Schwestern geschenkt wurde, worüber sie ebenso überrascht waren wie Matthias über seins."

Zur Abwicklung des Weihnachtsfestes sei bemerkt, dass die Schwiegermutter ein ausgesprochenes Faible für alles Deutsche besaß. Ihre Bewunderung für die Tugenden dieses Volkes ging so weit, dass sie ihre Kinder durch deutsche Gouvernanten erziehen ließ, der Grund für Teres ausgezeichnete Deutschkenntnisse. Diese Einstellung der Mutter steht im krassen Gegensatz zur allgemein verbreiteten Meinung über die deutsche Natur, wie Edgar am 14. Januar 1948 niederschreibt:

„Man staunt immer wieder, wie unbeliebt die Deutschen als Einzelpersonen in der ganzen Welt sind. Alles schwärmt von der deutschen Kultur, aber vom deutschen Charakter will man nicht viel wissen."

Und im gleichen Brief die Erwähnung eines Fortschritts:

*„Übrigens auch ein Lichtblick, dass man jetzt schon so etwas (*Matthias hat einen Adventskalender erhalten*) schicken kann. Bekannte von mir haben aus der französischen Zone sogar ein richtiges Päckchen bekommen. Und vor allem, die Zensur scheint endlich aufgehört zu haben."*

Bessere Zeiten zeichnen sich zart am Horizont ab. Um eine weitere Schwierigkeit zu bewältigen, die der Besorgung von Briefmarken, legt Edgar nunmehr auch Antwortscheine in die

Briefe; sie sind sogar für alle Länder von Gültigkeit. Und ab März 1948 eine neue Modalität in der Paketsendung: Edgar stellt sie in Montevideo selbst zusammen:

„4,9 kg brutto, mit Jute umhüllt, vernäht und versiegelt. Inhalt: Schweineschmalz, gezuckerter Kakao, Tee, corned beef, Fleischextrakt, Zungen und zum Ausstopfen Strickwolle für einen Pullover."

Die Möglichkeit des eigenen Verschickens ist zwar kostengünstiger, da *„die Firmen zu viel verdienen wollen, auch die CARE"*, aber arbeitsaufwendig: *„Die meiste Arbeit macht das Ausprobieren, damit die 5 kg herauskommen, die man schicken darf. Das Zusammennähen und Versiegeln der Juteumhüllung ist natürlich auch sehr zeitraubend, besonders wenn man wie Tere keine Ahnung vom Nähen hat."* Hiermit nicht genug, auch die Pakete *„auf die Post zu schaffen, was in der Innenstadt geschehen muss und mit langem Anstehen verbunden ist"*, erfordert Zeit. Das größte Problem ist wohl aber, dass Edgar sich offensichtlich eine vollkommen unpraktische Frau ausgesucht hat, kein Vergleich zu Elfriede selber, die die Hausarbeiten hervorragend beherrschte. Und dann eine traurige Bemerkung: *„Allgemein gesprochen ist es ja furchtbar, was man für Bittbriefe bekommt, auf die man gar nicht eingehen kann."* Das Leid in Deutschland ist groß!

Zwischendurch Rügen an die beiden Damen:

„Wenn andere Leute z. B. Farbe erhalten für ihre Türen und Fenster, so begreife ich nicht, weshalb Ihr das nicht auch fertig bringt. Wieso bekommt Ihr keine Wandfliesen und Bodenbelag für die Badezimmer, wenn Millionen aus Deutschland nach hier ausgeführt werden? Wenn Ihr das Haus verkommen lasst, seid Ihr selbst auch erledigt. Denn Euer Geld kann doch nicht mehr viel sein, und außerdem wird irgendwann die Währungsreform kommen."

Weise vorausgesagt im April 1948. Edgar, der Benjamin der Familie, versucht aus der Ferne, den Frauen bestens gemeinte Ratschläge einzutrichtern. Sie sollen die Substanz, das Haus, erhalten, das sie in Form von Dach über dem eigenen Kopf und von Mieteinnahmen als Lebensgrundlage benötigen. Im gleichen Brief dann der erheiternde Bericht über seinen Nachwuchs:

„In der Küche machen sie sich auf alle Art nützlich, baden

sich im Wasser des Eisschrankes, holen Kilos von Mehl aus dem Behälter, mischen es mit Salz und tun alles wieder rein, so dass jetzt für längere Zeit alles Essen furchtbar nach Salz schmeckt. Martin steigt stets auf den Küchentisch und sucht alles runter zu schmeißen. Im Badezimmer dreht er das Bidet auf, sodass eine meterhohe Fontäne alles und auch ihn selbst unter Wasser setzt. Beim Essen zieht er einem die Serviette weg usw."

Klingt nach einem friedvollen, ruhigen Alltag, der aber Elfriede in Begeisterung für die beiden unruhigen Geister zu versetzen scheint, denn Tere antwortet ihr nicht minder schelmenhaft als ihrer Sprösslinge würdig gewesen wäre:

„Ich fühle mich in meinem Mutterstolze sehr geschmeichelt, wenn ich bedenke, wie viele kostbare Papierbögen meinen beiden Teufeln gewidmet sind. Und doch Elfriede, schreibe bitte Deine unschuldigen Briefe weiter, sie trösten mich so und ich lerne so viele Eigenschaften an meinen Kindern kennen, die Du in Deinen andächtigen, unbeeinflussten Physiognomiestudien entdeckt hast."

Aber die Horrorgeschichten über die beiden Bengel wollen wohl kein Ende nehmen:

„Ich erhielt Brief Nr. 36 sowie heute die Negerlein für Matthias. Natürlich stürzte sich gleich Martin drauf und riss dran herum. Na, wenn Du glaubst, dass Matthias sie lange würdigen wird! Selbst „unzerreißbare" Bilderbücher aus der Schweiz aus dicker Pappe sind in kürzester Zeit nicht mehr wiederzuerkennen; was der eine heil lässt, macht der andere kaputt. Heute Morgen hat sich Matthias mit meinem Apparat rasiert und sich wunderbarerweise dabei nur ein bisschen die Lippe aufgeschnitten. Tere hatte unter Missbilligung meinerseits zwei Tauben mitgebracht, die unseren kleinen Schuppen mit Schmutz bedeckten. Matthias hasste sie aus irgendwelchen Gründen und hat es tatsächlich fertiggebracht, das Weibchen mit einem Stock totzuschlagen. Heimlich musste ich ihn deswegen loben, und er zeigte auch gar keine Gewissensbisse, sondern rief nur immer: Piepie Topf Mama, d.h. „in den Kochtopf mit dem Vieh"."

Was dann auch in etwa geschah:

„Meine Freude währte nicht lange, denn am nächsten Tag fand ich mein teures Zwergapfelbäumchen an der Wurzel *umgerissen vor, was wahrscheinlich Martin auf dem Gewissen hat. Zum Ausgleich der Gerechtigkeit wurde dem Tauberich, dessen nunmehrige Daseinsberechtigung nicht mehr anzuerkennen war, durch die herabgelassene Jalousie im Schlafe das Rückgrat gebrochen; dies wahrscheinlich von Tere selbst! Matthiasi sah ihn schon die letzte Zeit immer sehr spöttisch an, als ob er sagen wollte: Du lebst nicht mehr lange. Nun ist ihm das Schicksal zuvorgekommen. So haben wir unsere kleinen Abwechslungen."*

Totales, aber aufheiterndes Chaos, das Elfriede in Entsetzen versetzen müsste, das sie aber im Gegenteil in große Bewunderung und Liebe für die beiden ungezogenen, unbeherrschten Wüstlinge aufgehen lässt.

Ein ganz neues Thema nimmt ab zirka Mai 1948 eine zentrale Stellung ein: der Erwerb von Stichen. Edgar erteilt seiner Schwester den Auftrag, solche in Antiquariaten und später auf Auktionen in Braunschweig zu erstehen und ihm einfach als Drucksachen auch zuzusenden, was durchaus möglich ist. Er gibt ihr nicht nur genaue Instruktionen, sondern bildet sie regelrecht zur Fachfrau aus:

„Allgemein gilt, je größer die Stadt, desto teurer. Denn die Leute wollen u. a. ein Bild ihrer Heimatstadt haben, und je mehr Bewohner eine Stadt hat, desto mehr Bilder von derselben werden verlangt und desto höher steigt der Preis. Fasele übrigens nicht immer, dass Du nichts von solchen Sachen verstehst; Du hast doch sehr vernünftig die einzelnen Bilder beschrieben. Fahre so fort, und Du wirst immer mehr an Bildung zunehmen. Du kannst Dich wirklich nicht beklagen, dass ich nicht für Deine Bildung sorge! Denn das zeichnet einen gebildeten Menschen aus, dass er ein Steckenpferd gehobener Art reitet, für das er einige Kenntnisse erwirbt. Viel wissen ist dagegen unnötig."

Oder:

„Als meine Sekretärin machst Du ja wirklich schöne Bekanntschaften. Größere „Reife" merke ich übrigens Deinem Stil auch an. Natürlich kommt es nicht aufs Wissen an, sondern auf die Kunst, einfach und gut über alles plaudern zu können, die bei den Deutschen und auch natürlich bei mir sehr unterentwickelt ist, da wir keine Gesellschaft kennen wie die anderen Völker."

Elfriede geht ihrer neuen Betätigung gewissenhaft und mit

Fleiß nach. Wahrscheinlich entwickelt sich diese auch bei ihr zur Leidenschaft und ermöglicht ihr sowohl die alltäglichen Sorgen zu vergessen wie neue Bekanntschaften zu machen. Nicht nur, dass sie ihren Horizont erweitert, sie muss die Besuche von Antiquariaten und von Auktionen auch als eine Art Befreiung aus dem Morast eines tristen Alltags empfunden haben. Beide Geschwister können sich wirklich gegenseitig dankbar sein, da die Bereicherung beidseitig ist. Konkrete Hinweise seitens Edgars:

„*Je sauberer das Exemplar ist, desto lieber nehme ich es. Der Preis für Prometheus mag ungefähr richtig sein; er ist sehr selten. Ich besitze die 2. Auflage. Die erste ist ca. 1888 erschienen unter dem Pseudonym Felix Tandem. Es darf also der Name Spitteler nicht auftauchen. Auch hier hängt eine eventuelle Erwerbung von der Erhaltung ab... Wenn der Händler weitere Richters hat, soll er sie ruhig hergeben und illustrierte Bücher anbieten. Er schrieb mal von Chodowiecki. Deutsche Literatur interessiert mich, u.a. Gesammelte Werke. Gib aber genau die Zahl der Bänder an (wenn mehrere), Verlag, Erscheinungsjahr, welche Auflage, bei alten Büchern meist auf dem Titelblatt, von ca. 1900 an auch auf Blatt davor oder auf der Rückseite der Titelseite oder am Schluss des Buches; wenn nichts dasteht, ist es vielleicht Erstausgabe; die Art des Einbandes (Leder, Halbleder, Leinen, Halbleinen, Pappe, broschiert) und Erhaltung. Aber bitte rede nichts von natürlichem, altertümlichem Aussehen. Die Dinger müssen wie neu aussehen und können es auch, wenn sie nicht misshandelt worden sind... Was Du geflammt nennst, ist nicht etwa „marmoriert" wie in alten Einbänden üblich?*"

Ein anderes Mal heißt es:

„*Etwas müssen wir noch klären, und das ist der Ausdruck „bestoßen". Bekanntlich bestehen die Buchdeckel aus Pappe, über die irgendein anderes Material, Leder, Leinen oder Pappe, drüber kommt. Ist nun dieser Überzug bestoßen, so ist das eben „bestoßen", abgeschabt oder wie man es nennen will. Deswegen bleibt aber doch die Pappe und damit der Kern des Einbandes bestehen. Ist da etwa eine ganze Ecke weg, so ist das natürlich extra zu bemerken, und das Buch verliert viel von seinem Wert. Ich sage das nur zur Orientierung für später, und es soll keinen Tadel wegen des Kaufs des Shakespeares darstellen.*"

Arme Elfriede, die wahrscheinlich davor zittert, neue Kapitalfehler zu begehen und milde Schelte von ihrem hochgebildeten, für sie allwissenden Bruder zu erhalten. Weitere Angaben, diesmal zu Stichen oder Landkarten:

„*Alt werden die Dinger doch alle sein? Falls sie auf Rückseite mit altem Text bedruckt sind, wie Blau und Gastaldi, ist das schon ein gutes Zeichen. Ein zweites ist der Falz in der Mitte, die beklebte Stelle, an der man merkt, dass das Blatt aus dem Buch herausgelöst ist.*'"

Auch praktische Anweisungen:

„*Die Karten, die kannst Du wohl gleich in Rolle als Drucksache eingeschrieben schicken, oder auch als Brief. In den Verschluss der Rolle machst Du kleine Einschnitte (Kerben), durch die der Bindfaden an seinem Platz gehalten wird und nicht abrutschen kann.*"

Auf alle Fälle: „*Kein Inflationspapier!*" Woher besitzt Edgar all diese Kenntnisse, er, der inzwischen schon neun Jahre fern der Heimat weilt? Er hat bereits als Student in Antiquariaten herumgestöbert und sich eine Sammlung von wertvollen Büchern zugelegt, die in Braunschweig geduldig, allen Bomben zum Trotz, auf ihn harrt. Und Elfriede, eifrig bei der Sache, erhält auch sparsames und spärliches Lob von ihrem Auftraggeber: „*Hast Du gut gemacht.*" oder „*Ich bin höchst zufrieden mit Dir*". Indirekte Anerkennung durch einen eher wortkargen Menschen: „*Hattest Du Dir auch nicht träumen lassen, dass Du mal die Bücherkunde betreiben würdest!*" Aber auch gut gemeinte Anschnauzer muss sie sich gefallen lassen: „*Quatsche nicht vom Ersetzen meiner Auslagen. Dafür bist Du schließlich mein Agent.*" Immerhin eine aufwertendere Bezeichnung als die einer Sekretärin, für die sie sich auch halten könnte.

Aber nicht nur Elfriede spannt Edgar für sein Hobby ein; auch einen gemeinsamen Freund in Berlin und eine weitere Person:

„*Das eingelegte Briefchen bitte ich Juliane in München zu senden, die ich auch einzuspannen gedenke (unter Einverständnis meiner werten Frau), denn man muss die Gelegenheit ausnutzen, solange sie sich bietet.*"

Edgar hat entdeckt, dass man seine Lebensmittelsendungen in überflüssige Gegenstände verwandeln kann, wie Stiche,

Erstausgaben, später auch Silbergefäße usw. Der Hunger oder das Verlangen nach Genussmitteln treibt die Menschen zu diesen Tauschgeschäften. Und die Erwähnungen des Namens Juliane werden sich in den nächsten zwölf Monaten in Bezug auf ihre Sendungen häufen. Wollte Tere nicht die Verbindungen zu den Ex Freundinnen ihres Gatten eliminiert wissen? Auf jeden Fall ist Edgar nicht der einzige, der auf den Gedanken gekommen ist, das ausgeblutete deutsche Volk um seine letzten Habseligkeiten zu bringen:

„*Es gibt hier Leute, die extra nach drüben fahren, um für Tausende einzukaufen an Porzellan, Silber usw. und hier wieder günstig zu verkaufen.*"

Sogar im November 1950 berichtet Edgar:

„*Ein Bekannter ist gerade nach Paris und London geflogen, um für sein Geschäft Gemälde anzukaufen. Für Deutschland hat er aber keine Devisen zugeteilt bekommen.*"

Aber es gibt immer wieder neue Schwierigkeiten im Verkehr zwischen den entfernten Ländern, denn Edgar schreibt am 8.6.48:

„*Die Schikanen mit dem Spezialluftpapier auf der Post sind ja wieder sehr bezeichnend. Haben das die Deutschen oder die Alliierten ausgedacht? Ich lege wieder vier Antwortscheine ein, sodass Du einen Vorrat anlegen kannst.*"

Und der Rest des Briefes Angaben zu Bucheinkäufen. Aber neue Sorgen kommen hinzu:

„*Ob es sich bewahrheitet, dass man 5-kg-Pakete schicken kann? Ich könnte so gut einige Bücher hier brauchen von meinen! Wie aber wollt Ihr sie verpacken? Habt Ihr feste Pappe?*"

Einige Monate später fragt er ungläubig erwartungsvoll nach: „*Darf man wirklich 10-kg-Pakete schicken?*" Welche Vorfreude muss er empfunden haben, bald seine Schätze wieder in Händen zu halten! Aber der ersehnte Tag zieht sich noch hin, denn im April 1949 wiederholt er seine Frage: „*Wann kann man endlich Pakete nach hier schicken?*" Und dann folgt die Liste der eigenen in Braunschweig zurückgelassenen Werke, die er gerne bei sich hätte. Edgars Hang für die Kunst geht auch seiner Gemahlin langsam zu weit, sodass sie - wie immer ironisch gefärbt - schreibt:

„*Hoffentlich kommt dieser Brief zu Deinem Geburtstag an.*

Wir werden an Elfriede denken, Edgar denkt sowieso immer an Euch beide - und an seine geliebten Stiche. Ich ärgere ihn mit meiner Ziege, wenn er allzu stichvoll wird... Und ob es wohl Reproduktionen sind?, murmelt er vor sich hin; und ob wohl die Ziege sich reproduziert?, stöhne ich. Und ob sie wohl koloriert sind? Und ob die Kleinen fleckig sein werden? Bis er heldenmutig seinen Egoismus für fünf Minuten aufgibt."

Edgars Interesse an Stichen verdrängt vollkommen jenes an Schilderungen über die Kinder, wodurch sich Tere verpflichtet fühlt, am 8. August 1948 diese Lücke zu schließen:

„Aus einem Deiner letzten Briefe entnehme ich, dass Edgar lange keine ausführlichen Berichte über die beiden Mäuse erstattet hat. Dass sie sich irgendwie besser benehmen, soll dies aber nicht bedeuten. Sie sind im Gegenteil ganz fatal ungezogen und der außergewöhnlich harte Winter, der mich zwingt, sie nachmittags in der Stube gefangen zu halten, verschlimmert die Zustände sehr. Matthias verschleppte neulich alles kostbare Werkzeug seines ordentlichen Vaters, was einen schweren Familienzwist und fürchterlichen deutschen Zornausbruch herbeiführte... Matthias verprügelt Martin auf eine Weise- man denkt schon, er ist past all hope - da schnellt der unschuldige Kleine empor und fängt an, gelassen seine Krallen in Matthias' Haar zu vertiefen. Da jault Matthias, vergisst aber in seinem akuten Schmerz sogar die Notwehr. Na, es ist wirklich ein vollkommen ebenbürtiges Paar, der Alptraum der Eltern und was schlimmer ist, der Schreck aller Dienstmädchen. Matthias zwickt sie, trinkt aus ihrem Wascheimer reines Bodenputzwasser voller Vitamine, taucht die schneeweißen Trockentücher in frisch gemachten Kaffee, mischt Kleie in den Kochtopf..."

Bei Tere ist kein Zeichen von Kritik oder Zweifel an der eigenen Erziehungsmethode zu erkennen, eher von Stolz auf ihre Buben, die die wahre Reinkarnation von Max und Moritz darstellen. Es tauchen auch keine Berichte über positive Entwicklungen der beiden auf, immer nur über ihre zerstörerischen Heldentaten. Besaß Tere Erziehungsideale oder nur Gegenideen? War sie so streng erzogen worden, dass sie nun ihre Kinder in vollkommener Freiheit als Wilde heranwachsen lassen wollte? Eine um gut zwei Dekaden verfrühte Form von antiautoritärer

Erziehung, gegen die auch Edgar nicht aufbegehrt, sondern machtlos zusieht:

„Die Kinder sind selig, dass es allmählich wärmer wird. Sie toben und arbeiten den ganzen Tag im Garten herum, Matthias baut Häuser aus allen Barrensteinen für seine Wauwaus, Martin pflückt die Knospen ab; das kenne ich nun schon. Die wichtigeren Pflanzen habe ich mit Zweigen und Dornen verbarrikadiert, aber niemand garantiert mir natürlich, dass sie sich nicht auch da hindurchzwingen."

Oder verkörpert Tere nur das lateinamerikanische Laissez-faire?

„Gegen Monatsende gehen Tere und ich auch regelmäßig auf Geldsuche in allen Winkeln, was sich bei ihr gewöhnlich lohnt, da sie in allen Taschen etwas stecken lässt. Über Euer Entzücken wegen der Kleider der Kinder gibt es ebenfalls vergnügliches Kopfschütteln; wenn ihr nämlich genauer nach Knöpfen usw. sucht, so werdet Ihr wenig Glück haben. Kreolengrundsatz bei Jung und Alt: Ausbessern ist schädlich für den Ausbessernden. Solange etwas noch irgendwie am Leibe hängen bleibt, ist man zufrieden; darauf wird es weggeworfen. Geflickt, aber sauber, heißt es drüben; hier heißt es: Schmutzig und voll Löcher."

Ein düsteres Bild über die Kreolen, d. h. über die Uruguayer. Dennoch hat Edgar sich eine aus diesem Volke als Gemahlin ausgesucht und ist lebenslang mit ihr zusammen geblieben. Die Schilderung der Geldsuche zeigt natürlich, dass seine finanzielle Lage beengt ist. Hierin unterscheidet sie sich nicht von der seiner Mitmenschen:

„Natürlich arbeiten die Leute hier nur ihre acht Stunden pro Tag und sonnabends halb. Ich gebe Stunden obendrein, weil ich sonst nicht auskomme, und das passiert auch vielen Leuten, die daher mehrere Berufe haben und natürlich dann länger arbeiten müssen."

Leider hat sich bis ins neue Jahrtausend hinein die Lage der Menschen in Uruguay nicht wesentlich verbessert, denn die meisten müssen weiterhin zwei Jobs nebeneinander führen, um einigermaßen einen gewissen Lebensstandard zu wahren. Auf dem Gebiet der Sendungen treten nun ab Mitte 1948 neue Waren auf:

„Ich schicke heute 2 kg Schokolade. Ferner einen

Gutschein für ein Paar Damenschuhe. Du kriegst von der Fabrik ein Maßblatt zugeschickt, auf dem Ihr die gewünschte Größe genau angeben könnt. Sollte es doch nicht passen, wird umgetauscht (Christliche Nothilfe)."

Und weiterhin:

„Einen Stoff allein zu schicken, ist nicht erlaubt, nur getragene Sachen. Tere wird also erst mal den Rock ein bisschen tragen oder sonst wie ihm ein würdiges altes Aussehen verschaffen."

Ein anderes Mal: *„Übrigens kann man auch wieder bares Geld schicken."* Und dann aber im gleichen Atemzug: *„Eure Ankündigung, dass Ihr bald keine Pakete mehr braucht, ist doch wohl etwas verfrüht, oder?"* Das wäre ja eine große Enttäuschung für Edgar, jetzt, wo er sich mit echtem Enthusiasmus in den Überseehandel gestürzt hat!

Immer wieder kleine Hindernisse beim Schicken: *„Antwortscheine gibt es nicht, müssen erst gedruckt werden."* Oder: *„Wegen der Devisennot kommt wenig Kakao ins Land."*

Und im Januar 1949:

„Wegen der Nylons bin ich schon los getrabt, aber solche Riesenfüße sind hier selten. Die größte Nr. ist 9 ein halb, für Schuhgröße 38. Mal sehen, ob ich noch welche anderswo auftreibe, aber man sagt mir allgemein, es sei nicht viel Aussicht vorhanden. Über 10 (Schuh 39) geht es auf keinen Fall hinaus. Übrigens sind sie hier noch immer ziemlich teuer, und kosten so viel wie 5 ein halb Pfund Rohkaffee im Paket."

Andrerseits am 25. Oktober 1948:

„Deine Fortsetzungsbriefflut Nr. 18 bis 22 ist eingetroffen und hat sogar bei der Zensur Aufsehen erregt, weswegen sie zwei Stück geöffnet haben."

Man könnte erwarten, dass ab Dezember 1948 eine durchgreifende Veränderung im Hause stattfindet:

„Seit kurzem haben wir ein deutsches Dienstmädchen, eine Mennonitin, die mit einem ganzen Schwarm Geflüchteter hier aufgenommen wurde. Sie spricht kein bisschen Spanisch, ist aber sehr tüchtig und kann viel von drüben erzählen. Die Leute träumen davon, hier Land zu bekommen, auf dem sie alle zusammen siedeln können. Das wird aber noch lange dauern."

Die Mennoniten sind eine im 16. Jahrhundert in der Schweiz entstandene Religionsgemeinschaft, die im Laufe der Geschichte sowohl von den katholischen wie von den evangelischen Landesherren europaweit verfolgt wurde. Sie stellte fleißige Arbeitskräfte und bevorzugt wurde innerhalb der Gemeinschaft gelebt; eine der bekanntesten ist jene im argentinischen Misiones. Edgar müsste jetzt froh sein, denn im Gegensatz zu den „*hiesigen Dienstmädchen, die eine furchtbare Gesellschaft sind, faul, schmutzig, unzuverlässig, verlogen usw.*", dürfte ein deutsches Mädchen eher seinen Vorstellungen von Fleiß entsprechen. Eine tatkräftige Hilfe hat die Familie nun nötiger denn je, da „*es allem Anschein nach Familienzuwachs gibt, der so gegen Ende Oktober (1949) eintreffen dürfte. Ob es wohl ein Mädchen wird?*"

Aber leider ist Edgar mit dem neu eingestellten Dienstmädchen Ursula nicht vollauf zufrieden:

„*Unser Mädchen ist sehr sympathisch, aber auch ein ziemliches Dusel, recht zerstreut; wir brauchten eine, die für Tere mitdächte, aber so ein Exemplar scheint ja unter den langen Haaren sehr schwer auffindbar zu sein. Deine Kuchenrezepte werden kaum ausgeführt: Wenn Tere sich aufschwingt (und manchmal interessiert sie die Sache längere Zeit hindurch), dann macht sie es immer nach ihrem eigenen Kopf, und man weiß nie so recht, was dabei rauskommt. Genau ein Rezept zu befolgen, ist ihr zu langweilig.*"

Wieder ein vernichtendes Urteil über seine Frau Gemahlin. Oder sind es gerade ihre Unordnung und ihre Lässigkeit, Eigenschaften, die er nicht besitzt, kombiniert mit einem aufgeweckten Geist und Rebellentum, die Faszination und Anziehungskraft auf ihn ausüben? Es sind bestimmt die Elemente in ihrem Charakter, die einen Kontrast zu seinen eigenen bilden, durch die er sich paradoxerweise an sie gebunden und verbunden fühlt. Es ist die Andersartigkeit, die er in der Gestalt der Tanten Teres beschreibt: „*die alle mit größter Schnelligkeit und unter Aufbietung sämtlicher Gesichtsmuskeln sowie beider Arme drauflosschnattern*", die ihn dennoch fesselt. Edgar lebt hier ganz eindeutig in einer andersartigen Welt:

„*Und siehe da, wie erfreulich, als plötzlich auch die*

Schwiegereltern am Fluss erschienen, sich den Spaß (ihrer Kinder und derer Bräutigame) mit bitterbösem Gesicht ansahen und zuerst ihren jüngsten Sohn, sodann aber auch den Töchtern mitteilten, die Männer hätten natürlich Unterhemden anzuziehen, ausgenommen Edgar, da der ja verheiratet sei und also ungefähr mündig. Zwar hat der Erzbischof das Baden in Badehose erlaubt und sogar die Pfaffen baden so, Frau V. weiß es natürlich infolge ihrer direkten Verbindungen zum lieben Gott besser. Und meine Shorts erst. Kriegten Löcher von ihren Blicken! Ich meinerseits verhielt mich schweigend und stachelte die Kerle bloß auf wenigstens zum Essen ohne Rock zu erscheinen, was bei der Hitze immerhin was bedeutet." (Februar 1952)

Der emanzipierte Edgar hat seine Schwierigkeiten, die übertrieben restriktiven Regeln seiner Schwiegermutter zu befolgen.

Die Berichte über die Entwicklung der Jungen sind im April 1949 immer noch niederschmetternd:

"Eure Vorstellungen von Matthias sind zu komisch. Gedichte aufsagen? Er spricht noch lange nicht fließend (am 23. Dezember 1944 geboren!), und abstrakte Dinge kennt er noch immer nicht. Der Onkel Teres hat mit vier Jahren erst sprechen gelernt, von der Seite kommt das Übel also vermutlich. Macht aber nichts aus, denn besagter Onkel hat es doch so weit gebracht, dass er beinahe zum Vizepräsidenten der Republik gewählt wäre, 1942 glaube ich; er redet jedenfalls für drei. Wir geben daher die Hoffnung auch für Matthias nicht auf, dass er es mal eben so weit bringen wird!"

Und mit dieser Einstellung sollten sie vollkommen recht behalten, denn Matthias entwickelt sich letztendlich zu einem sehr gesprächigen Salonlöwen, der nebenbei auch Esprit zeigt:

"Neuestes Bonmot von Matthias: Wenn Martin Butta (Butter) sagt , erklärt er: puta (putain, der Leib- und Magenfluch der Hiesigen) sagt man nicht. Hält sich aber für besonders geistreich, wenn er manteca (Butter) sagt und damit puta meint."

Weiter zum zweiten Sohn:

"Was aus meinen zwei Dutzend Äpfeln geworden ist, möchtest Du gern wissen? Ganz reif sind sie nicht geworden, denn der kleine Martin hat sich mit blutenden Pfoten durch den

Dornverhau gedrängt und sie heruntergeholt. Sie ließen sich aber gerade so essen. Wir haben einen alten kleinen Schäferhund, um den sich aber niemand kümmert. Er trabt immer missvergnügt in einem extra abgezäunten Teil des Gartens herum und sucht alle zu beißen, die er nicht kennt. Die Kinder mag er auch nicht, während sie froh sind, wenn sie in seiner Hütte herumkriechen können. So viele Blumen wie Ihr glaubt, gibt es hierzulande nicht, da die Leute zu faul sind, um welche zu züchten. Auch ist der Boden zu trocken. In den Gärten werden vor allem Hortensien gepflanzt, weil die alles vernichtenden Ameisen die nicht mögen, oder Malven, Begonien usw."

Und dann: *„Die Kinder haben eine kleine Katze, die sie fürchterlich behandeln, würgen usw."* Man bekommt den Eindruck, dass der Tierschutzverein in diesem Hause trotz Teres Tierliebe einiges zu bemängeln hätte!

Im April 1949 ist es endlich so weit:

„Zu fast 15 Paketen langt das Geld ja! Nütze nur ja die 10 Kilos, die erlaubt sind, voll aus! Wie Ihr sie schleppen wollt, ist mir unklar, aber Ihr habt ja Erfahrung drin. Also arbeite schön, das ist die Rache für unsere Pakete!"

Edgar wird seine Bücher aus dem Elternhause erhalten, zuerst mal die wichtigsten, wie Rilke, Hofmannsthal, Hölderlin, Keller, Mörike, Eichendorff, Schlegel, Heine, Chamisso usw., alle mehrbändig. So geheuer ist ihm bei der Sache aber nicht:

„Soeben erhielt ich Deinen Brief Nr. 37 mit der ungeheuren Liste abgeschickter Sachen, bei der einem ganz schwindlig wird. Bis spät in die Nacht hinein sollst Du aber keineswegs schuften, immer mit der Ruhe, und selbst schleppen solltest Du auch nichts."

Aber immer wieder neue Überraschungen; am 20.4.49:

„Als ich mit meinem Paket mit 5 Pfund geröstetem Kaffee und Kakao auf der Post erschien, erklärte man mir, dass seit kurzem kein Kaffee mehr ausgeführt werden dürfte, und ich konnte wieder abziehen. Wir haben nun einen schönen Kaffeevorrat, noch dazu ungemahlen und mussten uns nun nach einer Kaffeemühle umtun, die hier niemand im Hause hat, da man immer direkt im Geschäft mahlen lässt. Als Rettung ergab sich, dass Ursulas Mutter eine Mühle kurz vor ihrer Abfahrt in Deutschland gekauft hatte

(nebst Äxten, Sägen usw., um sich im Urwald häuslich einzurichten), die nun gestern bei uns gelandet ist. Übrigens kann man nur noch in die englische Zone schicken. Freilich ist inzwischen die Lage sehr ungünstig geworden, da die DM im Kurs sehr angezogen hat. An sich ja ein gutes Zeichen, dass sich die deutsche Währung durchsetzt. Bald wird es gar keinen Schwarzkurs mehr geben. Der Wert meiner Gegengaben sinkt somit ständig."

Es kommt aber noch schlimmer:

"Nun eine unerfreuliche Nachricht: Man kann kaum noch Postpakete schicken. Ich hatte 2 Büchsen Öl schön verpackt und konnte sie wieder mal nicht loswerden. Man muss jetzt für jedes Paket eine Erlaubnis beim Industrieministerium erbitten, nach 14 Tagen kann man sie abholen und sein Paket auf die Post bringen und daselbst zusammenpacken. Aber das Schlimmste: nichts nach hier Importiertes darf ausgeführt werden, kein Kaffee, Kakao, Tee, Öl usw. Also benützen wir das Öl selbst."

Dem kleinen Land Uruguay geht es nämlich nicht mehr so blendend: Es hat zwar während des Weltkrieges seine Agrarprodukte und vor allem Fleisch an die Krieg führenden Länder exportieren können, langsam verliert es aber Marktanteile und versäumt es, sich rechtzeitig auf die Herstellung anderer Produkte zu spezialisieren. Es fließen weniger der begehrten Devisen ins Land, das nunmehr Haushalten lernen muss: Importierte Produkte dürfen das Land nicht mehr verlassen, denn sie haben Devisen gekostet.

Im September 1949 erklärt Edgar:

"Die Paketsperre von Uruguay erstreckt sich aufs gesamte Ausland, nicht bloß Deutschland allein. Was die großen Lumpe an Devisen verschleudern, soll durch die Behinderung des kleinen Mannes wieder hereingebracht werden, das ist der wirkliche Grund, wie immer und überall."

Nicht gerade eine philosophische Erklärung, aber dennoch zutreffend.

Ein anderes Produkt, das bestimmt ebenfalls aus dem Ausland kommt, ist Penicillin. Damit wird aber nicht zimperlich umgegangen:

"Martin hat die Grippe, und wir gaben ihm gestern

Penicillin zur Vorbeugung. Ist hier ja Allerweltsmittel und wird bei jedem Schnupfen verordnet."

Ob diese Maßnahme nicht übertrieben oder sogar gefährlich ist? Aber auf jeden Fall effektiver als die kalten Bäder, die Elfriedes Exmann Hans in Berlin über ein Jahrzehnt früher als einziges Heilmittel bei seinen Kindern anwenden musste!

Von Elfriedes Krankheiten ist auch öfters in den Briefen die Rede, sodass ihr Edgar zum Geburtstag wünscht:

„*Mögest Du mehr gesunde als kranke Tage verbringen und imstande sein, mir viele Pakete zu schicken!*"

Zweifelsohne ein ganz schön frecher Bruder, der im gleiche Stile ihre Fotografie kommentiert:

„*Ein bisschen schärfere Züge hast Du wohl bekommen im Lauf der Jahrzehnte, aber der Gesamteindruck ist der gleiche.*"

Interessen der Kinder treten nun langsam in Erscheinung:

„*Martin konnte sich einen ganzen Abend lang nicht vom Telefonbuch trennen, in dem ein paar Autoreklamebilder ihn fesselten. Eigentlich eine recht trockene Lektüre. Aber Autos sind beiden das Höchste auf der Welt. Natürlich wurde er jedes Mal wütend, wenn er die Bilder nicht gleich wiederfand.*"

Die bei Jungen weitverbreitete Vorliebe für Fahrzeuge tritt auch bei künstlerischer Betätigung zum Vorschein:

„*Wenn die beiden Bilder ausschraffieren, erwarten sie natürlich, überall Autos herauskommen zu sehen...! Beim Essen ermuntert sich Matthias selbst zuzulangen, da er groß werden müsse, um später einen Lastwagen lenken zu können, mit dem er alle seine Freunde spazieren fahren möchte.*"

In Edgars Bericht über die Geburt seiner Tochter im Krankenhaus schimmert einerseits seine Kaltblütigkeit durch, andererseits die starke gesunde Kondition seiner Ehefrau:

„*Die leichten Geburtsschmerzen gingen nun noch stundenlang weiter, und ich konnte währenddessen in aller Ruhe die gerade eingetroffenen (Auktions-) Kataloge studieren... Mit einem Mal war das Kleine auch schon da, ich trommelte die Schwestern zusammen, die in ihrer Schlauheit nicht dran glauben wollten, aber es bestand vergnüglicherweise kein Zweifel, das Kleine lag säuberlich im Bett, fing auch gleich an, gewaltig zu krähen. Die Leute hatten nicht mit der Kaninchennatur meiner*

Frau gerechnet, sonst hätten sie Tere nicht noch mal zurückgeschickt. Sie war natürlich sehr stolz über ihren Streich."

Aber ihre Streiche hören nicht so schnell auf:

„Nun wollt Ihr sicher auch den Namen wissen, und da haltet Euch man ordentlich fest: auf Teres Befehl nämlich, die immer für diesen Namen geschwärmt hat, wurde Juliane ausgesucht; Juliane Margarethe vollständig, um auch den kreolischen Anteil zur Geltung kommen zu lassen. Nach München braucht Ihr das ja nicht zu vermelden..."

So erhielt dieses unschuldige nichts ahnende Baby den Namen der ehemaligen großen Liebe seines Vaters! Erst im Erwachsenenalter, bereits verheiratet und Mutter zweier Kinder, soll es die Herkunft seines Namens erfahren, dieses Neugeborene, von dem der Vater in seinem üblichen Sarkasmus behauptet:

„Hauptsache, dass es später hübsch wird, damit wir es loswerden."

Was den Namen angeht, hatte sich aber Elfriede bestimmte Hoffnungen gemacht:

„An den Namen Elfriede dachten wir natürlich auch; aber ich glaube, wir waren uns schon früher einig darin, dass er ein bisschen seltsam ist, so ein bisschen etepetete oder wie soll man sagen."

Womöglich ist Elfriede nun beleidigt oder zumindest enttäuscht, weil man sie, die kinderlose, nicht in der Nichte hat weiterleben lassen. Für das Kindchen vielleicht ein relatives Glück, denn der Name Elfriede klingt heutzutage vollkommen veraltet.

Die Kataloge, die Edgar in der Klinik gewälzt hatte, haben ihn auf die Idee eines Geschenks für seine Frau gebracht:

„... denn sie beklagt sich, dass sie nie etwas kriegt. Ist aber auch schwierig, sie zu beschenken, da sie entweder ein Pferd oder dazu einen kleinen Kutschwagen oder eine Kuh oder neuerdings einen Filmapparat haben will - den sie nie bedienen könnte."

Mit dieser Annahme liegt er nicht falsch, denn sie wird letzteren, als sie ihn endlich 1950 erhält, beschädigen, da sie „ihn einfach in Betrieb nimmt, ohne die Gebrauchsanweisung zu lesen." Nach der Reparatur aber wird sie ihren hoch geliebten Schatz sehr wohl bedienen lernen und ihn lange Jahre in Gebrauch haben.

Nach den Stichen und den Büchern eröffnet sich Ende

1949 ein neues Betätigungsfeld für Elfriede: das Porzellan. Wieder Anweisungen, Angaben, Richtlinien über den Ozean hinweg. Für dieses Spezialgebiet bringt aber Elfriede einen Trumpf mit: Ihren guten Geschmack, auf den Edgar sich gerne verlässt:

„*Und der Knabe Nr. 398? Auch wohl langweilig. Da hast Du nun den Salat, nun entscheide selbst! Was Dir von den Figuren besonders hübsch, niedlich, reizend usw. erscheint, dafür bietest Du jeweils ca. 10,- über den Schätzpreis.*"

Im Februar 1950 eine überraschende Ankündigung:

„*Am 8.3. fährt die ganze Familie V. (die Schwiegereltern mit 6 Kindern), nach Europa, zunächst Italien, um sich da den Jubelablass zu holen und dem Papst die kleine Zehe zu küssen, und dann Frankreich, England, vielleicht auch Deutschland. Es ist also nicht ausgeschlossen, dass der Schwarm auch Euch überfällt, aber ziemlich unwahrscheinlich. Frau V. möchte gern nach Deutschland, die andern aber nicht, weil sie Angst haben, sich über die Ruinen zu sehr aufregen zu müssen... Ganz Montevideo grient über die Expedition, soweit es nicht vom äußeren Glanze geblendet ist.*"

Zu dem „äußeren Glanz" bemerkt Edgar ein anderes Mal:

„*Ich fürchte, es wird mal mit ihnen das Buddenbrooksche Ende geben. Es sind zu große Rindviecher, die ganze Gesellschaft. Meine werte Frau natürlich ausgenommen, die sich die größte Mühe gibt!*"

Und leider wird Edgar mit seiner Prophezeiung recht behalten: Der Reichtum der Familie wird aufgrund mangelnder betriebswirtschaftlicher Kenntnisse langsam aber sicher versickern.

Elfriede steht erstmals vor der Entscheidung, sich über diesen unerwarteten Besuch zu freuen oder ihn eher zu fürchten. Ist die Wohnung in Braunschweig für eine verwöhnte südamerikanische Patrizierfamilie bereits in präsentablem Zustand, oder muss Elfriede sich eher schämen und verstecken? Sie wohnt ja mit ihrer Mutter in vier Zimmern, von denen nur eins mittels eines Kachelofens beheizt wird. Sie erhält aber vorsichtshalber noch eine Warnung von ihrem Bruder:

„*So sage nicht, dass Du geschieden bist, da „man" mit solchen Leuten nicht verkehren kann. Ich habe nur den Tod Deines Mannes erwähnt.*"

In Befolgung der päpstlichen Anweisungen existiert für die erzkatholische Familie V. die Scheidung nicht. Sie stellt im Gegenteil sogar einen Schandfleck dar. Aber Edgar sollte mit seiner Einschätzung recht behalten: Um Deutschland macht die Familie bei dieser Reise einen Bogen. Dennoch ist der „Abzug der Karawane" per Schiff ein kleines Erlebnis:

„*Die Kinder waren begeistert über den großen Kasten, wir sind treppauf, treppab gestiegen, und Martin sagte immer nur: „groß". Beim Baden sagt Matthias jetzt, er würde nach Europa „schwimmen". Er war sehr beleidigt, als das Schiff ohne ihn abfuhr. Der Erzbischof reichte gnädig seine Hand zum Kusse, mit Knicks bis zur Erde von Seiten der Weibsen. Über violettem Käppchen trägt er schwarzen runden Hut mit dicken hellgrünen Schnüren, zum Seekrankwerden! Frau V. hat bloß Pfaffen usw. im Kopf: Ganz entzückt rief sie mich heran, um mir zu zeigen, dass sie noch zwei Adressen von ollen Nonnen in Deutschland aufgegabelt habe. Während sie Eure Adresse schon wieder verlegt hatte! Dabei ist sie übrigens der liebenswürdigste Mensch und wird Euch keine Minute zu Worte kommen lassen vor übersprudelndem Temperament. Alle anderen sprechen kaum Deutsch."*

Edgars Sarkasmus ist somit nur oberflächlich. Im Grunde schätzt er seine Schwiegermutter mit ihren Fehlern, nur übersehen und übergehen kann er diese nicht.

Dafür erhält Elfriede Trost durch eine andere Neuigkeit:

„*Die Weihnachtssendung hat auf die beiden Großen gewaltigen Eindruck gemacht, beide sagen sie des Öfteren pro Tag: „Tante Elfriede" und „Deutschland" und verlangen abends immer, dass die Kerzlein angebrannt werden, wobei sie selbst mehr strahlen als diese. Bald pusten sie sie dann wieder aus, damit sie lange halten."*

Die ferne Tante ist durch ihre ungewöhnlichen Geschenke zu einem handfesten Begriff für die Kinder geworden.

„*Die Kinder fragen übrigens schon andauernd, wann denn endlich wieder was aus Deutschland käme, sie betrachten das bereits als ganz selbstverständlich. Der Wahn geht so weit, dass Martin Pakete ankündigt, die gleich am nächsten Tag ankommen müssten. Ja, der Weihnachtsmann hätte es ihm persönlich im Garten anvertraut, verrät er."*

Nicht immer ist die Freude über den Inhalt überwältigend:

"Die Kinder halfen übrigens mit Pakete auszupacken und waren etwas enttäuscht, dass nur langweilige Sachen herauskamen. Aber sie machen sich dabei auch nützlich: Da kam Matthias gelaufen, der inzwischen als Mann der Genauigkeit alles Papier usw. nochmals durchsucht hatte, und brachte jauchzend das silberne Messerchen an."

Jede Sucherei führt nicht zum Erfolg:

"Sie untersuchten eifrig jedes Stück Papier, ob ja nicht irgendein Geschenk für sie verloren ging."

Dann wieder:

"Beim Auspacken müsstest ihr überhaupt die Kleinen sehen. Bei Elfriedes Weihnachtspaket ertönte das Haus. Matthias rief andauernd: Wie herrlich!"

Den Kindern ist es bewusst, dass diese Pakete kleine Schätze enthalten, auf die sie stolz sein können:

"Matthias zog den Großvater ins Haus, um ihm das silberne Besteck zu zeigen! Seltsam, wie die Kleinen sich dafür begeistern. Als die Großeltern weg waren, fiel ihm bei Tisch zu seinem Kummer ein, dass er vergessen hatte, den silbernen Becher zu zeigen!"

Die Mühe, die sich Elfriede macht, trägt Früchte! Es ist ihr gelungen, sich in die Herzen der ihr unbekannten Angehörigen einzuschleichen und ihre Zuneigung zu gewinnen. Sie, die ihre Mutterliebe erst den ebenfalls unbekannten Kindern ihres Exmannes übertragen musste, hat nun neue urbare Erde gefunden, eine, die ihr niemand mehr streitig machen kann, die sie zeitlebens ertragreich pflügen wird. Es entsteht ja auch langsam eine transkontinentale Kommunikation zwischen ihr und ihrem ältesten Neffen, der seine Schreibkünste in Wörterketten zu demonstrieren beginnt und fest der Überzeugung ist, *"alle Dinge kämen sicherlich deshalb, weil er Dir so schöne Wörter im Brief geschrieben hatte!"*

Tatsache ist, dass seine Brieflein an Elfriede gerichtet sind, dass allein sie und nicht die herbe Großmutter die Bezugsperson zum märchenhaften Deutschland darstellt, das Land, aus dem Bilderbücher und Spielsachen, wie Autos und Lastwagen, zu den Kindern gelangen. Wie glücklich müssen doch diese voller

Anstrengung von Matthias niedergeschriebenen Worte Elfriede in ihrer Einsamkeit machen! Der Pakete sind es so viele, dass der Junge sich auch Gedanken macht, *„ob denn auch alles ins Haus passen wird."* Aber Elfriedes Bedeutung für die Kinder nimmt sogar unwirkliche Züge an:

„Martin kam neulich zum Vater und fragte neugierig, ob er die „Tante Elfriedes" nehmen dürfte, die auf dem Tisch lagen. Wir verstanden ihn zuerst gar nicht. Er meinte damit die soeben angekommenen Tierbilderchen!"

Verwirrung der Sinneseindrücke! Der Begriff „Tante Elfriede" gleichbedeutend mit all den traumhaften von Zauberhand herbeigeschafften Dingen! Das nennt man friedfertige Eroberung! Elfriede als die Allmächtige in den Augen der Kinder:

„Gestern im Bett sagte Matthias mir, wenn er nach Europa führe, um Dich zu besuchen, würde er Dich um ein Buch bitten so groß wie seine ausgebreiteten Arme. Du siehst, sie betrachten Dich als Tischlein deck dich."

Und Tere haut ebenfalls auf die gleiche Kerbe:

„Wir trauen Dir ja jetzt alles zu, Du bist uns der liebe Gott geworden, der alles kann und alles fertig bringt."

Auch mit einem anderen Wesen bringen sie Elfriede in Zusammenhang:

„Martin beguckt sich oft das Bild des Braunschweiger Anwesens, wo die Tante Elfriede und die Großmutter wohnen, und vielleicht auch der Weihnachtsmann. Alle diese Leute, die so weit weg wohnen, auseinanderzuhalten, ist nicht so einfach. Neulich zerbrachen wir uns den Kopf darüber, ob Tante Elfriede auch so einen langen Bart habe."

Da muss ja Elfriede in schallendes Gelächter ausgebrochen sein! Sie, die einstige Fee der Italienischen Militärinternierten, nun als Weihnachtsfrau ihrer fernen Neffen! Immer noch die gleiche! Welch ein gutes Gefühl, nochmals eine so hohe Achtung zu erleben! Sie verwandelt sich zu einem Idealbild für die Kinder, sodass:

„Martin sagte heute Morgen, er würde eine Tante Elfriede werden, wenn er groß sei, und viele Pakete bringen und dann gleich verschwinden und wieder auftauchen. Ihr seid für die Kinder der Weihnachtsmann im Lande, in dem Schneemann und

Osterhasen weiden."

Als sie dann eines Tages doch ein Foto der Tante zu sehen bekommen große Enttäuschung:

„Die Tante Elfriede auf den Bildern gucken sie etwas misstrauisch an, sie können es doch nicht ganz fassen, dass Du keine Art Weihnachtsmann bist, sondern eine lächelnde „señora".

Dennoch verfügt die Tante für sie immer noch über übermächtige Kräfte:

„Wenn sie sich irgendetwas wünschen, sagt Martin immer prompt: „Ach, ich muss Tante Elfriede schreiben!" Du bist eben ein allmächtiger Zauberer!"

Und tatsächlich bestehen die von Matthias - auch im Auftrage des Bruders - niedergeschriebenen Brieflein fast ausschließlich aus einer Anreihung von Bestellungen unter Verwendung ein und desselben Verbs:

„Ich will ein Haus mit einem Soldaten; ich will ein Segelschiff von Colón (Kolumbus), ich will ein Motorboot, ich will eine Feder." (November 51).

Jetzt genießt Elfriede einen wahren Familienanschluss und ihr Interesse ist dermaßen tief und echt, dass auch Tere davon ergriffen ist:

„Es ist für mich als Mutter eine große Freude, jemandem über meine Kinder zu berichten, den ich so dafür passioniert weiß. Sonst fürchtet man ja immer als verliebte Glucke da zu stehen und die Leute mit Kindergeschichten zu langweilen."

Ganz deutlich wird sie im folgenden Brief:

„Ich bin immer ganz gerührt von der unglaublichen Liebe und dem Interesse, die Du für die Kinder zeigst und für Edgar. Ist er wirklich ein so vollkommener Bruder gewesen?"

Einen kleinen Seitenhieb kann sie sich nicht verbeißen, denn sie selber wird bestimmt nicht als vollkommen bezeichnet:

„Ich bin überhaupt richtig kreolisch faul, nicht so tüchtig und vielseitig wie Eure Familie - eine Ruine - wie Edgar mich immer nennt."

Obwohl sie in Wahrheit auch ihren Fleiß des Öfteren unter Beweis stellen muss, vor allem in den Wochen und Monaten, wo die Familie ohne Dienstmädchen dasitzt, oder dadurch dass sie sich um die bestmögliche Ernährung für ihr Töchterchen bemüht und sich in eine „wahrhafte holländische Milchkuh" verwandelt. Aber auch in den Augen anderer fällt Tere aus der Rolle:

„Ich bin das schwarze Schaf aus der Familie, aus dem Kreise getreten, um einen fremden Germanen mit Ordnungswahn und freien Ansichten zu heiraten."

Oder sie behauptet:

„Ich lese zum großen Ärger Edgars abscheulich schauerliche Kriminalromane, die meinen Mangel an Kultur und Geschmack beweisen."

Die liest sie nur zwischendurch, denn sie ist eine durchaus gebildete Frau, die nichtsdestotrotz Gefallen an gutgeschriebenen Krimis findet. Auf jeden Fall hat jeder dem anderen etwas gegeben, denn Tere ist der Meinung:

„Edgar ist natürlich auch etwas menschlicher geworden - ein etwas unbestimmter Ausdruck", fügt sie selber zaghaft hinzu. Mit seiner Menschlichkeit bezieht sie sich kaum auf die folgende Szene:

„Überhaupt solltet Ihr ihn mal sehen, wenn er gerade die beiden Buben unter die kalte Dusche treibt, was mein Herz erweicht, und wie stolz er triumphiert, wenn sie schreiend, johlend und vergnügt lachend, um ihren Platz darunter streiten - dann strahlt wie gesagt der ganze Mann."

Die Beziehung zu Elfriede ist so intensiv, dass Edgar sie konkret auffordert, sich einen Pass zu besorgen inklusive Touristenvisum nach Uruguay. Sie bemüht sich auch darum, denn die Angst um das Wiederaufkeimen eines neuen Krieges schwelt immer noch in den Köpfen, mal intensiver wie während des Koreakrieges, mal schwächer. Elfriede soll für alle Fälle gewappnet sein, während Edgar kaum damit rechnet, dass seine Mutter imstande sein könnte, ihre gewohnte Umgebung zu verlassen. Diese Vorkehrungen hindern ihn dennoch nicht daran, die Bestellungen weiterzuführen, sodass Elfriede emsig Katalogseiten samt Gutachten zu einigen interessanten Stücken über den Atlantik schickt und als Endergebnis einzelne Exemplare, sei es an Stichen, Karten, Porzellan, Kristall, Silber oder Porzellan von Edgar zum Erwerb in Auftrag gegeben bekommt, die sie wiederum sorgsam verpackt nach Uruguay sendet. Einmal scheint eine Sendung verloren gegangen zu sein, taucht aber schließlich unversehrt in Montevideo auf, was Tere zu folgendem Dankesschreiben veranlasst:

"Jetzt muss ich selber der armen Tante Elfriede Bescheid geben, die nachts bloß noch von Kannen und Leuchtern träumt! Edgar ist um zehn Jahre jünger geworden, und alles sieht hell und rosig aus!"

Übrigens nennt hier Tere Elfriede „Tante", da sie in der Familie allgemein so bezeichnet wird und Tere sich nicht dem Einfluss der Kinder entziehen kann:

„Liebe Tante Elfriede", (auch in der Anrede!) *„so heißt Du jetzt schließlich auch für mich, so oft höre ich Deinen Namen im Haus aus dem Mund der Kinder und auf der Straße als Kriegsruf der kleinen Freunde von Martin, die ohne eine Ahnung seiner Bedeutung zu haben, ihn auch gebrauchen. Martin spielt mit ihnen immer wieder sein liebstes Spiel: In einer Ecke des Gartens erscheint er mit imaginären Paketen beladen als „Tante Elfriede" und beschenkt huldvoll seine Umgebung. Du kannst Dich nicht beklagen, dass Du nicht berühmt bist."* (24.9.51)

Als Edgar im Mai 1950 feststellt, dass seine Meissener Sammlung auf 100 Stück angewachsen ist, ringt er sich ausnahmsweise zu Lobeshymnen auf:

„Du bist wirklich eine tüchtige Person. Also nochmals alle Hochachtung!"

Erstaunliche Worte aus Edgars Munde, von dem Tere berichtet:

„Edgar behauptet, ihm stocke die Feder, wenn er seine aufrichtige Bewunderung für Dein kaufmännisches Geschick und für Deinen guten Geschmack auflodern lassen müsste. Eine Erklärung für sein karges Lob; dennoch fand ich sein höchstes Urteil höchst komisch: „Nicht übel!" Nun ihr werdet ihn ja zur Genüge kennen..."

Elfriede weiß bestimmt, wie sie ihn nehmen muss, und wie hoch sie jede nichtige positive Anmerkung bewerten darf, z.B., wenn Edgar ihre Verpackungskünste erwähnt:

„Das Porzellan war ja so sorgfältig verpackt, dass auch bei Erdbeben wohl nichts geschehen wäre."

Oder die lässigen Geburtstagswünsche, die nicht minderen Lob in sich verbergen:

„Mögest Du in den kommenden Jahren noch viele Pakete absenden. In diesem frommen Wunsch ist vieles enthalten!"

Und dementsprechend wird die Schwester den Bruder verstanden haben, der sich auch mal durchringt zu einem:

„Du bringst doch alles fertig!"

Oder auch mal:

„Das Eisenbahnbuch der Kleinen ist ja wieder eine Entdeckung! Wo treibst Du nur die Sachen immer auf?"

Dann über die Weihnachtsgeschenke 1950:

„Viel zu üppig; gibst ja einen Haufen Geld aus."

Karge Bewunderung. Wem sonst kann Elfriede versuchen, eine Freude zu bereiten?

Edgar schickt auch hin und wieder Kaffee-, Kakao- und Zuckerpakete nach Braunschweig, obwohl er nicht so recht weiß, ob für diese wirklich noch eine vernünftige Verwendung vorhanden ist, vor allem als er im August 1950 erfährt, dass die Lager in Deutschland aufgelöst werden. Er überweist aber auch direkt verschiedene Beträge zwischen 50,- und 100,- Dollar, die damals mal 4 in DM konvertiert wurden. Damit begleicht er seine fern geleiteten Einkäufe, für die er im Grunde genommen nicht viel Geld übrig hat, wie er am 27.3.50 offenbart:

„Zur Orientierung will ich doch lieber berichten, dass ich ca. 600,- DM verdiene mit Stunden und allem, dazu über etwas Kapital verfüge. Der Verdienst geht immer ziemlich restlos an täglichen Ausgaben weg."

Also warum diese zusätzlichen Ausgaben? Jahre und Jahrzehnte später wird sich obendrein herausstellen, dass die Gegenstände als Investition keinen wesentlichen Wertzuwachs erlebt haben. Dazu hätte Edgar seine Kenntnisse für wertvollere, teurere Dinge einsetzen müssen, die im Nachhinein einen höheren Ertrag erbracht hätten. Er hat seine Sammlung auch im Laufe der Jahre nicht aufgebessert, indem er Minderwertiges durch Höherwertiges ersetzt hat. Auf jeden Fall gelangt Edgar im Dezember 1950 zu dem Schluss:

„Wir wollen allmählich aufhören mit der Schickerei. Der verfügbare Platz steht schon voll, von verfügbarem Geld ganz zu schweigen."

Ob diese Änderung Elfriede nicht einen Schrecken

versetzt? Wenn ihre Kräfte nicht mehr benötigt werden, was soll aus ihrer Zeit werden? Aber keine Bange, ihr Bruder verschafft ihr sofort eine neue Beschäftigung: Ab Mai 1950 bereichert er nämlich seine Briefe um ein neues Thema und zwar das der Möglichkeit seiner Wiedereinstellung als Lehrer in Braunschweig. Elfriedes Rolle hierbei? Laufereien zum Ministerium, zu Schulen, Ämtern, für die Edgar Elfriedes „diplomatische Künste" in Anspruch nimmt.

Elf Jahre ist Edgar nun fern der Heimat und der Familie gewesen. Er stellt sich den Wechsel als interessantes vorübergehendes Abenteuer für seine Familie vor. Dabei hat er in Montevideo sein Häuschen, seine Anstellung, sein Auskommen, eine heile, friedliche Welt ohne größere Aufregungen. Auf der anderen Seite das Nachkriegsdeutschland, aller Voraussicht nach ohne den nun gewohnten Komfort. Schätzt er genau ein, worauf er sich einlässt? Was er da seiner unschuldigen Familie aufhalst? Tere ist auf jeden Fall neugierig auf die Alte Welt, die sie noch nie betreten hat:

„Tere möchte so gerne mal nach drüben fahren, um sich das alles anzusehen, immer vorausgesetzt natürlich, dass ihr genug zu essen, genügend Wärmflaschen und eine ruhige politische Lage zusichern könnt."

Über die konkreten Angaben, die er über die Lebenshaltungskosten in Deutschland im März 1952 erhält, schüttelt er nur den Kopf:

„Übrigens scheint mir 10,- pro Person und Tag ungeheuer viel, wie auch alle Leute aus Deutschland hier behaupten. Mir wurde genannt: Schuhe 20,- bis 30,-, Anzug 100,- bis 200,-, Hemd 12,-. Schreib Du mir andere Artikel auf."

Wenn man bedenkt, dass zu diesem Zeitpunkt Elfriede kaum 100,- DM an Unterhaltszahlungen erhält, scheinen die Angaben sehr hoch gegriffen. Trotz der jahrelangen Korrespondenz inklusive Hilfssendungen können sich Edgar und Tere kein rechtes Bild über den deutschen Alltag machen:

„Jetzt noch einige praktische Fragen: Bekommt man in Deutschland alles, Lebensmittel, Milch, frische Eier, Fleisch (wie viel darf man davon auf einmal kaufen), wie viel kostet jedes (auch Obst, Gemüse)?"

Der Fleischkonsum ist existentiell, denn als gute Uruguayerin verzehrt Tere tagtäglich ihr gutes Pensum davon. Auch ein anderer Punkt ist ihr sehr wichtig: die Kälte!

„All die Kohlen Europas werden mir wahrscheinlich zu wenig sein."

Eine weitere praktische Frage von Tere:

„Ich wollte Dich auch noch fragen, ob in Deutschland die Frauen in der Stadt im Winter lange Hosen tragen (oder ob das sehr auffällt), denn ich trage hier immer welche."

Hierin ergeben sich bestimmt keine Probleme für Tere.

Zu dieser Zeit wird in Montevideo eine neue deutsche Schule errichtet, die aber für den Studienrat Edgar nicht in Frage kommt, da sie von den ersten Volksschulklassen aufbaut, in die 1951 Matthias eingeschult wird. Es sind mit Sicherheit nicht die kleinen Unpässlichkeiten im uruguayischen Alltag, die Edgar zur Erwägung einer Übersiedlung verleiten:

„Es gibt wieder mal eine Streikwelle. Die Schlachthäuser haben geschlossen, weil sie nicht die irrsinnig hohen Löhne zahlen wollen, die ihnen die Regierung vorschreibt. Wir merken wenig davon, da unser Schlachter hintenherum zu beziehen scheint. Am ersten fangen die Milchleute an zu streiken. Das wird schon fataler für uns werden. Licht gibt es auch ohne Streik wenig, da wir in unserer Gegend sehr wenig Strom haben wegen zu schwacher Leitungen. Abends können wir z.B. kein Radio hören."

Oder ein paar Wochen später, am 26.9.50:

„Außerdem gab es Omnibusstreik."

Dann im Januar 1952:

„Kaum Wasser in den Leitungen."

Auch sonst können sie sich nicht in allergrößter Sicherheit wähnen:

„Großes Thema sind neuerdings die Diebe, die hier ihr Unwesen treiben. Die Polizei ist ihnen hilflos ausgeliefert, da sie nicht mit Schusswaffen ausgerüstet ist. Während sich daher die Hausbewohner mit den Einbrechern herumknallen, stehen die mit Not herbeigerufenen Polizisten in sicherer Ferne und sehen zu, bis die Kerle endlich verschwinden. Neulich musste es aber wohl oder übel eine richtige Verfolgung am hellen Tage geben, und als die bösen Diebe auch da wieder zu schießen anfingen, fiel der Polizist

mitten auf der Straße in die Knie und betete!"

Wilder Westen oder provinzielles Dasein?

Derweil aber geht das Leben mit seinen kleinen Sorgen weiter, z.b. mit der Frage:

„Kennt ihr übrigens die Flüssigkeit, mit der sich alles Fett von den Tellern löst?"

Man bedenke, es handelt sich um das Jahr 1951! Aber dann wieder ein Bericht von Tere:

„*Edgar ist nämlich entsetzlich fleißig und emsig, immer ist er in Betrieb, bringt dieses oder jenes in Ordnung, befestigt, was lose ist, löst, was fest ist, kurz er ist immer beschäftigt. Jetzt, wo ich Mädchen für alles bin, mischt er sich noch mehr ein als früher und steckt überall die Nase hinein, wo er nicht sollte. Kann ich ihn Euch nicht mal rüber schicken zur Aushilfe? Ich bürge für ihn, er ist eine Perle! In allem bewahrt er eine vorbildliche Doktormethode, z.B. wenn er das Geschirr von der Küche ins Wohnzimmer bringt, das höchstens drei Schritte entfernt ist, nimmt er immer ein ein Meter langes und 50 Zentimeter breites Tablett, auch wenn er bloß einen Teller, zwei Teelöffel und eine Tasse zu transportieren hat.*"

Eindeutig hat der eine mit den Fehlern des anderen zu schaffen. Dabei verändern sich auch die Berichte über die Kinder. Sie sind nicht mehr die einstigen Wüstlinge voller Zerstörungswut, nein, sie entwickeln sich weiter, sie entdecken die Philosophie, die Geheimnisse des Lebens:

„*Ja, und die Toten musste ich ihnen leider erklären. Die wären unter der Erde. Was?, fragte Martin, holte nicht faul eine Schaufel und fing gleich an zu graben.*"

Oder:

„*Matthias interessiert sich langsam für einige Rätsel des Lebens, z.B. fragte er mich neulich, ob wir verheiratet wären. Als ich es bejahte, meinte er, das stimme doch nicht, da müssten wir doch so umschlungen spazieren wie Joachim, der neuvermählte Knecht meines Vaters. Er scheint also stille Beobachtungen zu machen.*"

Und am 13.8.51:

„Martins Kindermund beim Essen: „Vater, du isst, damit wächst der Bart?" Drauf Tere, ob ich ihm das gesagt hätte. Er:

„Nein, ich habe gewusst, ich allein!" Ganz stolz. Sichtlich Endergebnis eines langen Denkprozesses: Warum muss der Mensch immer noch essen, wenn er auch nicht mehr weiter wächst... Ich bin jetzt sehr gut bei ihm angeschrieben, da er nun weiß, dass ich älter bin als Tere: „Du hast gewonnen, 38 Jahre", sagt er andauernd und strahlt mich dabei an. „Mama hat nur 29." Erzählt er allen Leuten, nicht gerade zu Teres Entzücken... Am Donnerstag ist wieder Monsterhochzeit, Teres Base. Also Unterhaltung übers Heiraten. Ich probiere meinen Cut an. Große Bewunderung, Matthias sagte: „Wie ein König. Fehlt noch die Krone." Nachher zeigte Tere Bilder von uns im Hochzeitsgewand. Martin suchte andauernd herum: „Wo ist der Strick? Se cazan mit den Händen?" Er verwechselte spanisch „casar" (heiraten) mit „cazar" (jagen), das hier genau gleich ausgesprochen wird. Heiraten also mit Lasso!"

Andrerseits tragen auch Elfriedes Sendungen zur Zivilisierung der Buben bei:

„Die Jungen sitzen einträchtig nebeneinander in Matthias' Bett und „lesen" Buschs Bilderbogen von der ersten bis zur letzten Seite."

Ihr Hunger nach Bildung sitzt so tief, dass Elfriede gewarnt werden muss:

„Sie würden Dich um so viele Märchen bestürmen, dass Grimm selber nicht ausreichen würde."

Ständig bilden sie sich weiter:

„Martin schwatzt überhaupt den ganzen Tag. Abends im Bett fragt er immer großzügig, was für ein Märchen er erzählen solle; es läuft aber immer auf Rotkäppchen hinaus; das einzige, das er richtig weiß, allerdings immer mit den schönsten Varianten, Tigern usw. Überhaupt phantasiert er gewaltig. Matthias sagt dann immer vertraulich zu mir: Große Lüge, Vater." (14.2.51)

Seine Phantasie stellt er auch in anderen Zusammenhängen unter Beweis:

„Das Ostereiersuchen wie üblich mit großem Hallo; ich sagte, ich hätte gerade noch den Schwanz vom Hasen gesehen, als er wieder weglief, worauf Martin natürlich sofort behaupten musste, er habe seinen Kopf gesehen und mit ihm gesprochen. Mich horchte er dann aus, wo er wohnte, und ob er auch im ersten

Stock sein Schlafzimmer hätte."

Ein weiteres Beispiel:

„Bevor wir das jetzige Dienstmädchen hatten, schlossen wir mit den Kindern den Vertrag, dass sie nach dem Mittagessen abtrockneten und dafür aufbleiben durften. Dazu erbietet sich jetzt Martin jeden Tag wieder, aber überflüssigerweise. Neulich war morgens das Wetter sehr trübe, und als er wieder anfing: „Heute schlafe ich keine"(anstatt „nicht"), da sagte Tere, bei so schlechtem Wetter ohne Sonne könne er nicht draußen bleiben. Also verkündete er: „Dann will ich mit der Sonne sprechen", ging hinaus und sagte: „Sonne! Warum stehst du noch nicht auf?" Kam wieder rein und behauptete, die Sonne habe ihm zu scheinen versprochen."

Ganz schön raffiniert! Andere Charaktereigenschaften besitzt er aber auch:

„Als das neue Mädchen gerade den ersten Tag da war und Martin sich anzog, rief er sie plötzlich herauf. Sie kam wirklich die Treppe heraufgestiegen, und mit napoleonischer Haltung sagte er zu ihr: „Arbeite!"

Dann wieder sehr lebensnahe Erfahrungen, aber nicht weniger erheiternd:

„Jeden Tag, pünktlich um die Mittagszeit, wenn wir gerade im Begriff sind, den leckersten Braten zu verzehren, guckt Juliane uns vielsagend an und sagt in ihrer tiefsten Stimme: „Ah-ah." Schon wird Martin die Treppen hinaufgejagt nach dem Töpfchen; Vater stürzt sich, den Bissen im Munde, auf das freundliche Kind und versucht vergebens ihm die komplizierten Altweiberdreckhosen abzustreifen; Mama verlässt schimpfend den Tisch um zu helfen; und Matthias benutzt die Gelegenheit dazu, einige unbeliebten Stücke auf die Schüssel zurückzulegen."

Wahrlich welch eine Aufregung!

Aber die Buben werden ohne Zweifel erwachsener:

„Martin behandelt mich schon ganz so, als ob er mein Vater wäre: „Mama, weine nicht (ich denke gar nicht daran!), arme Mama, ich habe die Haustür fest zugeschlossen; es können keine Diebe rein; ich habe ein Messer, ich mache so und schneide ihnen den Hals ab." Das sagt er in einem zuckersüßen Ton, umarmt mich dabei ganz mütterlich und tröstet mich

unaufgefordert, denn ich bin gerade beim Bügeln. Matthias kam heute nach Martin rein, und dieser empfing ihn mit seiner besten Edgar-Miene und fragte: „Hast du auch abgeschlossen mit Schlüssel?" „Ja, ja und ja", antwortet Matthias mürrisch. Martin guckt ihn verächtlich an, sagt kein Wort und verschwindet die Treppe hinunter, um die Haustür zu kontrollieren."

Neues Gedankengut dringt in ihre Köpfe:

„Matthias hat zwei Zähne verloren, kassierte jedes Mal ein bisschen Geld dafür ein, das die Mäuse in dem Fall zu bringen pflegen. Martin ruckelt fürchterlich an seinen herum, möchte sie loswerden. Er fand, dass Mandarinenkerne kleinen Zähnen ähneln, also unters Kopfkissen, vielleicht fallen Mäuse drauf rein und bringen Haufen Pesos. Die Mäuse merkten aber was und brachten spöttisch Mandarine. Sehr schön, also das nächste Mal Eierschale, dann mussten sie ganze Eier bringen; taten sie aber nicht, brachten Bonbons. Das geht nun so weiter. Manchmal bringen sie ein bisschen Geld, einmal auch bloß ein paar Zahnstocher (große Enttäuschung und Verkriechen im Bett daraufhin)."

Langsam bekommen die Kinder also ein Gespür für Geld, so auch Matthias:

„Im alten Karstadtkatalog fand er heute den Traktor mit Preis und rief: „Arme Tante Elfriede, soviel Geld!"

Im Laufe des Jahres 1952 bezieht sich der Inhalt von Edgars Briefen immer mehr auf den Deutschlandaufenthalt bis zur gezielten Anweisung der Anmietung einer Wohnung über das Wohnungsamt. Es wird ernst. Die Familie kommt:

„Mit Glückwünschen (zu Elfriedes Geburtstag) usw. halten wir uns kurz, da wir uns ja bald selbst dir als Geschenk zu Füßen legen." (August 1952)

Das Haus in Montevideo wird vermietet:

„Unsere schönen Sachen wandern alle zu V.s, die uns einen Schrank zur Verfügung gestellt haben. Die Bücher stelle ich im Geschäft unter."

Auch die Kinder bereiten sich seelisch auf die Begegnung mit der Tante vor:

„Martin übt ja eifrig das Lesen in der Hoffnung, die er immer wieder zum Ausdruck bringt, dass Tante Elfriede ihm vor Entzücken über sein Lesen einen Kuss - und ein Auto schenken *wird. Wie Du siehst, ein gefühlvoller Materialist."*

Die Angaben werden konkreter: Es soll übergesetzt werden in einem französischen Schiff bei seiner Jungfernfahrt, sodass *„viele Ratten, Läuse, Flöhe usw. ja wirklich noch nicht drauf sein können".* Das wären ja schöne Aussichten! Als handelte es sich sozusagen um ein Piratenschiff!

Am 30. August 1952 ist es so weit: Die junge Familie schifft sich im Charles Tellier ein, Ankunft in Le Havre am 18.9., Weiterfahrt nach Deutschland im Zug nach ein paar Tagen Aufenthalt in Paris. Elfriede kennt alle Etappen der Schiffsreise auswendig. Erzählt sie weiter, auch der künftigen Spielkameradin von Juliane, ein kleines dreijähriges Mädchen, das selbstverständlich noch keinerlei Ahnung von Geografie hat, weder die Lage von Rio noch von Vigo kennt, kaum eine Vorstellung von einem großen Schiff besitzt, aber dennoch sehr beeindruckt ist von diesen Wesen, die aus der Ferne wie vom Mars herunterkommen werden vor ihre Füße auf die Treppe des Nachbarhauses.

Wie muss Elfriede doch zittern. Dreizehn Jahre lang hat sie ihren Bruder nicht gesehen. Brieflich haben sie sich verstanden, wie wird es aber in persona sein? Und Tere? Wird sie ihren Sarkasmus auch auf Elfriede entladen? Und diese wüsten Kinder, werden sie sie nicht zu Tode trampeln? Eine anstrengende Zeit bahnt sich an. Voller Fragezeichen, voller freudiger Erwartung und doch mit Skepsis muss Elfriede dieser neuen Epoche in ihrem Leben entgegen fiebern. Vorbei ist die Einsamkeit. Vorbei der kleinkarierte Alltag. Ab nun tritt ein Hauch der weiten Welt in ihr beengtes Dasein. Der Bruder aus Amerika kommt!

Laufereien zu Auktionen und Antiquariaten gehören nun der Vergangenheit an. Sie wird sich anders nützlich machen, leckere Puddings für die hungrigen Mäuler der Neffen und der Nichte kochen, dazu als Beilage das Eingemachte aus dem Keller holen, Kirschen, Mirabellen oder Beeren. Und mit Kuchen wird sie sie verwöhnen, aber auch der Bruder wird die lang entbehrten deutschen Kochkünste nicht abweisen. Zu Ostern wird sie dann Unmengen von Eiern verstecken und auch sonst die Kleinen durch Geschenklein an sich binden. Mit den Kindern hat Elfriede keine Schwierigkeiten. Ebenso wenig mit Edgar. Sie entwickeln sich zu ihrem alleinigen Lebensinhalt, d.h. sie waren es bereits vorher schon. Mit Tere wird die Beziehung nicht so innig werden, denn sie sind zu verschiedenartige Wesen und Temperamente. Und Deutschland im Jahre 1952 ist nicht das Deutschland von 2000. Das Land selber bereitet Tere nicht übermäßige Freude mit seinen tristen Ruinen, mit seinem rauen Klima, den kriegsgeschädigten Menschen. Sie muss sich nun mit einer Dreizimmer-Wohnung begnügen, in der sie nichts mehr darstellt. Ihr Name ist in dieser Umgebung nichts wert, womit ihre Werteskala plötzlich in sich zusammenbricht. Die Sprache beherrscht sie sehr gut, wie sie bereits in den Briefen unter Beweis gestellt hat, dennoch fällt es ihr schwer, Freundschaften zu schließen. Das Heimweh quält Tere unablässig und sie wird im Jahr 1957 mit ihren Kindern nach Uruguay zurückkehren, wohin ihr Mann ihr drei Jahre später folgt. Nach fünf Jahren des nahen Zusammenlebens mit der Verwandtschaft entflieht diese wieder. Aber Elfriede hat ihren Platz in den Herzen der drei Kinder erobert, die sich ihr immer sehr nahe fühlen werden. Von Uruguay aus hatten sie ihr geschrieben und werden es nach der Rückkehr dorthin weiterhin tun. Mit keiner uruguayischen Tante haben sie korrespondiert, auch im Erwachsenenalter nicht, während die briefliche und telefonische Verbindung zu Elfriede lebenslang anhalten wird. Der Clou zu dieser Leistung? Elfriede hat es fertig gebracht, den Eindruck zu vermitteln, echte Gefühle und echtes Interesse für die Nachkommen ihres Bruders zu empfinden. Und sie hat in sie investiert: Zeit, Geld, Liebe. Die im frühen Kindesalter aufgebauten Brücken sind die haltbarsten. Diese Erfahrung wird Juliane im Jahr 1993 machen, als sie nach Elfriedes Tode dem Pfarrer für die Ansprache der Totenmesse einige Einzelheiten über ihre Beziehung zur Tante in ihrer Kindheit aufzählen will. Dabei bricht sie in Tränen aus. Der Pfarrer zeigt großes Verständnis für die intensive Gemütsregung, denn die Erinnerungen aus der Kindheit erregen den Menschen stärker als jene des Erwachsenenalters.

Elfriedes neues Metier: Bankkauffrau

Nachdem Tere Braunschweig mit den drei Kindern verlassen hat, u. a. um ihr viertes Kind, eine Tochter namens Maria, in Montevideo auf die Welt zu bringen, bemüht sich Edgar um seine nochmalige Versetzung nach Montevideo als Studienrat. Es gelingt ihm aber erstmal nur, Anfang 1959, eine Stelle in Bogota, Kolumbien, zu erhalten, das sich zwar ebenfalls auf dem südamerikanischen Kontinent befindet, aber leider an der Pazifikküste und tausende von Kilometern von Uruguay entfernt liegt. Seine Familie bekommt er das ganze Jahr, das er dort verweilt, nicht zu sehen.

Elfriede bleibt seine treue Mittelsfrau in Braunschweig, die zwischen dem 29.1. und dem 13.12.59 neunzehn Briefe von ihm aus Bogota erhält. Das Vertrauen, das sich in den Nachkriegsjahren trotz der zwischen Montevideo und Braunschweig bestehenden Entfernung aufgebaut hat, ist durch seinen 6 Jahre währenden Zwischenaufenthalt in Braunschweig weiter gefestigt.

Obwohl seine Briefe an Mutter und Schwester adressiert sind, hört man aus ihnen heraus, dass sie in erster Linie der jüngeren Frau gelten. Im Laufe von zwei Jahrzehnten hat Elfriede es geschafft, bei Edgar eine vorrangige Stellung einzunehmen. Zwar ist er die ganzen Jahre über ein fleißiger Schreiber gewesen, der konstant alle zwei bis drei Wochen – außer in der schwierigen Zeit zwischen 1941 bis 1946 - mehrseitige getippte Briefe, Karten oder auch hin und wieder ein Telegramm abgeschickt hat, nur hat sich der Adressat inzwischen geändert. Die Mutter, obwohl meist im Briefkopf mitaufgeführt, ist deplatziert, neue unentbehrliche Bezugsperson ist Elfriede geworden.

Neben ausführlichen Reiseberichten über das Land, wie er sie schon damals nach seiner Ankunft in Montevideo zu verfassen pflegte, beinhalten seine Briefe wieder Instruktionen an die mittlerweile 61-jährige Elfriede. Ihre Rolle hat sich zum x-ten Male gewandelt:

„Sende bitte DM 2.500,- an Tere (über Banco Comercial Montevideo; die Leute am letzten Schalter wissen Bescheid). Ich

will die Hypothek bezahlen, um den günstigen Kurs auszunutzen... Schreibe mir nun immer, wie der Kontostand ist, damit ich einen Überblick über meine Reichtümer habe."

Ein anderes Mal:

"Mit der Bank also alles in Ordnung; Hauptsache, dass immer überwiesen werden kann. Wenn Krieg drohen sollte, machst Du das natürlich automatisch, ohne auf meine Anweisungen zu warten!!"

Es gehen durchaus größere Summen durch ihre Hände:

"Tere ist sich nicht im klaren, ob sie schon jetzt Auto kaufen soll oder nicht. Sollte sie es von Dir verlangen, kannst Du ihr DM 10.000,- bis 15.000 schicken."

Enorme Beträge in Elfriedes Augen, die die bescheidenen Unterhaltszahlungen von DM 200,- aus Berlin erhält. Elfriede ist nunmehr eingeschaltet für Bankangelegenheiten, wie Überweisungen, Weiterführung des Bausparvertrages, An- und Verkauf von Aktien, usw. In Bezug auf letztere folgende Anweisung:

"Zugleich musst Du Dich nach den Volkswagen-Aktien erkundigen, die hoffentlich noch nicht herausgekommen sind. Sie werden nur an Kleinverdiener abgegeben, die sie auch nach einer gewissen Zeit wieder abstoßen dürfen. Die müsstest Du also auf Deinen Namen kaufen, viel bekommt man sowieso nicht. Mutti könnte auch kaufen. Der Witz ist, dass man bei späterem Verkauf sehr viel gewinnen kann. Also mach Dich mal wieder auf die Beine!"

Auf diese Weise ist Elfriede bestens über Edgars finanzielle Lage im Bilde. Wie steht es aber mit Tere? Sie hat sich zeitlebens beklagt, dass sie über keinerlei Vollmacht auf die Konten des Ehemannes verfügte. Stets hat sie sich im Vergleich zu Elfriede zurückgesetzt gefühlt, empfand Neid auf die Vorgezogene. Offensichtlich hatte ihr Mann in Geldsachen mehr Vertrauen zur Schwester als zur Ehefrau. Ein harter Schlag für Tere.

Aber auch in Sachen Steuererklärung bzw. Steuerprämie ist Elfriede für ihn unterwegs, wofür sie sich wie immer mit kargem Lob begnügen muss:

"Also das wirst Du schon fertigbringen."

Dann mal wieder:

„*Du bist ausgezeichnet vorgegangen, keinerlei Grund zum Unglücklichsein.*"

Vermutlich, doch nicht so perfekt gelungen. Es ist auf jeden Fall nicht verwunderlich, dass Edgar seine Schwester für diese intimen Angelegenheiten eingesetzt hat. Sie beweist nämlich durch die einfache Tatsache, dass sie die ganze über Jahrzehnte reichende Korrespondenz mit ihm fein säuberlich geordnet aufbewahrt hat, einen ausgesprochenen Buchhaltergeist, der für die von ihr verlangten Arbeiten unerlässlich war. Die Schickerei wird ihr nun nicht abgenommen, nur verlagert sich das Interessengebiet von neuem:

„*Schicke mir doch als Drucksache eingeschrieben mit Schiff „La Vie Francaise, Ausgabe B.",* also Schulbücher und Material, das er für den Unterricht benötigt.

Entlohnt wird sie mit Berichten über die *„grandiose Landschaft"* oder die *„prächtige Vegetation"* wie *„Bananenstauden, Bougainvilleen, Magnolien, Hibiscus, Copas de oro, Orangen, Zitronen, Kaffeebüsche, alles gedrängt beieinander."* Wie muss Elfriede das Wasser im Munde zusammenlaufen vor solch einer Blumenpracht. Dann aber die weniger erfreulichen Alltagsprobleme:

„*Eingebrochen wird natürlich andauernd."*

Aber es kommt noch erschreckender:

„*Die Kerle schlagen grundsätzlich alle Leute tot, denen sie etwas abnehmen."*

Anscheinend Dauerzustand bis zum heutigen Tage! Weiterhin:

„*Es finden Bittgottesdienste statt, denn es gibt kaum noch Wasser. Bloß ein dünnes Rinnsal kommt aus der Leitung. Gerade donnert es gewaltig, vielleicht erbarmt sich der Himmel endlich der Gläubigen."*

Und er gelangt zu dem Schluss:

„*Mit Montevideo ist schon gar kein Vergleich, das ist viel fortgeschrittener und luxuriöser als dies Bergnest, das im ganzen doch einen recht schmuddeligen Eindruck macht, wenigstens im Zentrum."*

Zum Niveau der Schule nur ein lapidarer Kommentar:

„*Auch die Abiturklasse ist sehr anspruchslos, hat von*

nichts eine Ahnung und steht mit der deutschen Sprache auf Kriegsfuß. Sind aber nette Leute."

Immerhin etwas! Er wird sie schließlich doch noch zu einem guten Abschluss führen.

Dann mal die Offenlegung der eigenen Dumm-/Schlauheit:

„*Mein Luftgepäck war 3 kg schwer, musste in Hannover DM 60,- zahlen bis New York. Dort machte ich es dann schlau, packte alles Schwere, Schuhe usw. in Riesentüte, um die auch noch mit in die Kabine zu nehmen. Aber fehlgeschlagen, diesmal wurde alles gewogen, auch das Handgepäck, doch brauchte ich trotzdem gar nichts zu zahlen, da die Amerikaner mehr Freigepäck auf internationalen Routen zulassen. Ich packte also meine Tüte wieder aus und die Koffer voll und kam so etwas standesgemäßer in Bogota an."*

Es dauert nicht lange, und Edgar tischt am 2.7.59 eine Neuigkeit auf: Er kann seinen Vertrag in Bogota kündigen, um eine Stelle als stellvertretender Direktor an der deutschen Schule in Montevideo anzunehmen, die gleiche, in der Matthias eingeschult worden war. Nur ist die Schülerzahl inzwischen auf beachtliche 1.200 angewachsen. Es ist auch höchste Zeit, dass die Familienzusammenführung vonstattengeht, denn die Kinder bezeugen in ihren Briefen, welchen Stellenwert für sie die Präsenz des Vaters besitzt. So schreibt die 8-jährige Juliane:

„*Hast Du mich und die Puppe* (die der Vater ihr vor der Abfahrt aus Deutschland geschenkt hatte) *ganz vergessen?"*

Einige Monate danach:

„*Juliane und ihre Puppe, wir wünschen Dir einen schönen Geburtstag. Wenn ich das schreibe, kommen mir die Tränen, weil ich nicht bei Dir bin."*

Und nicht weniger gefühlsvoll ein Jahr später:

„*Ich gratuliere Dir zum Geburtstag. Du bist ganz alleine ohne uns und Tante Elfriede und ohne Oma! Ich kann Dir nichts schenken, weil Du so weit weg bist."*

Der zwölfjährige Martin dagegen schreibt ein wenig beherrschter, obwohl mit der gleichen Aussage:

"Hoffentlich kommst Du bald; ist es Dir nicht sehr langweilig, immer ganz alleine zu sein und ohne unseren Krach und des Babys Geheule?"

Während Edgar nun beginnt, Vorkehrungen für seine Übersiedlung nach Montevideo zu treffen, erreicht ihn am 6.9.59 eine Hiobsbotschaft aus Braunschweig: Die Mutter ist gestürzt und muss operiert werden. Konsequenz für Elfriede: Sie, die selber nicht mehr so rüstig ist, wird ihre Mutter während der Rekonvaleszenz pflegen müssen. Edgar scheint sich fast mehr Sorgen um sein Mädchen für alles in Braunschweig zu machen als um seine alte Mutter. Ohne Elfriedes Zutun bleiben die Uhren in der Heimat stehen:

"Na, Oma, das hast Du fein gemacht. Gestern kam Elfriedes Brief mit der Nachricht von Deinem Hinsetzen. Also jetzt ist es nichts mit Kochen, Rennen, Einmachen, Blumenbegießen usw. Wie wird denn Elfriede mit Dir fertig?"

In diesem Sinne empfiehlt er auch seiner Schwester:

"Also, Schonung, alte Seele, sorge für genügend Schlaf, fahr mit der Straßenbahn usw."

Elfriede muss ihm erhalten bleiben. Er braucht sie, ist in eine Art Abhängigkeit von ihr geraten, denn ohne sie laufen seine Geschäfte nicht und ständig ist etwas fällig:

"Muss Dich also bitten, wieder DM 20.000,- zu kündigen."

Und an die Mutter in schulmeisterhaften Tonfall:

"Habe mit Befriedigung vernommen, dass Du bei der Operation den Kopf oben behalten hast. Also nun mach weiter so! Vieles muss noch eingemacht werden, auch kommt bald der Winter, und die Öfen müssen geheizt werden. Die arme Elfriede kann das doch nicht allein machen."

Vielleicht meint er es als Trost, wenn er Elfriede schreibt:

"Du erlebst eben so viel wie ich, bloß auf Deine Weise."

Elfriede, die ihr Leben lang nur in der Braunschweiger Gegend gelebt hat, zwar einige Reisen ins europäische Ausland unternommen hat, nach Jugoslawien und Paris z.B., kann sich doch kaum dem weitgereisten Bruder gleichstellen!

Erstaunlicherweise empfindet er weniger Mitleid mit der über 80-jährigen Kranken als mit der Schwester, der er dementsprechende Anweisungen erteilt:

„An Dir ist es nun natürlich, Dich zusammenzunehmen, altes Haus. Klapprig genug bist Du auch, vergiß das nicht!"

Das sind Edgars Liebkosungen, diese trivialen Ausdrücke, wie *„alte Seele"* oder *„altes Haus"*. Mehr kann er nicht aus sich herausgehen, aber Elfriede versteht bestimmt, welche Tragweite diese Wörter beinhalten. Wer kennt ihn schon besser als sie? Zwei Monate später schreibt er immer noch um sie besorgt:

"Du selbst musst Dich nun sehr schonen, ich will jedenfalls keine dummen Geschichten weiter hören. Aber einen Auftrag gibt es natürlich schon wieder..."

Schonen für wen? Eindeutig für ihn, um seine unbedeutenden sowie bedeutenden Bedürfnisse zu erfüllen.

Keineswegs entzieht sich Edgar seiner Rolle des Fürsorgers der beiden alten Damen. Großzügig verkündet er:

„Um Geld brauchst Du Dich ja nicht zu sorgen, kannst auf mein Konto zurückgreifen... Für Kosten besserer Klasse usw. komme ich auf. Was kostet 1. Klasse?"

Welche Erleichterung für die zwei Frauen! Sie haben nichts mehr zu befürchten. Ein beschützender Engel wacht über sie aus der Ferne. Aber er geht noch weiter in seiner Großzügigkeit:

„Einen Ausgleich könnt Ihr natürlich schaffen, indem Dir Mutti zu Weihnachten, in Anbetracht Deiner Verdienste, ihre gesamte bewegliche Habe schenkt. Ich verzichte für mein Teil und bin mit dem zufrieden, was ich erhalten habe."

Eine sehr noble Einstellung, die sich bezahlt machen wird, denn Elfriede wird ihm beziehungsweise seinen Erben, also seinen Kindern, ihren gesamten Besitz vermachen. Wem denn sonst, wo sich die beiden Geschwister so eng aneinander verbunden fühlen?

Die Etappe Kolumbien ist nun für Edgar beendet und er macht sich mal wieder per Schiff auf den Weg bis Valparaiso, von wo aus er mit dem Zug über die Anden nach Buenos Aires übersetzt, um am 29.12.59 wohlbehalten in Montevideo anzukommen. Auch in den folgenden Jahren wird Edgar Elfriede auf Trab halten.

Elfriede, das Mädchen für alles

Jetzt, wo die Familie glücklich in Montevideo vereint ist, wird sich die Briefflut an Elfriede intensivieren, schon einfach durch die Tatsache, dass drei Kinder bereits die Fähigkeit besitzen, selber Briefe zu verfassen. Welche Freude jedes Mal für die ferne Tante! Aber dennoch haben sie noch eine weitere Wirkung: Sie verursachen Arbeit. Denn nun hat Elfriede nicht nur einen Auftraggeber im exotischen Südamerika sitzen, sondern deren fünf! Die Kinder gleichen nämlich dem Vater oder haben es ihm abgeschaut: Sie bestellen fleißig, manchmal nur Kleinigkeiten, die nichtsdestotrotz einen beträchtlichen Zeitaufwand erfordern. So schreibt Martin, höflich, aber durchaus nicht schüchtern, bereits am 6.1.60:

„Könntest Du, wenn Du Zeit hast, ein Fesselflugzeug mit Motor schicken, wie z. B. Fesselflugzeug „Dornier DO 27". Du kannst den Verkäufer fragen, welcher der leistungsfähigste und geeignetste Motor für das Flugzeug ist. Ich würde Dich bitten, ein bisschen unter den Flugzeugen herumzustöbern, um ein gutes Flugzeug zu finden. Könntest Du mir auch eine gute Fernlenkung mitschicken, die sich für das Flugzeug eignet? Frage auch, ob man Kerosin oder Benzin für den Motor benutzen kann. Das Flugzeug mit seinem Zubehör schenkt mir Vater. Kannst Du mir auch 2 Batterien schicken von ungefähr 3 Zentimeter Durchmesser für meine Taschenlampe?"

Nach Porzellan und Stichen jetzt auch ausgefallenes Kinderspielzeug! Auch das kann eine 62-Jährige auf die Beine stellen. Kurzer Kommentar des Bruders: *„Du siehst, wie man Dich braucht."* Sicherlich ein sehr wichtiger Punkt in Elfriedes Leben: Ihr Inhalt sind die gebrechliche Mutter, die nicht ewig an ihrer Seite weilen wird, und auf der anderen Seite, der sonnigen, die Generation der Zukunft, ihre Neffen und Nichten, die sich vielleicht eines Tages um sie kümmern werden.

Aber auch Edgar hält sich nicht zurück und bestellt Heizlüfter, Steppdecken samt Bettbezügen nebst Büchern, Klassikern, inklusive seiner eigenen Aufzeichnungen dazu.

Lapidare Anmerkung: *„Wieder viel Arbeit!"* Was ihn nicht davon abhält auch im nächsten Brief vom 14.2.60 neue Bitten an sie zu richten:

„Uns sind inzwischen noch einige Dinge eingefallen, die wir brauchen könnten und die also die arme Lauf-Elfriede irgendwie auftreiben könnte, wenn es ihre Beschwerden erlauben..."

Und eine neue Bezeichnung für seine Schwester hat er auch noch erfunden! Dennoch halten sie keine Beschwerden dieser Welt davon ab, für die geliebte Verwandtschaft absolut alles aufzutreiben, was sie begehrt, und selbstverständlich noch darüber hinaus eigene Geschenke beizulegen. Immer wieder nimmt sich Edgar vor, Elfriede in Ruhe zu lassen, ohne Erfolg:

„So, ich hoffe, für die nächste Zeit keine größeren Aufträge mehr zu haben."

Und gleich der nächste Satz:

„Bei Gelegenheit müsstet Ihr mal die Zinsen bei den Staatskonten eintragen lassen. Und ohne Eile überweise bitte DM 27,80 auf Konto B."

Kleinigkeiten in seinen Augen. Revanchieren möchte er sich selbstverständlich:

„Nochmals, nehmt Euch einen dienstbaren Geist. So geht das doch nicht. Bezahle ich gern."

Das ganze Jahr 1960 lebt die 6-köpfige Familie noch bei Teres Eltern, da das eigene Haus erweitert wird und 12 Monate verstreichen, bis es fertig ist. Tere beschreibt den Trubel mit seinem südamerikanischen Touch:

„Edgar scheint die Schule viel Spaß zu machen, er macht allerlei Reformen und läuft hin und her. Er ist zugleich ziemlich erschöpft und das mehr als rege Leben in unserem vollen Elternhaus mit ständigem Telefonklingeln, Kindern und Erwachsenen, die die Holztreppe laut donnernd hinunterspringen, usw. verwirrt ihn wohl auch. Schon alleine unsere „entsetzliche" Gewohnheit, alle auf einmal zu reden, zu unterbrechen und nicht abzuwarten, bis der oder die Gegner ihre Gedanken geäußert haben, macht ihn verrückt."

Eine verständliche Reaktion.

Am 12.4.60 ist Martins Motor eingetroffen, aber:

„Mit dem Motor kann er leider nichts anfangen, da hat man Dich schlecht beraten."

Und es folgen neue Anweisungen für den Kauf eines anderen Modells, u.a.: *„Achte bitte darauf, dass die Düsennadel dafür mitkommt."* Elfriede hat es bestimmt nicht leicht mit ihrem neuen Aufgabenbereich. Und Edgar möchte immer wieder einen Schlussstrich ziehen:

„Nun genug für heute, nein halt, auf Konto... sende bitte bei Gelegenheit DM... Erstaunlich, dass es immer was zu tun gibt für Dich."

Mit diesen Worten schließt er ein wenig naiv. Dann wieder eine großzügige Spende seinerseits:

„Zum Geburtstag kauf Dir einen Badeofen von mir."

Das Geschenk wird Elfriede tatsächlich annehmen, informiert ihn aber offensichtlich vor dem Erwerb über verschiedene Modelle, denn er rät ihr:

„Nimm ruhig den besseren Badeofen, das bringe ich noch auf."

Trotz ihrer Vollmacht auf das Bankkonto bedient sich Elfriede nicht ohne weiteres. Sie treibt nicht Missbrauch mit dem Vertrauen, das ihr Bruder in sie setzt. Aber dieses Vertrauen beruht auf Gegenseitigkeit:

„Ich sehe, Du regst Dich viel zu viel auf. Ob Du einige „Belege" hast oder nicht, ist doch ganz gleich. Oder glaubst Du, ich sehe das alles wirklich genau durch?"

Dabei nimmt sie diese Aufstellungen bestimmt sehr ernst und macht sich die größte Mühe, damit ihr ja kein Fehler unterläuft bei ihrem Doktorbruder, der ihr Respekt und eine gewisse Angst einflößt. Der kann dann wieder sehr lässig sein:

„Nimm Dir DM 200,- und verjubele sie."

Was sie bestimmt nicht tun wird! Ganz anders sind natürlich Teres - eher ideelle - Geburtstagsgeschenke, wie jenes im August 1961:

„Zu Deinem Geburtstag alles Gute, hoffentlich lösen die Großen die Berlinfrage Dir als Geburtstagsgeschenk, und wir Kleinen freuen uns inzwischen, dass Du wenigstens die Krokodilfrage geschickt gelöst hast und die elegante Tasche in den Braunschweiger Tropen spazieren führst."

Bei der Berlinfrage bezieht sich Tere auf die aktuelle politische Situation mit dem Bau der Berliner Mauer, um dann im gleichen Atemzug voller Ironie auf die kleinbürgerlichen Zielsetzungen wie dem Erwerb einer Krokotasche überzuspringen. Aber auch Edgar kann sich manchmal den Sarkasmus nicht verkneifen:

„Wie verlief Dein Geburtstag? Kam das übliche Schnattervolk anmarschiert?"

Für die Kinder sind die Überraschungen aus Deutschland, die Geburtstags- und Weihnachtspakete, der Anlass für riesige Freudenausbrüche. Alle sind voller Bewunderung für Elfriedes guten Geschmack und ihre Treffsicherheit:

„Julianes Morgenrock und gerade noch Marias Riesenhund waren zurechtgekommen, beides ganz wunderbar. Na ja, wir sind es schon gewohnt, dass Tante Elfriede immer den Vogel abschießt."

Sogar Edgar übernimmt hier die Bezeichnung "Tante" für seine Schwester, dem Sinne nach: Wenn es den sprichwörtlichen guten Onkel aus Amerika gibt, warum nicht auch die märchenhafte liebe Tante aus Deutschland!

Sogar nichtige Dinge in den Kisten, die *„mit der Spannung von immer aufgemacht wurden"*, sorgen für Aufruhr:

„So einen wunderbaren Staubwedel hab ich noch nie gesehen: ich stelle ihn direkt aus und führe ihn allen meinen Gästen vor."

Teres Bewunderung ist echt. Eine weitere Besorgung, die der Angelrute, verursacht sogar einen Menschenauflauf!

„Wegen Martins Rolle musste ich gleich am Sonnabendmorgen Haus, Herd und Baby verlassen, um in die Stadt zu fahren und eine Rute zu besorgen, denn er wollte den Sonntag und den 1. Mai zum Fischen benutzen, aber er musste sich gedulden, da die Rute für so einen phantastischen Apparat extra hergestellt werden musste. Sämtliche Angestellte im Geschäft baten darum, die Rolle betrachten zu dürfen, um sie zu bewundern."

Wieder hat Elfriede ein Tor geschossen, das laut umjubelt wird. Edgars Lob wie immer eher zwischen den Zeilen zu

erraten:
„*Hast Du wieder sehr schön ausgesucht. Was für Ideen Du bloß immer hast!*"
Oder:
"*Die Ostersachen sind ja wirklich süß.*"
Manchmal Enttäuschung über ein auf dem Postweg verloren gegangenes Paket:
„*Leider ist noch nichts für Juliane angekommen, und ich fürchte irgendeine unschuldige schwarzgelockte kleine Landsmännin von mir spielt irgendwo mit Julianes Sachen...*"
Aber so ein Missgeschick hält die Familie nicht von weiteren Bestellungen ab, sodass sie auch am 1. Februar 1961 ihre Listen aufstellt, vom „*infraroten Grill*", über einen Morgenrock für Tere, „*ähnlich wie den Julianes*", ein paar Römer und Bücher nicht zu vergessen. Lakonischer Kommentar: „*Also Du siehst, es gibt wieder, was zu tun.*" Elfriede scheint sich aber nie zu beklagen. Im Gegenteil, sie blüht unter der Wucht dieser Aufträge bestimmt auf. Endlich der Erwerb von Gegenständen, die ihr liegen, welche für den Haushalt und Kleidung. Ihr guter Geschmack dafür wird nicht nur nicht angezweifelt, sondern hoch gelobt und gebührend geschätzt. Außerdem taucht sie mit einer dicken Brieftasche ausgestattet in den Geschäften auf: Sie ist wieder wer. In der Braunschweiger Gesellschaft gilt sie wieder etwas. Ihr Auftreten, gestärkt durch den Bestand des verfallenen „Kastens", das Haus in Braunschweig, sowie einem gefüllten Konto, auch wenn es nicht das ihrige, sondern das des Bruders ist.

Zum Geburtstag der gesundheitlich angegriffenen Mutter, die im Februar 1961 ihren neunzigsten begeht, eine philosophisch-religiöse Anmerkung vonseiten Edgars:

„Ob die mit der Ruhe verbundenen Schmerzen verdient sind oder nicht, darüber nachzusinnen ist natürlich zwecklos, wie der liebe Gott schon Hiob begreiflich machte."

Nicht gerade ein Trost zu wissen, dass Gott den Menschen, ohne die Voraussetzung eines Vergehens, leiden lässt. Pein nicht als Strafe, sondern durch Willkür bestimmt. Als die Oma nun einen Rollstuhl bekommt, schreibt Tere mitfühlend neuschöpferisch:

„Ich hoffe diesmal doppelt, dass das Wetter sich anständig benimmt und Oma und auf die Weise Du selber auch „Haushaltferien" genießen könnt."

Und über Herrn M., den unaufhaltsamen Helfer der beiden Damen, in der Tere wohl bekannten Manier der illustren Katholischen Kirche:

„Herrn M. sollte man eigentlich in die Liste der Heiligen aufnehmen."

Ganz anders das Urteil über die deutschen Ordnungshüter anlässlich eines kaum erwähnenswerten Diebstahls einiger Einmachgläser im Keller des Hauses:

„Wir sind sehr enttäuscht über die deutsche Polizei. Wenn diese erstklassigen, ernsten, strengen Männer, die mir schon in Braunschweig so imponierten, einen einfachen Gläserdiebstahl nicht erklären können, was sollen wir von unserer armen Polizei erwarten?"

Und Tere schließt ihren Brief mit den Worten: *„In Einbrüchen schwelgend."*, denn auch in ihrem Hause wurde eingebrochen, wobei der Verlust der Kinderfahrräder zu beklagen ist. Dabei ist folgende kurze Notiz von Edgar schwerwiegender:

„Außerdem gibt es jetzt eine Bande, die Juden u. a. mit dem Messer ein Hakenkreuz in den Oberschenkel ritzt. Allgemeine Aufregung."

Die katholische eher bigotte Bevölkerung Uruguays beschuldigt diesen Volksstamm immer noch des Mordes an Jesus.

Wie immer ist Edgar sehr um Elfriede besorgt:

"Dass Du zusammenklappst, wäre doch wohl nicht wünschenswert. Also benutze mein Konto (zur Begleichung einer Pflegerin für die Mutter), das ist ganz selbstverständlich."
Er möchte auf keinen Fall, dass sie sich überfordert und äußert auch ganz deutlich, worum es ihm eigentlich geht:
"Du solltest doch ein Hausmädchen nehmen, damit es Dir nicht zu viel wird. Kommt bestimmt billiger, als wenn Du nachher zusammenklappst. Ist also auch in meinem Interesse!!"
Der Mensch bleibt ein Egoist. Edgar denkt nicht nur fürsorglich, sondern letztendlich auch an sein Portemonnaie. Der tiefliegende Grund für seine Besorgnis ist dennoch Bewunderung und Liebe für sie:
"Du aber halte Dich aufrecht; Dein blasses Dasein ist wichtig genug, wie Du selbst bemerkst, von Deinen sonstigen Qualitäten ganz abgesehen."
Ein anderes Mal:
"Du musst Dich doch dem Vaterland erhalten!"
Ob er damit nicht eher Vater-Edgar im Sinne hat? Dann geschieht ihr doch ein kleines Unglück:
"Ich dachte schon, Du lägest wieder ganz auf der Nase. Aber nun waren es verbrannte Arme, eine Kleinigkeit für Deine Verhältnisse."
Offensichtlich Trost à la Edgar! Er ist aber trotzdem besorgt und möchte sie keinesfalls überfordern:
"Also mach keine Witze. Ich weiß, wie viel Umstände solch eine Packerei mit sich bringt. Die Originalverpackung des Grillfix müsste man ein bisschen auf alt zurechtmachen, einwickeln am besten. Aber wenn nichts geht wegen Mutti, ist es auch nicht schlimm. Wir kommen auch ohne Grill aus, wie sich von selbst versteht."
Lustig, wie er auf der einen Seite detaillierte Angaben über die Vertuschung der Verpackung macht, damit die uruguayische Zollbehörde den Grill als gebraucht durchgehen lässt, aber andrerseits überhaupt nicht drängen möchte. Doch gerade dadurch, dass er sich über die Einzelheiten so viele Gedanken gemacht hat, beweist er, wie viel der Besitz des Grills für ihn bedeutet. Also wird Elfriede in ihrem

Pflichtbewusstsein den Grill in Begleitung von drei Tuben Schauma-Shampoo und einen Anlasser für den Hurrikan-Motor für Martin sicher über den Atlantik schicken. Edgars Beteuerungen, alles sei „halb so wichtig", schenkt sie offensichtlich keinen Glauben.

Ostern 1961 Edgars Schilderung der häuslichen Misere:

„*Tere hatte eine Zeitlang kein Mädchen; die ältere Frau, die wir seit Anfang hatten, kam immer unregelmäßiger, schickte kleine Briefchen, am nächsten Tage käme sie bestimmt, aber es wurde nichts daraus. Schließlich wurde uns hinterbracht, dass ihr Lebensgefährte sie andauernd grün und blau schlug, sie nackt aus dem Hause jagte usw. So haben wir sie allmählich aufgegeben, und jetzt betreut uns eine alte wacklige Italienerin, die seit einem Unfall nicht völlig richtig im Kopfe ist, sich aber viel Mühe gibt. Wenigstens säuft sie nicht wie die erste, vor der man alle Flaschen wegschließen musste. Selbst vor dem teuren Whisky machte sie nicht halt, ersetzte ihn dann durch Wasser. Ihr seht, unsere Sammlung von seltsamen Leuten vergrößert sich. Erinnert Ihr Euch noch an unsere Diebin in Braunschweig?"*

Oh, welch Entsetzen muss Elfriede ergriffen haben! Dabei hätte Tere eine gescheite Hilfe bitter nötig, denn das Leben im Hause ist durch die verschiedenen Zeitpläne der einzelnen Mitglieder erheblich erschwert:

„*Dazu kommt jeder zu einer verschiedenen Stunde zum Mittagsessen: Matthias gegen 12, weil er nachmittags Schule hat, Juliane gegen 1, Edgar und Martin um halb zwei. Maria half mir auch nicht gerade, sondern verschwand in den Nachbargärten zum Spielen und rief immer gerade dann um Hilfe, wenn etwas anbrannte."*

Bei Tere Chaos, wie üblich. Juliane berichtet in einem ihrer Briefe über das nicht gerade wohlschmeckende Mittagessen:

„*Jeden Tag stehe ich um 7 Uhr auf. Um halb zwei bin ich wieder zu Hause und esse (beinahe immer ist das Essen kalt)."*

Bestimmt hätte die Familie sich eine Mikrowelle schicken lassen, wenn es damals schon welche gegeben hätte. Tere selbst gibt kein verschönertes Bild von sich:

„*Martin sucht sich in der Küche zusammen, was er essen und trinken will, da er keine fürsorgende Mutter besitzt, die ihn versorgen könnte.*"

Treffender hätte man es nicht ausdrücken können. Man muss sich fragen, wo Teres Fähigkeiten liegen, denn auch der nächste Bericht, von ihr selber verfasst, zählt ebenfalls eine weitere ihrer schlechten Eigenschaften auf:

„*Die Uhr und der Füllfederhalter sind so gut, dass ich große Lust habe sie für mich zu klauen, obwohl Edgar zweifelt, dass ich gebildet genug bin, um sie gebührend sorgsam zu hegen und zu pflegen, sie aufzuziehen zu bestimmten Stunden, die der Uhr genehm sind, und sie nicht (wie vorgekommen) am Ast am Flussufer hängen lasse usw., usw.*"

Übertreibt sie, nur um zu schockieren? Braucht sie wirklich eine Uhr? Denn von Pünktlichkeit hält sie doch nichts, wie sie bei der Gelegenheit einer Geburtstagsfeier in ihrem Hause pointiert zum Ausdruck bringt:

„*Alle sehr elegant erwarteten wir die deutschen Gäste, von denen man eine gewisse Pünktlichkeit befürchten konnte.*"

Auf jeden Fall scheint sich die Uhr zu einem brisanten Thema in der Familie hochstilisiert zu haben, denn auch Edgar schneidet das Thema an:

„*Wir wollen ruhig abwarten, wie lange Julianes alte Uhr hält, die jetzt sehr gut geht, und dann kann Tere eine andere bekommen. Sonst verlange ich nämlich noch Entschädigung, weil nun Tere mehr kriegt als ich!!*"

Damit ist ganz klar, wie hoch Elfriedes Geschenke von den einzelnen Familienmitgliedern, Kindern sowie Erwachsenen, eingeschätzt werden! Achtung, es entsteht sogar Neid und Zankerei wegen ihrer Liebesgaben! Ab nun wird sie wohl noch genauer darauf achten müssen, niemanden zu benachteiligen.

Im Juni 61 ein kleines Malheur, das ebenfalls gut in Teres Unordnung passt:

„*Lange habe ich gebraucht, um Deinen freundlichen Brief zu beantworten. Kurz nachdem er ankam, verschluckte Maria ein 10 Cent Stück, und ich wollte erst schreiben, wenn es raus wäre. Leider, obwohl ich eifrig und genau nachprüfte, blieb es drinnen. Bei verschiedenen Neffen, die Geld schluckten, pflegte es anstandslos raus zu kommen, aber es soll auch vorkommen, dass es im Magen stecken bleibt. Es wäre mir aber lieber, wenn Maria keine lebendige Sparbüchse wäre!"*

Einige Wochen später immer noch keine Spur von der Münze:

,, Marias 10 Cent sind nicht erschienen, aber ich werde sie deswegen nicht schlachten."

Es passieren mal wieder Schauergeschichten, aber nicht vergleichbar mit denen der beiden Buben im Kindesalter. Mädchen beschäftigen sich halt anders:

„Mit dem Bären und mit der Puppe spielt sie (Maria) stundenlang allein und hält dabei unendliche Vorträge, singt allein und klaut meine Gesichtskreme oder Edgars eifersüchtig aufbewahrtes Shampoo Schwarzkopf (das er mir nicht gönnt – Strafe Gottes, geschieht ihm recht!) usw. Wenn dann plötzlich ihr Freund Pepe ruft, läuft sie hinaus und rennt mit ihm auf der Straße mit Bambusröhren herum als Pferde, oder sie hilft ihm den abwesenden Nachbarn ihre Äpfel stehlen."

Langsam wird Elfriede auch zu einem Begriff für die 4-jährige Maria:

„Deine Geschenke sind viel wertvoller als die Kleinigkeiten, die die Kinder von uns bekamen", schreibt Tere im Dezember 61. Und ein Jahr später, nach Marias fünftem Geburtstag:

„Da hatte ich auch ein kleines Tischchen hingestellt und mit Gaben (die alle von Dir stammten) und einem Kasten mit Buchstaben zum Lesen lernen als einziges Geschenk von uns bedeckt."

Es hat den Anschein, als machte sich die Familie keine Mühe beim Geschenke kaufen, da eh genügend aus Deutschland zu erwarten ist, was immerhin der kleinen Maria auffällt:

„Maria war sogar etwas verdutzt und fragte zum ersten Mal mit Bewusstsein, wer ihr das (aufblasbare Plastik-) Krokodil geschenkt hätte. Sie wiederholte nachher nachdenklich: Tantelfriede."

Es muss Maria tatsächlich so vorkommen, als handelte

es sich um einen Namen, um ein einziges Wort. Die Tante beginnt, obwohl der Kleinen persönlich unbekannt, aber auf die gleiche Weise wie schon bei den drei Großen über ein Jahrzehnt vorher geschehen, einen Stellenwert in ihrem Gedankengut einzunehmen:

„Für Maria ist Tante Elfriede jetzt richtig ein fester Begriff geworden. Bei allem, was man ihr gibt, fragt sie gleich: „Von Tante Elfriede?" Manchmal verlangt sie auch, dass man schnell hinschreibt, damit weiterer Vorrat kommt."

Für das Krokodil wird Elfriede übrigens ein Jahr später um einen Stöpsel gebeten werden, da das Original verloren gegangen ist. Auch das noch!

Tere wird dann mit der ihr gewohnten Schelmenhaftigkeit über die große Veränderung in Marias und damit in ihrem eigenen Leben berichten:

„Ich bin ganz traurig, denn der Trost meines Alters, meine ständige Begleiterin beim Einkaufen und im Haushalt hat ihre Universitätsstudien begonnen im Kindergarten der Deutschen Schule."

Nicht weniger stolz berichtet Edgar von Martins Geschicklichkeit:

„Martins (selbstgebasteltes) Kanu ist wirklich bewundernswert, für seine 16 Jahre auf jeden Fall. Wenn man bedenkt, dass ich in Braunschweig immer eins haben wollte und die vorbeifahrenden Leute beneidete, und nun mit über 50 Jahren macht mein Sohn eins!"

Der Garten des Braunschweiger Elternhauses grenzt nämlich an die Oker, auf der im Sommer kleine Bötchen vorbeizufahren pflegen. Somit geht für Edgar ein Jugendtraum endlich in Erfüllung. Das Kanu wird übrigens jahrzehntelang in Gebrauch bleiben. Wirkliche Wertarbeit von Martin!

Dann Teres sehr treffende Einschätzung von Elfriedes Charakter:

„Ich habe im Sommer extra für Euch Aufnahmen mit Maathias Fotoapparat gemacht, eine Tatsache, die Du hoffentlich gebührend würdigst (um Edgars Professorendeutsch zu gebrauchen). Ich schicke Dir immer alles und behalte nichts und fürchte so einst ohne jede

Erinnerung an die Kindheit meiner Kinder zu bleiben; aber ich rechne auch darauf, dass Du ja alles höchst ordentlich aufbewahrst, sicher besser als ich."

Tatsächlich hat statt der Fotos die Korrespondenz zwischen den Kontinenten in Elfriedes Händen mehrere Jahrzehnte überlebt! Teres seherische Gabe geht noch weiter:

„*Nun haben die beiden Zwillinge Geburtstag, und es ist wirklich nicht zu verwundern, dass einer von dem anderen bloß durch einen Tag getrennt ist. Euer Briefwechsel wird bestimmt einmal veröffentlicht werden unter dem Titel: „Die liebenden Geschwister von Braunschweig-Montevideo."* (8.8.62)

Tere hat das Außergewöhnliche an der Beziehung zwischen den beiden Geschwistern erkannt, die am 21. und am 23. August Geburtstag haben. Tere hat während ihrer Aufenthalte in Braunschweig nie eine im Entferntesten vergleichbare konstante Korrespondenz mit irgendeinem Mitglied ihrer Familie geführt. Ein derartiger Zusammenhalt ergibt sich nicht oft. Dabei haben die „Zwillinge", deren Altersunterschied sich auf 14 Jahre beläuft, noch zwei Brüder, von denen der eine 1939, kurz nach Edgars Ankunft in Montevideo, starb und der andere, mit dem sie sich aber beide nicht sehr gut verstanden, 1959. Die gute Verständigung hingegen zwischen Edgar und Elfriede ist auf die enorme Verschiedenheit und nicht etwa Ähnlichkeit ihrer Charaktere zurückzuführen. Während Edgar schüchtern, verschlossen, missmutig, missgelaunt ist, obwohl er fälschlicherweise von seinem *„sonnigen, ausgeglichenen Gemüt"* spricht, das *„sich wieder einmal glänzend bewährt hat"*, stellt Elfriede sein genaues Gegenteil in Form von Fröhlichkeit, Freude am Leben, Lächeln und Lachen, Charme und Charisma, alles in einem dar. Die Kontraste könnten nicht größer sein, und Edgar bewundert und beneidet Elfriede für ihre Gaben, wobei Elfriede nicht minder ihren Bruder für die seinigen schätzt, wie sein breit gefächertes Wissen und schließlich sein materielles gutes Auskommen.

Im August 1961 der Höhepunkt der Bestellungen:

„*Seit einem Jahr können wir Lehrer einen Wagen mitbringen oder auch kommen lassen, was eine gewaltige Ersparnis bedeutet. Nun dachte ich, ich könnte hier eine Firma mit dem Ankauf beauftragen, aber das geht nicht; er muss direkt drüben gekauft werden, und ich überlege mir, ob Dir das nicht vielleicht als die Krönung Deiner Taten für mich erscheinen würde. Eigentlich wollte ich es Dir nicht zumuten, und Du musst ehrlich sagen, wie Dir das vorkommt... Die fünf Kinder sind natürlich ganz toll und lassen mich nicht in Ruhe, bis ich endlich an Dich schreibe.*"

Ein wenig frech zählt Edgar hier seine Frau zu der Kinderschar! Auch in diesem Brief ist es so, dass er zwar einerseits Hemmungen zeigt, Elfriede um einen Gefallen zu bitten, andrerseits im gleichen Schreiben schon alle Details auftischt, die dieser Kauf impliziert: Autohaus aufsuchen, beim ADAC ein *Carnet de passage* beantragen, den Transport, die Versicherung und die ganze Überführung regeln. Ausgesucht hat er bereits:

„*Ein dunkelblauer Opel Rekord, viertürig, 1,7 Liter, Lenkradschloss und hinteres Licht für Rückwärtsfahren.*"

Unmöglich, ihn in dieser Situation zu enttäuschen, wenn er schon Prospekte gewälzt hat und die ganze Familie vor Aufregung um ihn herum fiebert. Für Elfriede ein Anlass sich herauszuputzen und mit gutem Gewissen die *grande dame* zu spielen. Sie, die bereits in den späten Zwanzigern und in den Dreißigern stolze Besitzerin eines Fahrzeuges während ihrer Ehejahre gewesen war! Nun, 30 Jahre später, tritt sie nochmals in engen Kontakt zu solch einer Maschine. Was für Erinnerungen an ihre glanzvollen Jahre müssen in ihr aufsteigen! Aber die Zeiten des Luxus sind für sie verflossen. Die aufkommende Traurigkeit macht sie wahrscheinlich wett durch den Stolz auf ihren Bruder. Dementsprechend kommt am 10.9.61 schon ihre Antwort, über die Edgar staunt:

„*Na, das geht ja schnell bei Dir. Umso besser.*"

Und weiter geht es um das Zubehör:

„*Das Radio braucht keine Ultrakurzwelle, die es hier nicht gibt.*"

Wie unerfahren die arme Elfriede auf diesem Gebiet ist,

zeigt sich im Folgenden:

„Das große Problem ist aber Deine Idee, dass das ganze Ding in eine Kiste gepackt werden soll. Die Wagen kommen alle hier unverpackt an, und es würde nur gewaltiges Aufsehen erregen, wenn ich das Ding erst auspacken lassen müsste. In Hamburg muss es eben vom Zug zum Schiff gefahren werden."

Im Gegensatz zu Edgar lebt Elfriede nicht in einer Hafenstadt, hat also noch nie die Verladung eines Autos mit eigenen Augen gesehen. Über Monate hinweg, bis zum Jahresende, werden die Briefe fast ausschließlich von der neuen Anschaffung handeln, sodass Elfriede eine Extranummerierung für sie einführt.

Der ersehnte Tag ist endlich da, aber der Bericht über die Ankunft des Wagens geht aufgrund von Poststreiks in Uruguay verloren, sodass Elfriede nur den flüchtigen Satz in einem späteren Brief zu lesen bekommt:

„Jedenfalls der Wagen ist da, und die vielen Beulen, die ihn zierten, sind wieder ausgebügelt, was mir ja wohl die Versicherung bezahlen wird. Hast Du also gut gemacht. Jetzt wollen wir dich aber ein wenig in Ruhe lassen."

Ein wenig spärlich für ihre große Tat. Und zur Ruhe kommen lässt Edgar sie eh nicht:

„Du könntest mir bei Gelegenheit einmal zwei Lackstifte schicken zur Ausbesserung von kleinen Lackschäden, die immer mal vorkommen, einen royalblau und einen alabastergrau. Dazu Opel-Sprühwachs Z-8403 und Chromlin Z-8310. Dann können wir den Wagen ordentlich pflegen."

Für den schönen Wagen, den sie besorgt hat, in dem sie aber nicht fahren wird! Ironie des Schicksals!

Sie findet dennoch Zeit, ihre gewohnten Weihnachtsbesorgungen durchzuführen, über die Edgar wieder gebührend staunt:

„Wie hast Du denn das alles besorgen können?"

Und als Schlusssatz noch:

„Herzlichen Dank, altes Mädchen."

Edgars Art von Liebesbekenntnis, die er auch ganz barsch äußern kann:

„Solange Ihr noch etwas kriechen könnt, lasst Ihr Euch

ja wohl nicht ganz aus der Fassung bringen."

Kein sehr erbauendes Bild der beiden alten Damen. Im Februar 62 erwartet Elfriede eine neue Aufgabe:

„Ende Dezember ging endlich das Schreiben nach Bonn, in dem man meine Beförderung zum Oberstudienrat befürwortet. Das wird nach Hannover weitergeleitet. Du müsstest nun mal Direktor... darauf ansprechen, ob er sich dafür verwenden kann und will. Also sieh mal zu! Und ich dachte, ich wollte Dich mit nichts mehr bemühen..."

Edgars Vertrauen in seine 64-jährige Schwester reicht so weit, dass er der Überzeugung ist, sie besäße auch für diese delikate, seine Beförderung betreffende Unterredung das notwendige diplomatische Feingefühl!

Und im September 1962 wieder Bankgeschäfte:

„Da hast Du also eine neue Aufgabe, schaffst Du das denn? Aber mir macht es natürlich Spaß, es ist mal wieder was Neues... Kaufe für DM 5.000,- Pfandbriefe und für nochmal 5.000,- irgendetwas, ich verlasse mich auf Deinen Instinkt... Schreibe mir aber auch, was für Kurse die vier Investmentgesellschaften haben, besonders die Intervest, Akkumula und Valeurop... Es ist nichts eilig im Leben. Eigentlich sollte ich Dich ja endlich in Ruhe lassen, da Du wackelig genug bist."

Woher soll denn die alte Dame plötzlich einen Instinkt für Wertpapiergeschäfte entwickelt haben? Da handelt es sich doch um ein komplett neues Arbeitsgebiet, das ihr völlig fremd sein muss. Elfriede, die Börsenmaklerin. Aber auch diesen Beruf bringt sie auf die Reihe, denn was soll Edgar aus der Ferne schon ausrichten! Im Zeitalter des Internets kann man über seine Schwierigkeiten und den Mangel an Informationen nur lachen. Heute bräuchte er natürlich keine Mittelsfrau mehr. Im nächsten Brief am 4.11.62 könnte man meinen, jetzt würde er wirklich endlich Schluss machen mit Aufträgen:

„Man kann Dir wirklich nicht mehr über den Weg trauen bei all den Krankheiten, die Du Dir zulegst. Musst Dich allmählich pensionieren lassen."

Mit dieser Erkenntnis hat Edgar Recht, denn Elfriede

steht in ihrem fünfundsechzigsten Lebensjahr. Aber ein paar Zeilen später scheint er ihren misslichen Gesundheitszustand schon wieder vergessen zu haben:

„Inzwischen ist die politische Lage mal wieder höchst interessant gewesen, und man hört hier, dass Goldhorten drüben große Mode geworden ist. Und ausgerechnet ich fange an, Börsenspekulant zu werden. Na ja, müssen wir eben weitermachen. Für die am 9.11. freiwerdenden DM 5.000,- kaufe mal Investa... Für Dezember kaufe dann für 10.000,- Intervest... Danach wollen wir uns erst mal verpusten."

Edgar war offensichtlich seiner Zeit voraus. Die 90-ger wären sein Element gewesen! Im gleichen Brief noch eine weitere für unsere verwöhnte Zeit erstaunliche Anfrage:

„Wann hört denn bei Euch die Zwangswohnungswirtschaft auf? Ist Braunschweig noch nicht so weit?"

Das Wohnungsgesetz war am 8.3.1946 durch den Kontrollrat erlassen worden. Hausbesitzer wurden gezwungen, bei einer festgelegten Miete Personen aufzunehmen, denn Wohnraum war aufgrund der Bombenangriffe spärlich geworden. Erst ab 1960 sollte mit dem Lücke-Plan eine Lockerung eintreten!

Aber man glaube nicht, dass Edgar sich auf Börsengeschäfte beschränkt. Abgesehen von Bestellungen von Rei-Tuben oder Schwanenweiß, eine Kreme, die angeblich J u l i a n e s Sommersprossen entfernen sollte, kehrt er immer wieder zu seinem alten Steckenpferd zurück: Porzellan, und zwar Meißen. Es häufen sich ganz präzise Angaben:

„Mich interessieren nur Schwerter (das Markenzeichen für Meißen), *erste Wahl. 6 tiefe Teller 23,5 cm, knapp 5 cm tief. Sind etwas kleiner als die flachen. Von denen kann ich 2 brauchen, 24,5 cm, 4 cm tief bzw. hoch, am Rand gemessen. Die tiefen müssen aber wirklich fast senkrecht hinuntergehen. Dann 8 kleine Teller 19,8 cm, also knapp 20, wird schon stimmen. Überhaupt kommt es auf zwei, drei Millimeter nicht so an, fallen doch nicht ganz gleichmäßig aus. Eine Mokkatasse ist schon sehr lädiert, könnte man ersetzen, oberer Rand 6,5*

cm, gewellt wie alle; Höhe 5,2 cm. Und noch einen Dessertteller mit durchbrochenem Rand, zwischen drei „Medaillons", 20,8 cm. Da hast Du es!"

Man stelle sich nun Elfriede im Geschäft mit Zentimetermaß vor, einmal, zweimal verzweifelt auf den Millimeter genau messend! Und ihre Angst, etwas falsch zu machen, wo ihr Auftraggeber doch so streng ist, auch wenn er beschwichtigend sagen mag, es komme auf ein paar Millimeter nicht an! Man bedenke, es handelt sich um Millimeter! Und dann die Schlussbemerkung: *„Da hast Du es!"* Weil sie immer so gut einkauft, noch eine Bestellung? Als Strafe oder als Belohnung?

Edgars Vielfältigkeit, beziehungsweise sein unerschöpfliches Vertrauen in Elfriedes weites Feld von Begabungen, veranlasst ihn am 9.12.62, folgende Bitte zu stellen:

„Ist eigentlich die Taubstummenanstalt noch oder wieder an der alten Stelle? Doch auch Schule? Ich war hier in der betreffenden Schule, der einzigen des Landes, und die Direktorin bat mich, ihr Verbindung mit deutschen Schulen zu verschaffen. Wie wäre es, wenn Du mal Zeit übrig hast? Ob sie Richtlinien haben, irgendwelche Broschüren über neue Methoden, u .a. die Methode, mit verschiedener Wärme in die Hand zu hauchen und dadurch die Laute zu suggerieren ist hier unbekannt. Man hat aber moderne amerikanische Apparate zum Messen der Gehörsreste, auch Verstärker, durch die die Kinder etwas hören können. Zeichensprache ist verboten, die Kinder sollen sprechen lernen, erzielen auch hübsche Fortschritte dabei."

Auch das noch! Bald wird Elfriede keinerlei Bildungslücken mehr aufweisen!

Dann am 3.3.1963 mal wieder Erwähnung der unerfreulichen Lebensumstände in Uruguay:

„Die Kerzenhalter haben inzwischen gute Dienste geleistet, denn es gab großen Elektrizitätsstreik, und wir mussten mit Kerzen und Kerosinkocher leben; die Aufzüge in den Hochhäusern funktionierten nicht, kein Telefon, keine Eisschränke. Sogar das Blutplasma verdarb in den

Krankenhäusern. Ist noch nicht zu Ende. Aber das Heer hat den Kram in die Hand genommen."

Dabei muss man sagen, dass Uruguay ein sehr friedliebendes Land ist, das nur über eine Berufsarmee verfügt. Aus der Sicht der vierzehnjährigen Juliane klingt die Situation etwas anders:

„Es gibt jede Menge Streiks. Nur wir dürfen es nicht."

Und das gleiche aus Teres Blickwinkel:

„Wir befinden uns inmitten einer Welle von Streiks aller Sorten, darunter natürlich auch der Post. Leider kann man nicht einmal sagen, dass die Leute Unrecht haben, denn die meisten streiken, weil sie nicht bezahlt worden sind, manche seit Monaten. Die Regierung scheint pleite zu sein oder so ähnlich und weiß nicht, wie und woher sie das Geld nehmen soll. Unruhe und Unordnung herrschen überall, was sind dagegen die Schubladen meiner Schränke?"

Philosophische Schlussfolgerung des kleinen Mannes. Konsequenz der Lage:

„Das Land kriecht weiter bergab."

Es kommt auch zu Milch- und Butterknappheit. Dann wieder eine Schilderung des friedlichen Alltags:

„Uns geht es gut, die Kinder gehen brav in die Schule, die Hühner legen fleißig Eier und unsere zwei Katzen sehen mir bedenklich danach aus, bald unzählige, unerwünschte Kätzchen zu bekommen. Jedenfalls kann ich die Küchentür nicht öffnen und den Garten betreten, ohne verschiedene ungeladene Kater zu verscheuchen. Juliane beschwert sich über den Spektakel, den diese Herren im Garten bei Nacht machen."

Die Jahre vergehen in der gleichen Weise, aber mit kleinen unwesentlichen Veränderungen: Kurz vor Weihnachten 1963 kommt Teres und Edgars fünftes Kind zur Welt, ein Mädchen namens Christine, das wie alle Nesthäkchen behandelt wird:

„Wir bekommen allmählich den Eindruck, dass Christine furchtbar verzogen und rechthaberisch ist, sehen aber nicht, wie wir das ändern können." (März 66)

Das gleiche in Teres Worte gefasst:

„Es ist ja auch unmöglich, ihr zu widersprechen, da

Edgar ihr alles erlaubt; bald wird sie Fußball mit dem Meissner Porzellan spielen, und Edgar wird wohlwollend lächeln!"

Ob er das zulassen wird? Wohl kaum!

Zweiter Vorfall: Muttis Tod im August 1966. Elfriede muss wie immer alleine mit Beerdigung und Papierkrieg zurechtkommen. Einige Zeit später eine gefühlvolle Ermahnung durch Edgar:

„Iss und schlafe viel. Lies abends ein Buch, um Dich abzulenken, wie ich es auch mache, dann wirst Du schon einschlafen. Vernunft! Laufe auch nicht zum Friedhof, lass das arme Häuflein Asche in Ruh. Es braucht Dich nicht."

Warum geht Elfriede zum Grab? Bestimmt aus Pflichtgefühl und aus Einsamkeit. Dieser kleine Ausflug füllt leere Stunden, die sie früher zur Pflege der Mutter aufgebracht hatte. Und nun soll sie diese Gelegenheit, sich noch auf eine gewisse Weise nützlich einzusetzen, aufgeben? Die kalten Worte ihres Bruders müssen sie hart treffen, denn Elfriede will gebraucht werden. Das wird sie auch bald, denn nun das dritte Ereignis:

„Schließlich erwartet Dich ja bald die Riesenfreude, unseren Heuschreckenschwarm zu genießen, dafür musst Du Dich auch entsprechend stärken."

Anfang 67 wird es so weit sein, nach der Regel, aus eins mach sieben, kehrt Edgar mit Frau und fünf Kindern in seine Heimatstadt zurück. Davor noch ein intensiver Briefwechsel, der in der Hauptsache von den zu ergreifenden Renovierungsmaßnahmen, Kostenvoranschlägen, kurzum von dem langweiligen Thema Putz, Tapeten, Gas- bzw. Ölzentralheizung, u. a. m. handelt. Elfriede bleibt wie immer auf der Höhe, nichts überfordert sie, alles managt sie, die 68-Jährige. Immerhin hat sie bis jetzt mit der Mutter das ganze Haus mit fünf vermieteten Wohnungen geführt, die Mieteinnahmen kontrolliert, Ein- und Auszüge überwacht, Reparaturen in Auftrag gegeben, d. h. schon einiges an Leistung auf diesem Sektor erbracht. Nur übersteigen Edgars Pläne die von ihr gewohnten Dimensionen, denn das Elternhaus soll durch seinen Geldsegen vollständig in neuem

Glanze wiederauferstehen und sechs Jahrzehnte vorherige Existenz vergessen machen. Elfriede läuft, macht, telefoniert, entfaltet alle ihre schlummernden Fähigkeiten, und Edgar ist zufrieden. Kaum tritt er in Erscheinung, ändert sich für Elfriede das Leben. Er entreißt ihr alle Aufgaben; jetzt, wo er da ist, soll sie die verdiente Ruhe genießen, sich keine Sorgen machen brauchen, keine Verantwortung mehr tragen. Sie findet glücklicherweise einen Ausgleich in der Beschäftigung mit den Neffen und Nichten. Sie fällt in kein Loch, obendrein zieht sie in eine vollständig renovierte komfortable Wohnung im Haus mit Zentralheizung. Vorbei die Zeiten des Kohleschippens, des Asche-Hinaustragens! Das wohlverdiente, von Edgar angekündigte Rentnerdasein beginnt nun für sie. Sie kann sich weiterhin sorgenfrei den Kaffeekränzchen widmen, Konzerte besuchen und obendrein die Gegenwart sowie die Gesellschaft der Verwandten genießen. Ein wohlverdienter Altersruhestand!

Aber wie schon so oft, hält dieser Zustand nicht ewig. Zehn Jahre dieses Zusammenlebens sind ihr gegönnt, dann zieht es die Familie wieder zurück nach Uruguay, weg *„aus der Verbannung in Eis und Schnee"*, wie Tere zu sagen pflegte, und ab 1977 findet sich Elfriede im Angesicht der altbekannten Einsamkeit wieder. Dennoch kein Grund zur Panik. Sehr schnell wird sich herausstellen, dass sie ihre ehemalige, noch nicht verlernte Funktion des Bindeglieds zwischen den Kontinenten nochmals aufnehmen muss. Sie wird weiterhin für Edgar Kontoauszüge verschicken, Bankeingänge kontrollieren, die Verwaltung des Hauses überwachen, kurzum, sie ist wieder die Kontaktperson in der Heimat. Zu erfreulichen Begebenheiten gestalten sich dann Besuche der inzwischen erwachsenen Neffen und Nichten. Zu solch einer Gelegenheit eine erstaunliche Bemerkung Edgars:

„*Geschenk für Dich haben wir übrigens nicht besorgt, es gibt einfach nichts Gutes außer solchem Fipselkram."*

Ein wenig enttäuschend, wenn man bedenkt, wie viele Geschenke Elfriede im Laufe von Jahrzehnten voller Eifer, Sorgfalt und Liebe für die Familie ausgesucht und gekauft hatte. Vor allem eine Enttäuschung für jemanden, der offensichtlich großen Wert auf Aufmerksamkeiten legt. Aber ihren Bruder wird sie nicht mehr ändern können und stattdessen, wie immer, mit einem Seufzer der Ohnmacht ihn hinnehmen, wie er ist. Er, seinerseits, möchte ihre Aktivitäten auf diesem Gebiet des Bescherens anlässlich einer Reise Christines nach Braunschweig eindämmen:

„*Ich hatte Christine wohl zu sehr eingebläut, dass sie von Dir nichts annehmen sollte, da ich Dich ja kenne.*"

Und ob er seine Schwester kennt! Als junger Mann hat er bereits Mitbringsel von einer Reise als eine Selbstverständlichkeit angesehen gehabt. Im August 1937 schrieb er ihr erwartungsvoll an ihr Urlaubsdomizil in der Schweiz:

„*Liebes Elfriedchen, ich gratuliere Dir auch recht herzlichst, und bringst Du mir auch was Schönes mit? Es grüßt Dich vielmals Dein Edgarchen.*"

Ein recht kindlicher Stil für einen 25-Jährigen! Andrerseits voller inniger Vertrautheit, die sich in den Verkleinerungsformen ihrer beider Namen widerspiegelt. Nur erscheint der Inhalt der Zeilen umso unangepasster, da er ihr gerade zum Geburtstag schreibt, und sie doch ein Geschenk von ihm erwarten könnte. Wieder ein Beweis dafür, dass der Mensch sich im Laufe seines Lebens nicht verändert.

So ganz auf der Höhe der Zeit steht sie nicht gerade und benutzt noch althergebrachte Methoden:

„*Du hast Dir viel zu viel Arbeit mit der Abschrift aller Kontoauszüge gemacht! Mir schwindelt davor. Konnte man doch fotokopieren!*"

Arme Elfriede. Hat sich so viel Mühe gegeben! Aber Edgar geht noch weiter:

„*Das war schon vor meiner Abreise verabredet, dass ich davon keine Einzelheiten wissen wollte. Wenn Du etwas brauchst, nimmst Du es hin und fertig.*"

Es herrscht immer noch das gleiche Vertrauen zwischen ihnen, aber wohl nur, weil Elfriede ständig so gewissenhaft gehandelt hat. Den wohl höchsten Lobesspruch erfährt Elfriede gerade aus Teres Feder. Nach mehreren Fragen an Elfriede gelangt Tere zu der Schlusssentenz:

"Nun, Du siehst, welch ein wichtiges Glied zwischen den Erdteilen Du bildest. Ein echter Kissinger."

Eine unbekannte, unbedeutende Hausfrau, verglichen mit dem großartigen, berühmten Außenminister der USA! Auch wenn ihr Wirkungsgrad nur auf eine Familie begrenzt ist, bringt Elfriede dennoch eine bewundernswerte Leistung. Und auch Edgar hält sich endlich einmal mit Preisungen nicht zurück:

"Du bist ja sowieso allmählich zur letzten Familieninstanz geworden. Wer hätte das gedacht, als wir damals zum ersten Mal in Braunschweig erschienen, dass Du einen solchen Vertrauensposten erreichen und Dich nützlich und geradezu unentbehrlich machen würdest. Es ist bloß schade, dass Du so viel Unangenehmes erfahren musstest; aber es ist nun einmal so, dass die Leute einen erst richtig im Unglück nötig haben. Kannst stolz darauf sein! Keine Rede von Nutzlosigkeit, usw."

Welch ergötzliche Lobeshymne an eine 80-jährige Frau!

Elfriedes letzte Etappe

Mit ihren 80 Jahren ist Elfriede immer noch in der Lage, sich selbst zu versorgen, obwohl Edgar sich darüber im Klaren ist, dass dieser Zustand nicht ewig währen wird. Demzufolge hat er sie im Altenheim angemeldet. Aber bevor es zu diesem letzten Stadium in ihrem Leben kommt, stellt sie noch fleißig unter Beweis, dass sie noch eine weitere, in ihrer Altersstufe äußerst seltene Begabung besitzt: Sie hat eine einmalige Anziehungskraft auf jüngere Leute, ob Kinder oder Erwachsene; sie ist so herzlich zu jedermann, dass sie ständig neue Bekanntschaften schließt. Ihre Kontaktfreudigkeit ist nichts neues, aber es ist dennoch erstaunlich, dass sie als alte Dame so schnell von jedermann akzeptiert und liebgewonnen wird. Kinder, nicht etwa verwandte, sondern die von Freunden fühlen sich durch ihre nette, warme Art geborgen wie bei der eigenen Mutter oder einer leiblichen Tante. So kommt es, dass die französische Verlobte eines Neffen zweiten Grades, obwohl nur wenige Tage zu Besuch in Braunschweig, sich "Tante Elfriede", wie sie schreibt, sehr verbunden fühlt:

„Es ist wunderbar, Sie werden wirklich meine Tante sein."

Oder am 22.7.78, nach der Heirat in Frankreich:

„Liebe Tante Elfriede. Ich habe in Braunschweig, bei Ihnen, die schönsten Tage meines Lebens verbracht!"

Und folgerichtig verkündet sie, sie wolle die Hochzeitszeremonie in Deutschland wiederholen, da sie dort bestimmt viel schöner vonstattengehen wird.

Abgesehen von der intensiven Beziehung, die Elfriede zeitlebens zu den Familienangehörigen ihres Exmannes gepflegt hat, besteht der engste Kontakt zu Edgars Kindern, die ihre liebenswürdige Art sowie ihre Wohltaten in Form von ausgefallenen Geschenken, sei es als Pakete über den breiten Ozean oder als persönliche Darreichungen, ihr Leben lang nicht vergessen können. Immer wieder erscheinen sie in Braunschweig zu Besuch, schreiben ihr aufmerksame Briefe, denen sie unbedingt

Fotos der eigenen Familie beifügen müssen oder führen regelmäßig Telefonate mit ihr. Bei letzteren muss man sich natürlich auf eine längere Sitzung vorbereiten. Unter einer Stunde dauert so ein Gespräch in der Regel nicht. Die Ferngespräche innerhalb Deutschlands sind dabei noch tragbar, aber bei jenen aus dem Ausland muss man sich auf eine entsprechende Rechnung gefasst machen. Deswegen richtet sich Juliane jedes Mal auf diese Länge ein, nimmt sich bewusst diese Zeit, ohne die Kosten zu scheuen, obwohl sie weiß, was bei diesen Unterhaltungen herauskommt: Freudig schwatzend wiederholt Elfriede während eines Telefonats ihre Erzählungen mehrfach, ohne sich dieses Details bewusst zu sein. Geduld mit dem Alter, heißt nun das Motto der Nichte. Leitmotivisch durchzog Elfriedes Berichte die Gewissheit, von dem Dienstpersonal im Heim bestohlen zu werden. Inwieweit es sich um Wahnvorstellungen handelte oder nicht, ist nicht nachprüfbar. Hatte sie die Dinge, die sie vermisste, tatsächlich mit ins Heim genommen oder schrie ihr Herz nach Sachen, von denen sie sich schon vor langer Zeit getrennt hatte? Eng vertraute Personen bat sie dann darum, ihre zwei Schränke in ihrem Zimmer nach einem bestimmten Gegenstand zu durchforsten. Die Mühe war meist erfolglos, was aber gar nichts bewies.

Dann kam die Magenoperation unter Vollnarkose, von der sich Elfriede nie wieder richtig erholen sollte. Sie erkannte ihre Verwandten nicht mehr, die aus der Ferne und nunmehr in großen zeitlichen Abständen zu Besuch erschienen. Eine Ahnung davon, dass es sich um ihr sehr nahestehende Personen handelte, dämmerte dennoch in ihrem leicht verwirrten Gehirn. Beim Abschied, fast mit Tränen in den Augen, die Worte:

„*Obwohl ihr so weit weg lebt, kommt doch bald wieder!*"

Dabei war vom Wohnort nicht die Rede gewesen.

Es muss um das Jahr 1990 gewesen sein, als Elfriede also schon 92 Jahre auf dieser Erde verbracht hatte, dass Juliane sich bei ihrem Besuch im Altenheim explizit vorstellen musste:

„*Tante Elfriede, ich bin Juliane, die Tochter deines Bruders Edgar.*"

Verschmitztes Lächeln von Elfriede:

„*Nein, was du nicht sagst! Hat er denn etwa noch mehr Kinder?*"

Sie war zeitlich stehen geblieben. Wo? Bestimmt irgendwo im Erwachsenenalter, weil sie akzeptierte, dass der jüngste Bruder Kinder in die Welt setzen konnte. Sie hatte auch immer von seinen Freundschaften und Affären gewusst, sodass sie ihm durchaus zumuten konnte, Vater zu sein. Dennoch ein Schock für Juliane, die nun als uneheliches Kind vor ihrer leiblichen Tante stand. Elfriede, ihrerseits, schien sehr amüsiert auf den Vorfall zu reagieren. *"Dieser Schlawiner!"*, dachte sie bestimmt, nicht ohne Stolz auf ihn.

An einem Sommertage fuhr Juliane ihre Tante im Rollstuhl spazieren. Elfriede fühlte sich dabei gar nicht wohl. Der Grund? Ihre Kleidung.

"Bin ich so auch richtig angezogen? Passt das zu dieser Gelegenheit?", wiederholte sie öfters, ihr Kleid missbilligend, an ihm herumzupfend. Und sie hatte Recht. Zwar war die kleine Exkursion nur eine bedeutungslose Flucht ins anonyme Grüne, aber dieses Kleid stammte bestimmt nicht aus ihrer Kollektion. Das hatte wohl eine Pflegerin besorgt, denn Elfriede kaufte sich nicht ordinäre Synthetikware. Also war ihre Sorge einerseits berechtigt: Das Material passte mitnichten zu ihr, nur: Wer kümmert sich über die Art und Weise, in der sich eine 90-Jährige kleidet? Ihrer Umwelt war es egal, sie konnte aber innerlich nicht anders sein als eh und je, das heißt eine piekfeine Dame. In Julianes Augen war klar: Der Mensch verändert sich im Grunde genommen nicht. Im Gegenteil er bleibt sich selber treu. Es gibt Angewohnheiten oder Prinzipien, die er sein ganzes Leben hindurch beibehalten wird, die ihn sozusagen kennzeichnen werden und die gleichzeitig sein Gerüst, sein Ich bilden.

Ein weiterer kleiner Vorfall mit der alten Dame: Beim Verzehr eines belegten Brotes, fielen hin und wieder ein paar Krümel auf ihr Kleid. Sie war ständig besorgt, diese zu entfernen. Sie konnte ihre Erziehung nicht abschütteln, die von ihr Sauberkeit, anständiges Aussehen und Auftreten abverlangte. Auch mit 90 Jahren war sie in ihrer Abgeschiedenheit darauf bedacht, stets korrekt auszusehen. Würde sie jemand beachten? Oder gar schelten?

Eines Tages besuchte sie Juliane mit ihrer zwölfjährigen

Tochter. Elfriede, inzwischen 92, lag zusammengekrümmt auf ihrem Bett, in fötaler Position, ihr Gesicht der Wand zugewandt. Ilse hörte sie sprechen, dachte, Elfriede würde das Wort an sie richten, aber nein: Sie unterhielt sich ganz alleine, hatte die Anwesenheit ihrer Nichte überhaupt nicht registriert, so versunken war sie in einer anderen Welt. Offensichtlich sah sie Figuren auf der Wand. Sie sprach unverständliches Zeug mit ihnen. Aber zum Schluss war deutlich zu vernehmen:

"*Jetzt muss ich aber nach Hause, sonst schilt mich Mutti.*"

Also, in ihre Jugend war sie zurückgekehrt. Sie war wieder voller Lebenskraft, attraktiv und vollwertig. Und vor der Mutter hatte sie noch Respekt. In der zehnten Dekade ihres Lebens weiterhin die Angst vor den Zurechtweisungen der Mutter! Nicht auszumerzende Kindheitseindrücke, die wohl jeden von uns bis an unser Lebensende nicht in Frieden lassen werden. Im Angesicht dieses menschlichen Elends, dieser unverkennbaren Schwäche unseres Wesens, verließ Juliane samt Tochter den Raum, um sich zu erholen, um Kräfte zu sammeln für die Konfrontation mit dem traurigen, unvermeidbaren menschlichen Abbau.

Zurück im Zimmer, fand sie eine andere Person vor. Elfriede saß aufrecht in ihrem Bett, war wieder präsent in dieser Welt. Die beiden Frauen fädelten eine Unterhaltung ein, aber die Verständigung klappte nicht auf Anhieb, denn Elfriede war in diesem fortgeschrittenen Alter ein wenig schwerhörig geworden. Elfriede musste immer wieder nachfragen, was ihr selber anfing, dumm vorzukommen, sodass sie mehrmals über ihre eigene Behinderung fröhlich lachte. Diese Reaktion war für Juliane der springende Punkt: Das Lachen war der Beweis dafür, dass dieses Wesen noch ein menschliches war. Ihr Leben war lebenswert, denn sie konnte sich noch an den kleinsten Dingen, wie ein Missverständnis, erhaben erfreuen. Dieses Lachen entschädigte Juliane für das vorangegangene düstere Erlebnis und ließ sie frohen Mutes von dannen gehen.

In ihrer Art Umnachtung hatte man ihr schon den Tod Teres im Juli 1988 nicht beibringen können; noch nutzloser war es dann, ihr den ihres heiß geliebten Bruders im Februar 1991 mitzuteilen. Sie überlebte die beiden viel jüngeren, die sie 1977 zum allerletzten Male gesehen hatte, um mehrere Jahre. Uruguay, das Gelobte Land ihrer Schwägerin, in dem ihr Bruder Edgar insgesamt immerhin 20 Jahre seines Lebens verbracht hatte, hat Elfriede nie betreten, nie kennen gelernt!

Dennoch näherte sich auch bei ihr der Tag. Kurz davor noch herrschte erstaunliche Klarheit und Wachheit in ihren Gedankengängen, sicheres Zeichen für das nahe Ende, das sie im Dezember 1994 ereilte.

Zur Beerdigungszeremonie erschien Juliane mit Ehemann und den zwei Kindern. Ansonsten nur ein Ehepaar aus der weiteren Braunschweiger Verwandtschaft. Welch Öde! Welch Einsamkeit in diesem hohen Alter! Sie, die *grande Dame*, die Gesellschaften geliebt, die die Umgebung von Menschen so hoch eingeschätzt hatte, war nun praktisch von allen verlassen, vielleicht aber nicht vergessen. Dann kam aber noch die Bestattung. Einfach unter die grüne Wiese sollte sie kommen! Oh nein, dachte sich Juliane. Das kann man ihr nicht antun. Ohne einem Kreuz über ihrem Grabe, ohne ihren Namenszug, einfach anonym, irgendwo verloren in dieser immensen Grünfläche, unauffindbar, ein Niemand, den es nicht gegeben hat! Und dennoch hat sich Juliane für diese Lösung entschlossen, als ihr klar wurde, dass auch das Grab von niemandem aufgesucht werden würde, dass auch ein Kreuz und ein Name nichts an seiner Einsamkeit und Verlassenheit geändert hätten.

Und so endeten die Heldentaten einer einfachen Frau, die für eine kleine Gruppe von Menschen von großer Bedeutung gewesen war, nun verschollen auf einem Friedhof, bestimmt genauso wie so viele andere Frauen oder gar Männer, die in der kurzen Zeit ihres Lebens Beachtung von einigen wenigen erhalten haben und dennoch in diesem engen Kreise unvergessliche Taten vollbrachten, auch wenn sie die Menschheit als solche in nichts vorangebracht haben.

Bibliographie

Häusser, A. und Maugg, G., „*Hungerwinter*", Berlin 2009
Herbert, U., „*Fremdarbeiter*", Bonn 1999
Herbert, U., „*Arbeit, Volkstum, Weltanschauung*", Frankfurt 1995
Hertel, E., „*Deutsche Vornamen*", Frankfurt 1935
Klemperer, V., „*Ich will Zeugnis ablegen bis zum letzten*", Berlin 1996
Kopp, G., „*Hitlers Kinder*", München 2001
Pfeiffer, M., „*Mein Großvater im Krieg 1939-1945*", Bremen 2012
Schmidt, H. und Schmidt, L., „*Kindheit und Jugend unter Hitler*", München 2012
Siegfried, K.-J., „*Das Leben der Zwangsarbeiter im Volkswagenwerk 1939 bis 1945*", Frankfurt/New York 1988
Westenrieder, N., „*Deutsche Frauen und Mädchen*", Düsseldorf 1984